Lutherische Identität

Rainer Rausch (Hg.)

Lutherische Identität

Protestantische Positionen und Perspektiven

Herbsttagung der Luther-Akademie 2013

Bibliografische Information der Deutschen Nationalbibliothek

Die Deutsche Nationalbibliothek verzeichnet diese Publikation in der Deutschen Nationalbibliografie; detaillierte bibliografische Daten sind im Internet über http://www.d–nb.de abrufbar.

© Lutherisches Verlagshaus GmbH, Hannover 2016
www.lvh.de
Alle Rechte vorbehalten
Umschlagbild: Ulrich Conrad, Worpswede, Gruppe um Martin Luther
King
Umschlaggestaltung: Sybille Felchow, she–mediengestaltung, Hannover
Satz: Daniel Piasecki (Schwerin), Rainer Rausch (Dessau)
           sowie Tobias Jammerthal, (Baden-Baden und Tübingen)
Typographie: Palatino Linotype
Druck und Bindung: Appel & Klinger, Schneckenlohe

ISBN 978-3-7859-1191-4

Printed in Germany

»Man wolle von meinem Namen schweigen und sich nicht lutherisch, sondern Christen heißen.

Was ist Luther? [...] Wie käme denn ich armer, stinkender Madensack dazu, daß man die Kinder Christi sollte mit meinem heillosen Namen nennen? Nicht so, liebe Freunde! Laßt uns tilgen die parteiischen Namen und Christen heißen. [...] Ich bin und will keines Menschen Meister sein. Ich habe mit der Gemeinde die eine, allgemeine (= katholische) Lehre Christi, der allein unser Meister ist. Matth. 23«

MARTIN LUTHER, Eine treue Vermahnung zu allen Christen, sich zu hüten vor Aufruhr und Empörung (1522), in: WA 8, 685,4-16 (1522)

Vorwort

Bereits beim Augsburger Reichstag 1566 ist – resultierend aus der Kontroverse um die Konversion des Pfälzer Kurfürsten Friedrich III. – die Auffassung vertreten worden, die Reformierten seien sensu politico von der Confessio Augustana erfasst. Dies festigt das gesamtprotestantische Bündnis auf Reichsebene, obwohl die Reformierten sensu theologico keine Augsburger Confessions-Verwandten sind. Der Westfälische Friede 1648 hat die Reformierten ohne Berücksichtigung der theologischen Differenzen als Anhänger der Augsburgischen Konfession anerkannt[1]. Die aus dem jeweiligen reformatorischen Verständnis sensu theologico begründeten Unterschiede bleiben reichsrechtlich sensu juridico et politico ohne Bedeutung. Damit existiert ein engerer und ein weiterer Begriff des evangelischen Bekenntnisses (›sensu theologico – sensu politico‹)[2]. Diese Differenzierung dient dazu, dass die Evangelischen das Corpus Evangelicorum im Gegenüber zum Corpus Catholicorum bilden können und dadurch als gemeinsame Religionspartei im Heiligen Römischen Reich Deutscher Nation zusammenbleiben. Sinn und Legitimität des sensu juridico et politico Bekenntnisbegriffs ist durch die unterschiedlichen Funktionen begründet: Während die Confessio Augustana den reichsrechtlichen Schutz des Augsburger Religionsfriedens und des Westfälischen Friedens für die gemeinsame evangelische Religionspartei ermöglicht, charakterisiert die Confessio Augustana sensu theologico die innerkirchliche Gemeinschaft der Sakraments und Amtes für die lutherische Kirche als Glaubensgemeinschaft.

---

[1] CHRISTOPH LEHMANN, De pace religionis, p. 90 ff., 96. Vgl. hierzu RENATUS SENCKENBERG, Darstellung des Westfälischen Friedens p. 144 ff.

[2] Vgl. hierzu insbesondere MARTIN HECKEL, Das Bekenntnis – ein Vexierbild des Staatskirchenrechts, in: JOACHIM BOHNERT U.A. (Hg.), Festschrift für Alexander Hollerbach, Berlin 2001, S. 657-689 (676 ff., 679), auch in: DERS., Gesammelte Schriften Bd. 5 S. 209-242 (228 ff.); DERS., Zu den Anfängen der Religionsfreiheit im Konfessionellen Zeitalter S. 385 f., auch in: DERS., Gesammelte Schriften Bd. 5 S. 118 ff.

Hat sich die Unterscheidung zwischen ›sensu theologico‹ und ›sensu politico‹ überlebt? Hat es heute noch Sinn, zwischen lutherisch, reformiert und uniert zu unterscheiden? Und wenn ja: Was formt und prägt lutherische Identität heute? Worin besteht das ›Gesicht‹, das ›Profil‹ lutherischer Kirchen?

Die Luther-Akademie hat Merkmale lutherischer Identität anlässlich einer Tagung vom 18. bis 20. Oktober 2013 in der Lutherstadt Wittenberg sowohl aus historischer als auch aus systematischer Perspektive untersucht und anhand praktisch-theologischer Beiträge reflektiert. Einer guten Tradition folgend sind die Tagungsbeiträge dokumentiert und mit verschiedenen Registern versehen.

Unser Präsident Dr. Hans Christian Knuth würdigt in einem Nachruf das Leben unseres früheren Präsidenten Dr. theol. h.c. Friedrich-Otto Scharbau.

In bewährter Weise ist zu danken Herrn Daniel Piasecki, der – ebenfalls eine gute Tradition der Luther-Akademie – ehrenamtlich die technischen Herausforderungen im Hinblick auf das Layout gelöst hat.

Besonderen Dank kommt Herrn cand. theol. Tobias Jammerthal zu. Er hat nicht nur die Zusammenfassungen in englischer Sprache erstellt, sondern darüber hinaus mit großem Engagement eigentlich die Aufgaben eines Mitherausgebers wahrgenommen. Ich bin froh über und dankbar für diese wertvolle Hilfe und dieses Engagement.

Den Leser erwartet auch bei diesem Band der Luther-Akademie eine ertragreiche Lektüre.

Dessau, 5. Juli 2016

Dr. Rainer Rausch

NACHRUF

Siehe, ich habe dir gegeben eine offene Tür,
und niemand kann sie zuschließen.
Offenbarung 3,8

Mit dem Titel *Getroste Verzweiflung* fasste Friedrich-Otto Scharbau eine Sammlung von Luther-Worten zusammen, die er herausgegeben hat. Trost und Verzweiflung – wie eng lag das beieinander nicht nur im Leben des Reformators, sondern eben auch im Leben unseres früheren Präsidenten Dr. theol. h.c. Friedrich-Otto Scharbau, der von 2000 bis 2003 ehrenamtlich Präsident der Luther-Akademie Ratzeburg, in den Jahren 2003 bis 2007 dann Präsident der Luther-Akademie Sondershausen-Ratzeburg war. Die Luther-Akademie trauert um diesen Theologen, der am 1. Dezember 2013 im Alter von 78 Jahren verstarb. Die Luther-Akademie trauert um einen engagierten Mitstreiter, dessen Impulse und dessen Gestaltungskraft wir in dankbarer Erinnerung behalten werden.

Friedrich-Otto Scharbau wurde am 4. Oktober 1935 in Kiel geboren. Den Bombenterror in Kiel hat er ganz bewusst erlebt. Wieder einmal überrascht von einem Angriff auf dem Heimweg von der Schule fragte er sich mit seinem gleichaltrigen 7-jährigen Freund: »Was machen wir, wenn wir nach Hause kommen und die Eltern tot sind und das Haus nicht mehr steht?« So fragt nur ein verzweifeltes Kind, und wir wissen heute besser als früher, wie solche traumatischen Kindheitserlebnisse einen Menschen bis ins hohe Alter belasten können. Aber auch das andere gilt: dass es Gegenkräfte gibt gegen die Verzweiflung. Da ist dieses tröstliche Wort aus der Offenbarung. »*Ich habe dir eine offene Tür gegeben und niemand kann sie zuschließen.*« In der Familie Scharbau ist das ein zentraler Text, fundamental im Widerspruch etwa zu Franz Kafka, dem Autor der Verzweiflung im 20. Jahrhundert. Vor dem Gesetz wartet ein Verzweifelter sein Leben lang. Die Tür öffnet sich nie. Es ist ja auch zum Verzweifeln: Krebs, Krieg, Sterben und Tod… Da ist die verschlossene Tür. Von uns aus ist sie nicht zu öffnen, aber Christus hat sie uns aufgetan. Selbst gelitten bis zum Kreuze tröstet er uns mit seiner und unserer Auferstehung von den Toten; verzweifelt im Blick auf das, was Menschen tun oder nicht tun können – getröstet durch das, was Gott tut.

Nach dem Krieg engagierte sich Friedrich-Otto Scharbau in der Evangelischen Jugend, begleitete Ferienlager am Brahmsee und machte sein Abitur. Zunächst interessierte ihn die Welt der Technik. Er absolvierte ein entsprechendes Praktikum, entschloss sich dann aber, Theologie zu studieren. Er war mit Leib und Seele Gemeindepastor in St. Nikolai in Kiel. Mit einem gewissen Bedauern folgte er einer Bitte der Kirchenleitung, Vikare in Preetz auszubilden und schließlich im Landeskirchenamt als Ausbildungsdezernent zu wirken. Er förderte die Entwicklung der Pastoralpsychologie. Es gab ein kreatives Dreiergespann von Praktischer Theologie an der Universität, vom Predigerseminar und eben vom Ausbildungsdezernenten Scharbau. Als Personaldezernent kamen ihm die bisherigen Erfahrungen sehr zu gute: Seelsorge, Kirchendiplomatie, Konfliktbearbeitung und Verwaltung. Bei allem Ernst in der Sache war er ein fröhlicher Kollege, konnte aber auch entschieden für seine Meinung fechten.

Schließlich berief ihn die Vereinigte Evangelisch-Lutherische Kirche Deutschlands (VELKD) 1983 zum Präsidenten des Lutherischen Kirchenamtes. Hier konnte er bis zu der Emeritierung 2000 seine theologischen, juristischen und organisatorischen Fähigkeiten voll entfalten. Vorlagen für die Kirchenleitung, die Generalsynode, die Bischofskonferenz und den Leitenden Bischof hatte er anzuregen und zu verantworten. Da dem VELKD-Kirchenamt zugleich die Aufgabe einer Stabsstelle des Lutherischen Weltbundes zukommt, nahm Scharbau außerdem internationale Verantwortung wahr. Von 1987 bis 1993 war er Lutherischer Präsident des Exekutivausschusses der Leuenberger Kirchengemeinschaft (später: Gemeinschaft Evangelischer Kirchen in Europa) und von 1993 bis 2001 dessen Mitglied. Besonders die Annäherung zwischen Luthertum und römischer Kirche unterstützte er leidenschaftlich. Die Gemeinsame Erklärung zur Rechtfertigungslehre ist Ausdruck des gemeinsamen Glaubens, dass wir nicht verzweifeln vor dem verschlossenen Gesetz, sondern uns durch das Evangelium eine Tür aufgetan ist.

Friedrich-Otto Scharbau veröffentlichte Bücher und Aufsätze und schrieb an einer Geschichte der Vereinigten Kirche. Die Theologische Fakultät der Universität Kiel ehrte ihn mit der Verleihung des Doktorgrades ehrenhalber.

Einen Ruhestand gab es für ihn nicht. Er wurde Präsident der Luther-Akademie. Auch das bedeutete viel Einsatz, wissenschaftliche Publikationen und viel Fingerspitzengefühl im Verhältnis zu den Mitgliedern.

Friedrich-Otto Scharbau war eher nüchtern, unpathetisch, enorm fleißig und diszipliniert. Er blieb auch immer Pastor. Er predigte gern, nicht zuletzt bei den Tagungen der Luther-Akademie.

Mit der Trauer und dem Verlust verbindet sich die Dankbarkeit für die Jahre des Zusammenseins. Seine Hilfsbereitschaft erfuhren auch die Mitglieder der Luther-Akademie. Er sagte mir einmal, als ich mir so sehr Sorgen machte: »Du bist doch nicht Regente, der alles führen soll; Gott sitzt im Regimente und führet alles wohl.« Diesen Vers habe seine Mutter oft zitiert und es hat geholfen. So gab er auch an Frömmigkeit weiter, was er empfangen hatte. So ist es auch mit dem Sommerlied »Geh aus mein Herz«. Und wenn man genau hinhört, dann preist der Dichter zwar die Natur mit wunderbaren Worten, aber in der 9. Strophe wird ihm die Natur zum Gleichnis für die Herrlichkeit des Paradieses, das auf uns wartet, wenn wir das Tor zur Ewigkeit durchschritten haben.

Friedrich-Otto Scharbau wollte mit seinem Leben das Evangelium verbreiten. Und sicher würde er es auch mit seinem Sterben wollen. Wie oft hat er die Osterbotschaft verkündigt. So lasst uns in der Dankbarkeit für sein Leben auch und vor allem die Stimme hören, die den Tod überwunden hat.

Hans Christian Knuth

Inhaltsübersicht

3. Teil: Fazit / Summary

TOBIAS JAMMERTHAL:

4. Teil: Register

1. Teil: Geistlicher Impuls

OSWALD BAYER:
Auslegung von 2. Mose 20,1-3

Predigt in der Schlosskirche zu Wittenberg am 20. September 2013[1]

Auf die Frage nach der lutherischen Identiät antwortet, was für Luther im Brennpunkt der Aufmerksamkeit steht:
- das erste Gebot, genauer: die Urzusage an das alte und neue Israel,
- das Gebot, das geschrieben steht im Zweiten Buch Mose, im 20. Kapitel:

[1]Und Gott redete all diese Worte: [2]»Ich bin der Herr, Dein Gott, der Dich aus Ägyptenland, dem Knechtshause, herausgeführt hat. [3]Du sollst keine anderen Götter neben mir haben!«

Liebe Gemeinde, Götter werden gebraucht – dringend sogar, drängen sie sich doch als das zum Leben Notwendige geradezu auf. Dass wir auf das Licht der Sonne angewiesen sind, leuchtet jedem ein – und daher auch der Sonnengott – ebenso, dass der trockene Boden Palästinas den Regen braucht und damit auch den Regengott. Die Viehzüchter- und Ackerbaufamilie ist auf Nachkommen angewiesen und damit auf den Gott menschlicher Fruchtbarkeit. Wer garantiert denn Fruchtbarkeit, wer den Erfolg? Diese Frage lässt keinen kalt. Die Furcht, dass mein Leben letztlich vertan und erfolglos ist, die Furcht, dass die Sonne mir morgen nicht mehr aufgeht, dass Luft und Liebe, die Anerkennung, das Geld, kurz: dass die Mittel zum Leben mir genommen werden – diese Furcht kann schon Götter

---

[1] Diese Predigt ist erstmals erschienen in: OSWALD BAYER, Rechtfertigung, Freimund-Verlag Neuendettelsau 1991, S. 50-56. Für die erteilte Abdruckgenehmigung hat die Luther-Akademie ein Entgelt entrichtet.

machen. Sie lässt uns die scheinbar totale Abhängigkeit von all diesem Lebensnotwendigen spüren, uns erschrecken, zuweilen auch erschaudern. Ist es nicht einleuchtend, dass der Tod ein souveräner Herr ist, der gebieterisch in das Leben greift, verfügt, wie er will? Ist es nicht einleuchtend, dass das Meer ein Gott ist, der Menschen verschlingt und besänftigt sein will? Ist es nicht einleuchtend, dass die Liebe eine launische Göttin ist, die sich gibt oder versagt – launisch und unbeständig ist wie das Glück, die Fortuna? Ist es nicht faszinierend, viel Geld zu haben und alles, was man will, kaufen zu können? Ist es nicht erschreckend, keines zu haben? Wo viel Geld ist, ist der Teufel los; wo keines ist, ist er es gleich zweimal.

So sehr es mich ängstigt, wenn die zum Leben notwendigen Mittel mir fehlen, sich mir gleichsam versagen, so sehr ist mir ihre Anwesenheit, ihre Gegenwart von Herzen erwünscht.

Keine Frage also, liebe Gemeinde: Götter werden gebraucht. Sie leuchten unmittelbar ein; sie sind uns in erschreckender und zugleich faszinierender Weise nahe, um uns, vor allem: in uns, in unserem Herzen. Ihre Existenz leugnen zu wollen, wäre ebenso töricht und müßig, wie sie beweisen zu wollen. Das Natürlichste auf der Welt scheinen sie zu sein; sie müssen sich nicht erst offenbaren.

Gewiss: sie sind nicht immer, überall und jedem gleich mächtig. Je nach Situation drängen sie sich gebieterisch auf, verlangen unsere Aufmerksamkeit, besetzen unser Herz, unseren Sinn, unsere Gedanken und setzen unser Herz, unseren Mund sowie unsere Füße und Hände in Bewegung. Sie tauchen auf, aber auch wieder unter, jedenfalls vorübergehend.

Da diese Götter ihre Gegebenheiten jedoch nicht harmonisch aufeinander abstimmen, es sei denn, man nimmt alles gleich gültig, wie es kommt und sagt: »So ist halt das Leben. C'est la vie!«. Dann gibt es Zusammenstöße, Konflikte. Verständlich ist daher das menschliche Bestreben, eine Ordnung in die Götterwelt zu bringen – etwa, wie die Stoiker, zu versuchen, die vielen Götter als die vielen Namen eines einzigen Gottes zu verstehen und jedem Gott seinen Ort und seine Verehrung zu geben, so wie es im harmonischsten Raum Roms, im Pantheon, in einem einzigen Raum in gleichmäßiger Verteilung viele Nischen für verschiedene Götter gibt.

Im geistigen Zusammenhang damit steht der Versuch, eine Hierarchie herzustellen: Abstufungen von Wertungen, eine Wertehierarchie zu finden, um dem Konflikt zu entgehen oder ihn zu schlichten. Polytheisten sind wir allemal: faktisch, im täglichen Leben. Denken wir nach, werden wir vielleicht Monotheisten und konstruieren ein einziges Prinzip.

Das Seiende will nach Aristoteles nicht schlecht regiert werden. Schlecht ist die Herrschaft vieler. Deshalb der Ruf nach dem Alleinherrscher, dem Monarchen, und die Akklamation: »Nur einer sei Herrscher!«

Wir brauchen Gott als Einheit. Daher leuchtet auch Gottes Monarchie ein – zwar nicht so unmittelbar wie die Vielheit der Götter. Sie ist ja recht unanschaulich; die Affekte der Furcht und der Liebe sind gezügelt, wenn auch nicht völlig verschwunden; der Philosoph täuscht sich, wenn er von leidenschaftsloser Stille der nur denkenden Erkenntnis redet. Auch Gottes Monarchie hat im Haushalt menschlichen Planens und Denkens ihre zwingende Notwendigkeit. Sie ist eine Fabel, die der Lebensführung dient; schließlich muss man sich orientieren, alles auf eine einzige Himmelsrichtung beziehen. Auch Gottes Monarchie muss sich nicht erst offenbaren. Der Gedanke eines einzigen, eines monarchischen, Gottes spricht für sich. Blut und Boden, Blitz und Donner sprechen für sich, große umwälzende Geschichtsereignisse ebenfalls…

»Ich bin der Herr, dein Gott. Du sollst keine anderen Götter neben mir haben!« Ist dies nicht eine erschreckend radikale Stimme, die zerstörend einbricht in das Natürlichste auf der Welt, das Selbstverständlichste? Weshalb dieser Ton schärfster Absage? Soll alles andere neben dem, der sich so hören lässt, verschwinden? Soll nur noch der gelten, der sich so, ohne Wenn und Aber, diskussionslos vorstellt? Ist unser menschliches Verlangen nach Sonne, Luft, Liebe, Anerkennung, Schutz und Hilfe in Nöten, die Sehnsucht nach Frieden, das Hungern und Dursten nach Gerechtigkeit – ist dies alles nichts wert? Hören wir die Stimme einer Eifersucht, die alles andere außer sich ausschließt? Ja, das tut sie, wenn dies andere angebetet, verehrt sein, Macht über uns gewinnen will, wenn all das Lebensnotwendige grenzenlos wird und maßlos, wenn es unsere ganze Sorge und Aufmerksamkeit beansprucht und wir nichts anderes mehr im Sinn haben als etwa die Gesundheit, die Familie oder die Arbeit, den Erfolg oder das Ansehen, die politische Option oder das Hobby. Alles Gute kann dir zum Götzen werden, wenn du dein Herz daran hängst, wenn du dich ganz

darauf verlässt. Dann wird dir die Liebe zur Venus, die Sorge für die Kinder zur Diana, die Sorge um den Lebensunterhalt zum Pluto und Mammon, die lebensnotwendige Bearbeitung von Konflikten zum Mars, als ob er der Vater aller Dinge wäre! Dann wird dir aus der Liebe zum Wort der Gott Logos, dann wird dir die Sehnsucht nach Schönheit, Licht und klarem Denken zu Apoll und Athene.

Er aber hatte »keine Gestalt noch Schöne, keine Gestalt, die uns gefallen hätte. Er war der Allerverachtetste und Unwerteste, voller Schmerzen und Krankheit. Er war so verachtet, dass man das Angesicht vor ihm verbarg; darum haben wir ihn für nichts geachtet.« Dieses Bild des leidenden Gottesknechtes aus dem Jesajabuch (53,2 f.), das Bild des gekreuzigten Jesus von Nazareth, lässt sich nicht unmittelbar als Bild Gottes verstehen; es leuchtet nicht als das Natürlichste auf der Welt ein; es ist nicht zwingend notwendig. Dass kein anderer als er Gott ist, dass allein er wirklich helfen und erretten kann, dass allein auf ihn wirklich Verlass ist, dass man sich allein von ihm nicht nur Gutes, sondern das Allerbeste versprechen darf – das kann uns nicht Fleisch und Blut offenbaren, das muss uns schon gesagt, zugesagt werden: »Ich bin der Herr, dein Gott!«

Keine herrische Arroganz spricht sich darin aus. Ist doch der Herr Herr als Knecht. Auf der Karlsbrücke in Prag steht das Bild des gekreuzigten Jesus in einer Gloriole, die von leuchtenden hebräischen Buchstaben gebildet wird: »Heilig, heilig, heilig ist Jahwe Zebaoth!« (Jes 6,3) In dieser Akklamation und Anbetung wird die Heiligkeit und Herrlichkeit dem Allerverachtetsten zugesprochen. In derselben Weise bekennt sich Martin Luther zu dem, der aus aller Not befreit, der jeden aus seiner ägyptischen und babylonischen Gefangenschaft errettet, in wunderbarer Weise herausführt – allein kraft seiner Souveränität und Freiheit.

»Mit unsrer Macht ist nichts getan,
wir sind gar bald verloren;
es streit' für uns der rechte Mann,
den Gott hat selbst erkoren.
Fragst du, wer der ist?
Er heißt Jesus Christ,
der Herr Zebaoth,
und ist kein anderer Gott;

das Feld muss er behalten.« (EG 362 Strophe 2)

Er siegt und herrscht, indem er dient, nicht gezwungen, vielmehr aus freier Wahl, aus frei gewährter Liebe. Dass Gottes Macht in seiner Demut liegt, ist nicht etwa eine christliche Verfremdung dessen, was schon das alte Israel zu hören bekam. Zwar scheinen Blitz und Donner und die laute Posaune am Sinai nicht gerade von Demut zu zeugen. Doch selbst das Geschehen dieser Großdemonstration ist verhüllt; die »dichte Wolke auf dem Berge« (Ex 19,16) ist das Zeichen dafür. Erst recht aber ist merkwürdig, dass die Stimme, die sich vermeintlich so gewaltig hat hören lassen, so schnell wieder vergessen, genauer: mit einem Stierbild, dem Bild blanker Stärke, verbunden und auf diese Weise in ihrer Zartheit verkannt wurde.

Der Prophet Elia hat die Zartheit der Allmacht Gottes gehört als »das Flüstern eines leisen Wehens«, als »ein stilles, sanftes Sausen« (1. Kön 19,12). Elia erfuhr, dass der wahre Gott nicht im Sturm, nicht im Erdbeben, nicht im Feuer ist, nicht in den imponierenden Demonstrationen der Naturgewalten, auch nicht in den imponierenden Demonstrationen der Geschichtsgewalten: nicht in Revolutionen und Kriegen, nicht in großen, grellen Parolen, nicht im Rausch der großen Zahl, sondern demütig in der Stille, in der entspannten Stille des Hörens.

Des Hörens worauf? Auf nichts anderes als auf eine Liebeserklärung, und die will ja nicht ausposaunt, sondern, wenn überhaupt ausgesprochen, nur geflüstert sein. »Ich bin dein, du bist mein.«

Eine Liebeserklärung kann als Ärgernis und Torheit genommen und verschmäht werden. Das ist nicht erst angesichts des Kreuzes Jesu Christi so. Dem Propheten Hosea zufolge bietet sich der so gar nicht einleuchtende Gott, dessen Volk »andere Ereignisse und Mächte, Gestalten und Wahrheiten« (Barmen I) interessanter, wichtiger, aktueller und notwendiger findet, wie ein Liebhaber an: »Ich bin doch Jahwe, dein Gott von Ägypten her. Einen Gott neben mit kennst du doch nicht, einen Helfer außer mir gibt es doch nicht!« (Hos 13,4) Wie der Liebhaber ankommt, zeigt die Fortsetzung: »Aber weil sie satt geworden sind und genug haben, erhebt sich ihr Herz; darum vergessen sie mich.« (Hos 13,6)

Wer satt geworden ist – so wie wir es in unserem Land geworden sind –, der muss sich nicht notwendig überheben; er kann auch stumpf und gleichgültig werden. Es ist die Gleichgültigkeit der satt Gewordenen, in der Gottes Stimme nicht mehr vernommen wird. Sie haben das Staunen und den Dank verlernt, den Dank, der wach macht und hellhörig für die Not der anderen. Darum: »Vergiss nicht, was er dir Gutes getan hat!« (Ps 103,2) Kämpfe gegen die Todesgötter der Gleichgültigkeit, Selbstzufriedenheit und Phantasielosigkeit. »Du sollst keine andern Götter neben mir haben!«

Aber da sind unter uns nicht nur die Gleichgültigen und die Satten, die nur dem Gott des individuellen Glücks und dem Gott des Fortschritts huldigen. Da sind auch die Verzagten und Verzweifelten, die mit sich und ihrer Leistung im Beruf, in der Schule oder im Studium, die mit der Erziehung ihrer Kinder unglücklich sind, mit sich und der Rechnung, die sie über den Erfolg ihres Lebens aufgemacht haben, allein – durchaus auch zusammen mit andern – ihresgleichen, die auch nur das eigene Herz in seinem Trotz und seiner Verzagtheit kennen und die dunklen Bilder, die es entwirft: Bilder schuldvoller Vergangenheit und Bilder ängstigender Zukunft, die uns faszinieren und erschrecken, von denen wir uns abhängig machen.

Doch in die Stürme der Furcht und der Hoffnung, in denen wir mit unserem trotzigen und verzagten Herzen allein sind, tritt der, der größer ist als unser Herz, gebietet dem Sturm und den Wellen und spricht: »Seid getrost, ich bin's; fürchtet euch nicht!« (Mk 6,50).

»Ich bin der Herr, dein Gott.« Du in deiner Verzweiflung und in deinem Trotz bist nicht das letzte Maß aller Dinge. Das Urteil, das du über dich sprichst, ist nicht das letzte Wort – auch nicht, was andere über dich sagen. »Ich bin der Herr, dein Gott.« Ich will dir genug geben. Glaubst du, so hast du. Du brauchst keine anderen Götter.

Amen.

2. Teil: Vorträge

HANS CHRISTIAN KNUTH:
Wir sind doch evangelisch?! Zur Aktualität unseres Themas

Nach meiner Wahl zum Leitenden Bischof der Vereinigten Evangelisch-Lutherischen Kirche Deutschlands (VELKD) machte ich pflichtgemäß einen Antrittsbesuch beim damaligen Ratsvorsitzenden der EKD, Präses Kock. Obwohl der Empfang freundlich und höflich verlief, gab er mir unmissverständlich zu verstehen, dass er die VELKD für überflüssig hielt. Als Argument diente ihm der Satz, der unserer Tagung das Thema vorgibt: Wir sind doch evangelisch! Anders als Vorstand und Kuratorium der Luther-Akademie versah er seinen Ausspruch nur mit einem Ausrufungszeichen. Das Fragezeichen hinter diesem Satz will ja auch nicht bestreiten, dass wir evangelisch sind; es zeigt aber, dass es noch Fragen gibt. Es gibt zum Beispiel die Frage, ob es denn noch zeitgemäß sei, zu unterscheiden zwischen evangelisch-lutherisch, evangelisch-reformiert und evangelisch-uniert. Und was ist die EKD (Evangelische Kirche in Deutschland), wenn sie weder lutherisch, noch reformiert noch uniert ist?

Unser Thema wird seit Jahrhunderten diskutiert. Wir werden damit versetzt in die Zeit der Reformation: Identitätsbewusstsein, der Kleine Katechismus und der Heidelberger Katechismus etc. Wir werden aber auch mit der Aktualität des Themas konfrontiert, wenn es um die systematische Frage der lutherischen Identität geht. Als es um Sein oder Nichtsein der evangelischen Sache ging, hat Luther trotzdem 1529 beim Marburger Religionsgespräch die tiefgreifenden Differenzen mit Zwingli nicht überspielt. Die Wahrheit, wie er sie erkannt hatte, war ihm wichtiger als alle noch so wünschenswerte politische und kirchenpolitische Einheit auf Kosten der Wahrheit. Später hat Paul Gerhardt (der Dichter unserer wertvollsten

Choräle) Amt und Beruf geopfert, um sich nicht dem Diktat des preußischen Königs für eine Union zu unterwerfen.

Anlässlich der Barmer Synode haben der Reformierte Karl Barth und die Lutheraner Breit und Asmussen zwar gemeinsam die Barmer Thesen vorgelegt, aber die Synodalen konnten nicht gemeinsam zum Abendmahl gehen. Die Barmer Synode hat ja neben den berühmten theologischen Thesen noch andere gemeinsame Texte verabschiedet. In einem dieser Texte steht ausdrücklich geschrieben, dass es substanziell wichtig für die evangelische Kirche sei, sich wieder auf die Bekenntnisse zu besinnen, und dass wir deshalb Zusammenschlüsse brauchen, die Gemeinden und Landeskirchen übergreifend sich jeweils ihren Bekenntnissen der Reformationszeit verpflichtet fühlen. Insofern hat man nicht zu Unrecht gesagt: Barmen ist die Geburtsstunde der VELKD! Und Karl Barth hat bekanntlich noch schärfer geurteilt, die Union habe den deutschen Christen vorgearbeitet.

Nun hat aber doch das gemeinsame Bekennen in Barmen die Differenzen innerhalb des Protestantismus abgemildert. Vor allem die jahrelange exegetische Arbeit am Neuen Testament, die schließlich zu den Arnoldshainer Abendmahlsthesen geführt hat, ermöglichte die Leuenberger Konkordie. Das ist ein Text, der in keiner Weise an die Stelle der klassischen Bekenntnisse treten will, der aber das Miteinander der bekenntnisverschiedenen evangelischen Kirchen regelt bis hin zur Abendmahlsgemeinschaft. Auch für Leuenberg gilt aber dasselbe wie für Barmen. Beide Texte wollen die Bekenntnisse nicht ersetzen oder ergänzen, sondern sie ermöglichen einen sachgemäßen, nicht mehr kirchentrennenden Umgang mit den Bekenntnissen.

Hermann Barth, der langjährige theologische Vizepräsident der EKD, hat versucht, Barmen und Leuenberg als Bekenntnisgrundlage der EKD einzuführen. Das muss scheitern am Selbstverständnis von Barmen und Leuenberg.

Als langjähriger Mitarbeiter in der Gruppe ›Kopenhagen‹ der Leuenberger Lehrgespräche weiß ich, dass unsere skandinavischen Delegierten bei allem hochinteressierten Engagement für Leuenberg von vornerein ihre Mitarbeit nur unter der Bedingung fortsetzen, dass der Prozess nicht auf eine Union hinausliefe.

Ein weiterer kirchenpolitischer Akzent wurde gesetzt, als der Präsident des Landeskirchenamtes von Hannover, Eckart von Vietinghoff – für uns Lutheraner in der VELKD völlig überraschend und ohne Rücksprache mit der VELKD – einen Vorstoß unternahm, die konfessionellen Zusammenschlüsse in der EKD aufzulösen und deren bisherige Kompetenzen auf die EKD zu übertragen. Es waren vor allem organisatorische, finanzielle und personelle Argumente, die den Kirchenjuristen und das EKD-Ratsmitglied von Vietinghoff bewogen haben. Sein Ziel war es jedenfalls, die VELKD bis zum Jahr 2006 abzuschaffen und die gewachsene, vor allem theologisch begründete Vielfalt unter einem Dach der EKD-Zentrale einzuebnen. Dieser Vorstoß setzte sich nicht durch. Es gab eine Reihe von Veränderungen in der Struktur der Ämter und Synoden, das sogenannte Verbindungsmodell. Aber es blieb, Gott sei Dank, die Lutherische Kirche auf der Basis der CA (Confessio Augustana) und des Kleinen Katechismus in Deutschland erhalten: mit Generalsynode und Kirchenleitung, mit Bischofskonferenz und Leitendem Bischof, mit lutherischem Kirchenamt und dem deutschen Nationalkomitee des Lutherischen Weltbundes. In der Ökumene wurde der Erhalt der VELKD weitgehend begrüßt. Sobald man den deutschen Horizont ein wenig überschreitet, wird sofort deutlich, eine Union ist ein preußisches Modell. Weltweit gibt es das Luthertum vor allem im Lutherischen Weltbund. Es gibt auch den Reformierten Weltbund, aber keinen weltweiten Zusammenschluss wie ihn die Evangelische Kirche in Deutschland (EKD) darstellt. Sicher gibt es nationale Christenräte. Diese sind alle in sich konfessionell gegliedert. Das gilt vor allem auch für den Weltrat der Kirchen, in dem Orthodoxe, Anglikaner, Reformierte, Lutheraner, Methodisten u.s.w. mitarbeiten. Niemand in Genf käme auf die Idee, den Lutherischen Weltbund in den Ökumenischen Rat der Kirchen hinein aufzulösen. Es gäbe dadurch auch keinen ökumenischen Fortschritt. Rom spricht nicht mit Nationalkirchen, sondern mit den großen Konfessionsfamilien. Der Fortschritt im Verständnis der Rechtfertigungslehre wurde im Gespräch zwischen Rom und dem Lutherischen Weltbund erreicht.

Die Identität des Luthertums ist weltweit gegeben durch die verbindliche Bezugnahme auf die Lutherischen Bekenntnisschriften. Die Asymmetrie zur reformierten Kirche wurde deutlich bei der Debatte um den Nato-Doppelbeschluss, als das Reformierte Moderamen überraschend den

Besitz, die Lagerung und Herstellung von Pershing II und cruise-missiles zum status confessionis erklärte. Dabei kam ein ganz unterschiedliches Verständnis von confessio zum Tragen, mehr im Sinne von Bekennen als von Bekenntnis, weshalb dann auch die Neuherausgabe der reformierten Bekenntnisschriften mehr als 180 Texte versammelt. Deutlich ist auch die unterschiedliche Struktur auf Weltebene dadurch, dass nicht einmal alle Mitgliedskirchen des Reformierten Weltbundes untereinander Abendmahlsgemeinschaften haben.

Die Proklamation des status confessionis nach dem Zweiten Weltkrieg erfolgte beim Lutherischen Weltbund anlässlich der Abendmahlsgemeinschaft zwischen schwarzen und weißen Christen im südlichen Afrika. Rassismus am Tisch des Herrn ist ein Abfall von einem Grundsatz des Glaubens. Ethische oder politische Fragen wie der Doppelbeschluss der Nato oder auch der Bau der Startbahn West am Frankfurter Flughafen sind – so wichtig sie sind – für das Sein oder Nichtsein von Kirche oder für das Heil des Einzelnen nicht konstitutiv. So sind die Unterschiede eben nicht nur in der Abendmahlsfrage relevant, sondern auch bei dem Verhältnis von Glaube und Ethos, Gesetz und Evangelium, Kirche und Politik. Angesichts fanatisierter, demagogischer, religiöser Politiker und politischer Religionsführer ist Luthers Lehre von den zwei Reichen weltweit von unmittelbarer Relevanz und Aktualität.

Ich breche hier ab. Eines wird wohl deutlich. Unser Thema ist von hoher theologischer, kirchenpolitischer und gesellschaftspolitischer Relevanz. Wir sind evangelisch, Gott sei Dank! Aber wir sind es auf die eine oder andere Weise.

ALBRECHT BEUTEL:
›Wir Lutherischen‹. Zur Ausbildung eines konfessionellen Identitätsbewusstseins bei Martin Luther

Bekanntlich missbilligte Martin Luther in aller Entschiedenheit, dass die durch ihn entstandene, rasch über Wittenberg hinausgreifende reformatorische Bewegung sich selbst als ›lutherisch‹ apostrophierte. Zu solcher Verwahrung drängte ihn wohl auch die Bescheidenheit, die ihm in persönlicher und zumal in religiöser Hinsicht unstreitbar eigen war, erst recht aber die durchaus begründete Sorge, als Urheber und Oberhaupt einer von der christlichen Kirche sich absondernden Sekte missdeutet zu werden. Wollte er doch keinesfalls eine neue religiöse Gemeinschaft begründen, sondern, als deren schieres Gegenteil, in der Kirche die alte, reine christliche Lehre, zu welcher er sich durch Gott erleuchtet sah, erneut zur Geltung bringen. Die eindringliche Mahnung, »man wolt meynes namen geschweygen und sich nit lutherisch, sondern Christen heyssen«[1], zählt zu den meistzitierten Selbstaussagen des Reformators.

---

[1] MARTIN LUTHER, Eine treue Vermahnung zu allen Christen, sich zu hüten vor Aufruhr und Empörung, in: WA 8, 685,4-6 (1522).

Indessen, auch das ist bekannt, nahm die Kirchengeschichte alsbald einen anderen Lauf. Die bereits in den 1520er Jahren einsetzende Konfessionalisierung des abendländischen Christentums konnte Luther nicht auf Dauer verborgen bleiben. Zögerlich war er bereit, diese Entwicklung zu realisieren, um schließlich, was nun allerdings weithin übersehen wird, auch seinerseits die durch ihn angestoßene Reformation unbeschwert mit seinem Eigennamen zu titulieren. »Die Lutherischen bleiben wol Meister«[2], schrieb er voller Zuversicht im Umkreis des Augsburger Reichstags, und ›meine Lutherisschen‹[3] ist eine von ihm mehrfach, bisweilen geradezu liebevoll gebrauchte Adresse.

Die vorliegende Studie steckt sich das schlichte Ziel, am Leitfaden solcher Selbstbezeichnung das Erwachen eines konfessionellen Identitätsbewusstseins bei Luther zu rekonstruieren. Ausdrücklich sei dabei der partiale Charakter der Untersuchung betont: Weder kann sie das sich entfaltende Selbstverständnis des Reformators insgesamt darstellen[4] noch das Aufkommen des auf Luther verweisenden Konfessionsnamens bei dessen zeitgenössischen Gegnern und Freunden erheben. Doch gerade in dieser strikten Begrenzung mag sie für eine künftig zu schreibende Initialgeschichte des lutherischen Protestantismus nützlich und anregend sein.

---

[2] MARTIN LUTHER, Vermahnung an die Geistlichen, versammelt auf dem Reichstag zu Augsburg, Anno 1530, in: WA 30/2, 345,1 f. (1530).

[3] MARTIN LUTHER, Wider den Meuchler zu Dresden, in: WA 30/3, 455,8 (1531).

[4] Vgl. dazu den noch immer höchst instruktiven Beitrag von KARL HOLL, Luthers Urteile über sich selbst (1903), in: DERS., Gesammelte Aufsätze zur Kirchengeschichte. Bd. 1: Luther, ⁷1948, S. 381-419; ferner etwa HANS PREUSS, Martin Luther. Der Prophet, 1933, S. 96-162; HEIKO AUGUSTINUS OBERMAN, Martin Luther – Vorläufer der Reformation, in: Verifikationen. Festschrift Gerhard Ebeling, hg. von EBERHARD JÜNGEL / JÜRGEN WALLMANN / WILFRID WERBECK, Tübingen 1982, S. 91-119; BERNHARD LOHSE, Luthers Selbsteinschätzung, in: DERS., Evangelium in der Geschichte. Studien zu Luther und der Reformation. Zum 60. Geburtstag des Autors, hg. von LEIF GRANE / BERND MOELLER / OTTO HERRMANN PESCH, Göttingen 1988, S. 158-175; JOHANNES SCHILLING, Geschichtsbild und Selbstverständnis, in: ALBRECHT BEUTEL (Hg.), Luther Handbuch, Tübingen ²2010, S. 97-106.

I. Abwehr des Parteinamens in den frühen 1520er Jahren

Für viele religiöse Bewegungen und theologische Richtungen oder Schulen wurde der Name, unter dem sie dann in der Kirchengeschichte firmierten, zunächst von Außenstehenden aufgebracht. Auch die Ausdrücke ›Lutheraner‹ und ›lutherisch‹ entstanden als eine Fremdbezeichnung. Mutmaßlich hat Johannes Eck, der in Ingolstadt als Theologieprofessor bestallt war und als ein früher, erbitterter Gegner Luthers hervortrat, diese Begriffsprägung als erster vollzogen[5]. Vier Tage nach dem Beginn der Leipziger Disputation (27. Juni - 16. Juli 1519) gab er von seiner dort mit Karlstadt und Luther geführten Auseinandersetzung einen brieflichen Zwischenbericht. Seine Feststellung, unter den Zuhörern und erst recht in der Leipziger Bürgerschaft fänden sich ›plurimi [...] Lutterani‹[6], scheint den Terminus, den er als Wechselbegriff zu ›den Wittembergern‹[7] gebrauchte, bereits wie selbstverständlich vorauszusetzen. Auch die rückblickende Zusammenfassung der Disputation, die Eck am 26. August 1519 brieflich ausfertigte, verwendete die Ausdrücke ›Lutherani‹ und ›Wittenbergenses‹ als Synonym[8]. Wohl noch im selben Jahr gab er zwei Briefe des Franziskanerlektors Bernhard Dappen unter dem von ihm gewählten Titel

---

[5] Die Studie von MANFRED SCHULZE, Johannes Eck im Kampf gegen Martin Luther. Mit der Schrift der Kirche wider das Buch der Ketzer, in: LuJ 63 (1996), 39-68, ist für die hier verhandelte terminologische Frage nicht von Belang.

[6] JOHANNES ECK an Georg Hauer und Franz Burkhart, 1. Juli 1519, in: http://ivv7srv15.-uni-muenster.de/mnkg/pfnuer/Eckbriefe/N087.html. Die im Entstehen begriffene kommentierte kritische Ausgabe des Briefwechsels von Johannes Eck ist einstweilen nur als Internet-Publikation verfügbar. – Dieses sowie das in Anm. 8 nachgewiesene Schreiben belegen, dass Eck den Ausdruck ›Lutheraner‹ nicht erst, wie immer wieder zu lesen ist (vgl. etwa ERNST KINDER, Der evangelische Glaube und die Kirche. Grundzüge des evangelisch-lutherischen Kirchenverständnisses, Berlin ²1960, S. 136), im Jahre 1520 aufgebracht hat.

[7] JOHANNES ECK an Georg Hauer und Franz Burkhart, 1. Juli 1519 (siehe Anm. 6).

[8] JOHANNES ECK an Christoph Tengler, 26. August 1519, in: http://ivv7srv15.uni-muenster.de/mnkg/pfnuer/Eckbriefe/N092.html.

Articuli [...] contra Luteranos zum Druck[9]. Das ebenfalls von Eck gebrauchte Adjektiv ›luderisch‹ lässt sich spätestens seit Oktober 1520 nachweisen[10].

Die Absicht dieser Namensgebung ist offenkundig: Die Anhänger des unter dringendem Häresieverdacht stehenden Augustinermönchs und Wittenberger Dozenten sollten mit ihrem Schulhaupt als Ketzer identifiziert werden. Seit den frühen 1520er Jahren stellte die Rede von den ›Lutherischen‹ einen festen Bestandteil des amtskirchlichen[11] sowie des landläufigen Sprachgebrauchs dar[12].

Luther sträubte sich von Anfang an gegen die Verehrung, die seine Person und seine theologische Kompetenz auf sich zog. Als ihm der kurfürstliche Sekretär Georg Spalatin im Dezember 1516 das Wohlwollen des Landesherrn übermittelte und die Bitte um literarische Beratung vortrug[13] und Luther sich daraufhin für beides als unwürdig erklärte, war dies nicht etwa topisch, sondern aufrichtig gemeint[14]. Das Ruhmesblatt, das ihm sein

---

[9] BERNHARD DAPPEN, Articuli per fratres minores de observantia propositi Reverendissimo domino Episcopo Brandenburgensis contra Luteranos, wohl 1519. Vgl. dazu JOHANNES ECK an Leonhard von Eck, 19. Oktober 1519, in: http//ivv7srv-15.uni-muenster.de/mnkg/pfnuer/Eckbriefe/N095.html, siehe Anm. 6.

[10] »Es möchte ainer vor luderisch gewesen sein, der in absentia mea abgefallen et econtra.« JOHANNES ECK an Christoph von Stadion, Bischof zu Augsburg, 29. Oktober 1520, in: http//ivv7srv15.uni-muenster.de/mnkg/pfnuer/Eckbriefe/N11 5.html.

[11] Vgl. etwa MARTIN LUTHER, »Ein Bäpstlich Breve dem Rath zu Bamberg gesandt wider den Luther«, in: WA 11, 337,342-354 (1523), welches mehrfach von den ›Lutherischen‹ bzw. den ›Lutherani‹ spricht (aaO, 350,14.16.30 f.; 353,7.25).

[12] So konnte der 1523 wohl in Norddeutschland entstandene Nachdruck einer Streitschrift Luthers ganz arglos im Titel hinzufügen, sie betreffe »den yetzt schwebenden (so man spricht) Lutherischen handel.« MARTIN LUTHER, Wider die Verkehrer und Fälscher kaiserlichs Mandats, in: WA 12, 62 (1523).

[13] Das Schreiben Spalatins ist verloren, lässt sich aber ansatzweise aus Luthers Antwortbrief rekonstruieren. Vgl. MARTIN LUTHER an Georg Spalatin, 14. Dezember 1516, in: WA BR 1, 76-80.

[14] »Quod autem scribis principem illustriss[imum] mei frequenter et honorifice meminisse, Non quidem ego gaudeo, oro tamen, ut humilitati eius dominus deus reddat gloriam. Non enim sum dignus, ut memoriam mei ullus homo habeat, nedum princeps, et talis tantusque princeps. [...] Petis iudicium meum super instituto tuo vertendorum opusculorum in vernaculam. Ultra vires meas

Ordensbruder Christoph Scheurl im Januar 1517 ausstellte[15], wies er mit der Bemerkung zurück, der Konfrater möge den Namen Christi loben und nicht den seinen[16]. Erst recht berührte ihn der Umstand, dass Erasmus seinen Namen gegenüber dem sächsischen Kurfürsten rühmend hervorgehoben hatte[17], peinlich und unangenehm[18]. Solche Bescheidenheit war bei Luther zutiefst religiös motiviert. Er verstand sich als ein bloßes Werkzeug in der Hand Gottes, das jederzeit gegen ein anderes, besseres ausgetauscht werden könnte: »Ich weiß, dass Christus nicht meiner bedarf; er wird seiner Kirche auch ohne mich Gutes verkündigen«, schrieb er im Februar 1518 an den brandenburgischen Bischof Hieronymus Scultetus[19]. Damit verband sich zugleich eine eminente kontroverstheologische Entlastungsfunktion. Da Luther von sich sagen konnte: »ich weyss selbs fast [i.e. sehr] wol, das ich nit lobens werd bin«, zielten die zahlreichen Schmähungen, denen seine Person ausgesetzt war, ins Leere: »Sie fechten mich auch nichts an«[20]. Ganz drastisch hieß es in der ersten Vorlesung über den Galaterbrief (zu Gal 6,18): »Verflucht sei der Name und Ruhm

---

exigis. Quis ego sum, ut iudicem, quid publice tum placeat tum proficiat?« (aaO, 78,27-30.39-41).

[15] CHRISTOPH SCHEURL an Martin Luther, 2. Januar 1517, in: WA BR 1, 84,3-6.

[16] MARTIN LUTHER an Christoph Scheurl, 27. Januar 1517, in: WA BR 1, 87,55-57. – Vgl. etwa auch die wenig später erbrachte Demutsbezeugung: »Doleo ego vehementer meum nomen & negocium in tantum ascendisse & crevisse, ut tantis etiam principibus negotium factum sit & de me sordidissimo homuncione tanta tantorum luminum claritas tractet.« MARTIN LUTHER an Georg Spalatin, 28. August 1518, in: WA BR 1, 190,35-191,37.

[17] DESIDERIUS ERASMUS an Kurfürst Friedrich den Weisen, 14. April 1519, in: DESIDERIUS ERASMUS, Opus epistolarum, hg. von PERCY STAFFORD ALLEN, Tom. III, 1913, 527-532.

[18] MARTIN LUTHER an Georg Spalatin, 22. Mai 1519, in: WA BR 1, 404,4-6.

[19] MARTIN LUTHER an Hieronymus Scultetus, 13. Februar 1518, in: WA BR 1, 140,66 f.; ähnlich etwa auch MARTIN LUTHER an Georg Spalatin, 13. Januar 1520, in: WA BR 2, 214,24 f.

[20] MARTIN LUTHER, Von dem Papstthum zu Rom wider den hochberühmten Romanisten zu Leipzig, in: WA 6, 323,13.11; vgl. aaO, 323,9-22 (1520).

des Martinus in Ewigkeit, auf dass allein der Name unseres Vaters im Himmel gepriesen werde.«[21]

Dass der theologische Aufbruch, der in Wittenberg eingesetzt hatte, schon bald mit seinem Namen verketzert und man aus »hussitisch, Viglephisch und Lutherisch«[22] eine genealogische Schmähliste bilden würde, war Luther bewusst. Gelegentlich griff er solche Fremdbezeichnung in neutraler Zitation sogar auf[23]. Soweit er für sich allein gefordert war, brachte er seinen Namen ganz unbefangen ins Spiel: Schriften der Gegner erteilte er eine ›responsio Lutheriana‹[24] oder gab sie »cum Lutheranis adnotatiunculis«[25] abermals in den Druck. Seine Replik auf den Angriff des Jacobus Latomus[26], schrieb er augenzwinkernd an den Freund Justus Jonas, sei »durch lutherisches Weihwasser«[27] von allen bösen Geistern, die der Löwener Theologe aussende, befreit.

Eine kollektive Selbstbezeichnung mit seinem Namen wies Luther dagegen kategorisch zurück, am deutlichsten in seiner *Treue[n] Vermahnung zu allen Christen, sich zu hüten vor Aufruhr und Empörung*[28]. Die Schrift, wohl im Dezember 1521 auf der Wartburg entstanden, suchte allen Unruhen, die während seiner Abwesenheit in Wittenberg um sich griffen, mit der klaren Maßgabe entgegenzuwirken, man solle dem päpstlichen Regiment keinesfalls mit Gewalt, sondern allein mit dem Wort des

---

[21] »Denique maledictum nomen Martini, maledicta gloria Martini inaeternum, ut solius patris nostri nomen sanctificetur, qui in coelis.« MARTIN LUTHER, In epistolam Pauli ad Galatas M. Lutheri commentarius, in: WA 2, 616,21 f. (1519).

[22] MARTIN LUTHER, Ein Brief an die Christen im Niederland, in: WA 12, 79,5 (1523).

[23] Vgl. MARTIN LUTHER an Philipp Melanchthon, 12. Mai 1521, in: WA BR 2, 333,26 f.; DERS. an Johannes Lang, 12. April 1522, in: WA BR 2, 495,18 f.; DERS., Condemnatio doctrinalis librorum Martini Lutheri per quosdam Magistros Nostros Lovanienses et Colonienses facta. Responsio Lutheriana ad eandem damnationem, in: WA 6, 181,7 f. (1520).

[24] MARTIN LUTHER, Rationis Latomianae confutatio, in: WA 8, 97,27 (1521).

[25] MARTIN LUTHER an Johann Heß, 7. Juni 1520, in: WA BR 2, 118,14-16.

[26] MARTIN LUTHER, Rationis Latomianae pro incendiariis Lovaniensis scholae sophistis redditae, Lutheriana confutatio, in: WA 8, [36] 43-128 (1521).

[27] MARTIN LUTHER, Rationis Latomianae confutatio, in: WA 8, 43,14-16 (1521).

[28] MARTIN LUTHER, Eine treue Vermahnung zu allen Christen, sich zu hüten vor Aufruhr und Empörung, in: WA 8, [670] 676-687 (1522).

Evangeliums trotzen, damit ›unsser Chor‹ rein erhalten und ›unssere lere‹[29] nicht zum Spott gemacht würden. Hier, wie auch sonst allenthalben, changierte Luther im pronominalen Gebrauch der 1. Person mehrfach zwischen schlichtem Singularis und Pluralis modestiae oder auctoris: »Wilche meyne [!] lere recht leszen und vorstehen, die machen nitt auffruhr. [...] Das aber etlich solchs thun und sich unszers [!] namens rhumen, was konnen wyr [!] datzu?«[30] Gleichwie auch Christus führte Luther diese rhetorische Frage in steiler Analogiebildung fort, für das, was die ›Papisten‹ unter Christi Namen, doch seinem Wort zuwider anrichten, keinerlei Schuld trage[31]. Eindringlich warnte er vor denen, die sich dadurch als gut ›lutherisch‹ zu erweisen trachten, dass sie alle, »die nit Evangelisch seyn«,[32] mit Zwang und Gewalt überziehen. Um solchem ›mutwillen‹[33] zu wehren, prägte Luther sodann die berühmt gewordenen Sätze:

»Tzum ersten bitt ich, man wolt meynes namen geschweygen und sich nit lutherisch, sondern Christen heyssen. Was ist Luther? ist doch die lere nitt meyn. Szo byn ich auch fur niemant gecreutzigt. [...] Wie keme denn ich armer stinckender madensack datzu, das man die kynder Christi solt mit meynem heyloszen namen nennen? Nitt alszo, lieben freund, last uns tilgenn die parteysche namen unnd Christen heyssen, des lere wir haben. Die Papisten habenn billich eynen parteyschen namen, die weyl sie nit genuget an Christus lere unnd namen, wollenn auch Bepstisch seyn, szo last sie Bepstisch seynn, der yhr meyster ist. Ich byn unnd wyll keynisz meyster seyn. Ich habe mitt der gemeyne die eynige gemeyne lere Christi, der alleyn unszer meyster ist.«[34]

Die Botschaft, die Luther aussandte, war eindeutig: Gegenüber der Papstkirche, die das Christentum zu einer Religionspartei pervertiert habe, gelte es ›die eynige gemeyne lere Christi‹ ohne jede Bindung an menschliche Deutungsgewalt rein zu erhalten. Diese Weisung war bei Luther von der festen, selbst durch den päpstlichen Bannstrahl oder das Wormser

---

[29]   AaO, 681,24.15.

[30]   AaO, 681,19-22.

[31]   AaO, 681,22 f.

[32]   AaO, 684,38.34.

[33]   AaO, 685,1.

[34]   AaO, 685,4-16.

Edikt in keiner Weise getrübten Hoffnung getragen, man brauche dies lediglich »noch tzwey iar treyben«, dann werde das ganze Papsttum »wie der rauch [...] vorschwinden.«[35] Die Prognose war zweifellos ernst gemeint, doch sie erwies sich als hinfällig und mit ihr, wie sich zeigen wird, auch das über die Selbstbezeichnung mit Luthers Namen gesprochene strikte Verdikt.

Bereits nach wenigen Monaten, inzwischen von der Wartburg zurückgekehrt und mit den Anfängen eines evangelischen Gemeindeaufbaus beschäftigt, begannen sich bei Luther erste, zaghafte Anzeichen eines Umdenkens anzudeuten[36]. Zwar hielt er weiterhin unbeirrt daran fest, dass rechter Glaube nicht von ihm, sondern allein von Christus gelehrt werde[37]. Zugleich aber schien Luther nun die kontingente Funktion, die seiner Person in der aktuellen, von Wittenberg ausgehenden Erneuerung des Evangeliums zukam, ansatzweise zu realisieren. Hatte er doch als *instrumentum Dei* längst prägende Wirkung entfaltet: »Vill sind yhr, die umb meynen willenn glewben.«[38] Bei ihnen komme es nun allerdings darauf an, dass sie die Stabilisierung ihres evangelischen Glaubens nicht etwa von seiner eigenen Glaubenstreue abhängig machten, sondern allein aus der Kraft des Wortes Gottes bezögen[39]. Wenn man darum auch keinesfalls sagen solle: »ich byn Lutherisch oder Bepstischs«, da doch allein Christus ›deyn meyster‹ ist, so dürfe man gleichwohl »den Luther nicht ßo gar hyn werffen.«[40] Denn da er die reine christliche, evangelische Lehre vertrete,

---

[35] AaO, 684,2-6.

[36] Schon im Sommer 1520 hatte Luther gegenüber Spalatin in positiver Aufnahme der Wendung angeregt, der Kurfürst solle doch in Beantwortung eines Schreibens von Kardinal Rafael Riario mitteilen, dass die ›lutherana doctrina‹ in Deutschland und darüber hinaus bereits weit ausgebreitet und verwurzelt sei. MARTIN LUTHER an Georg Spalatin, 10. Juli 1520, in: WA BR 2, 138,40-43.

[37] »Du must nicht Luthers ßondernn Christus schuler seyn, und ist nit gnug, das du sagist, Luther, Petrus odder Paulus hatt das gesagt, ßondern du must bey dyr selbs ym gewissen fulen Christus selbs und unwenglich [i.e. unerschütterlich] empfinden, das es gottis wort sey«. MARTIN LUTHER, Von beider Gestalt des Sakraments zu nehmen, in: WA 10/2, 23,4-7 (1522).

[38] AaO, 58,26 f.

[39] Vgl. aaO, 58,27-35.

[40] AaO, 40,5 f..9.

hätten es die Widersacher darauf angelegt, mit Luthers Person zugleich die Lehre Christi zu verfolgen und auszurotten[41]. Insofern erweise sich eine Bejahung der Frage, »ob du Lutherisch seyest«[42], stets als ein Bekenntnis zu Christus[43], wie umgekehrt eine öffentliche Distanzierung von ihm geradewegs der Verleugnung Christi gleichkomme[44]. Dergestalt begann sich Luther allmählich der Einsicht in die seiner Person zugewiesene geschichtliche Bedeutung zu öffnen.

II. Verfestigung eines Gruppenbewusstseins in den 1520er Jahren

Solche Selbstgewissheit nährte sich nicht zuletzt aus der Zwietracht im eigenen Lager. Den Rat des Gamaliel (Apg 5,38 f.), der ursprünglich auf das Wirken der Apostel gerichtet war, bezog Luther gegen die ›himmlischen Propheten‹ kurzerhand auf sich selbst: »Ists aus Gott, was *ich* hab angefangen, so solls niemant dempffen [...] Das weys ich [...] wol, das myrs soll niemand nehmen on Gott alleyne.«[45] Entsprechend sah sich auch Zwingli über die Wahrheit des reformatorischen Aufbruchs belehrt. Im Bescheidenheitsmodus des pluralischen Personalpronomens meldete Luther nach Zürich: »Zu unsern zeiten, da *wir* sahen, das die schrifft unter der banck lag, [...] Haben *wir* [...] mir grosser sawrer erbeit die schrifft widder erfur bracht und menschen gebotten urlaub gegeben.«[46] Und die Geringschätzung, die der abtrünnige Karlstadt über das ›arme Wittemberg‹ ausgoss, quittierte Luther mit der rhetorischen Frage: »Wenn er denn *mich*

---

[41] Vgl. aaO, 40,5-15.

[42] AaO, 40,15.

[43] Vgl. aaO, 40,15-29.

[44] Vgl. aaO, 39,26-40,4.

[45] MARTIN LUTHER, Wider die himmlischen Propheten, 2. Teil, in: WA 18, 134,4-8 (1525); Hervorhebung von mir.

[46] MARTIN LUTHER, Daß diese Wort Christi »Das ist mein Leib« noch fest stehen wider die Schwärmgeister, in: WA 23, 69,10-14 (1527); Hervorhebungen von mir.

nichts acht, wilchen will er denn unter uns achten?«[47] Was dergestalt als
der Hochmut eines »theologus gloriae«[48] aufscheinen könnte, war von
Luther freilich nicht anmaßend, sondern – buchstäblich – selbstlos gemeint. Er verstand seine geschichtlich exponierte Person nur als Werkzeug
in der Hand Gottes und als »die faust«[49] Christi im Nahkampf mit den
Mächten der Finsternis. Gleichwie Johannes der Täufer seine Schüler zu
Jesus gesandt hatte, reklamierte auch Luther für die ihm auferlegte
religiöse Mission, dass er allein Christus predige und nicht sich selbst[50]. In
dem Bewusstsein, in seiner Verkündigung lediglich der »mund Christi«[51]
zu sein, machte sich Luther das, was er predigte, dann freilich vorbehaltlos
zu eigen: als »meyn Euangelion«[52] und als »pura doctrina mea«[53]: »Szo ist
mein ding yhe [...] eyttel schrifft.«[54]

Indessen sah er sich mit dem Anspruch, authentisches Sprachrohr Gottes zu sein, durchaus nicht in die Einsamkeit des Propheten verbannt, vielmehr tief eingebettet in die Gruppe der gleichgesinnten Freunde und Mitarbeiter, zunächst innerhalb Wittenbergs, bald auch darüber hinaus.
Gemeinsam mit ihnen wusste sich Luther auf dem richtigen Weg. Die stol-

---

[47] MARTIN LUTHER, Wider die himmlischen Propheten, 1. Teil, in: WA 18, 89,18 f. 14 f.
(1525); Hervorhebung von mir.
[48] MARTIN LUTHER, Disputatio Heidelbergae habita, in: WA 1, 354,21 (1518).
[49] MARTIN LUTHER, Lection wider die rottengeyster, in: WA 17/1, 142,16 (1525).
[50] »Ego Christum praedicavi, non me. Et si me praedicarem, vellem et nequitiam et
veritatem dicere. Neque sanctitas mea sit vobis exemplo neque malitia scandalo.
Mihi faciendum ut Iohanni baptistae, qui discipulos ad Christum misit. Si audies
praedicatores, qui se dicunt sic et sic adfectos, fac prae illis crucem et scito esse
demonem.« MARTIN LUTHER, Ein Sermon am 11. Sonntag nach dem Pfingsttag
[Trinitatis], darin die größten Hauptstück eines christlichen Lebens beschlossen
sind, in: WA 15, 668,5-9 (1524).
[51] MARTIN LUTHER, Eine treue Vermahnung zu allen Christen, sich zu hüten vor
Aufruhr und Empörung, in: WA 8, 683,1 (1522); vgl. aaO, 682,31-683,17. – Vgl. etwa
auch DERS., Predigt am Palmsonntag, 5. April 1528, in: WA 27, 94,15 f. (1528).
[52] MARTIN LUTHER, Ermahnung zum Frieden auf die zwölf Artikel der Bauernschaft
in Schwaben, in: WA 18, 296,8 f. (1525).
[53] MARTIN LUTHER, Ein Sermon am 11. Sonntag nach dem Pfingsttag [Trinitatis],
darin die größten Hauptstück eines christlichen Lebens beschlossen sind, in:
WA 15, 668,17 f. (1524).
[54] MARTIN LUTHER, Evangelium von den zehn Aussätzigen, in: WA 8, 341,21 f. (1521).

zen Selbstzeugnisse, die er für ein nun nicht mehr rhetorisches, sondern reales ›wir‹ geltend machte, verdichteten sich seit dem Beginn der 1520er Jahre: *Wir* haben den Irrtum bemerkt und die Wahrheit erkannt[55], *wir* stehen in der wahren apostolischen Tradition[56], bewahren die Schrift unverfälscht[57], predigen allein Christus[58] und damit die rechte, zu Gott weisende Lehre im Heiligen Geist[59]. *Wir* üben den richtigen Gebrauch der Sakramente, sagen die Wahrheit und sind die rechten Christen[60]. Während der Papst uns gegenüber auf den Primat seiner Tradition pocht, halten *wir* ihm entgegen: »unsere lere ist recht, ewer ist falsch, denn sie ist Menschentand und kan aus Gottes wort nicht bewiesen werden«[61], wogegen »uns itzt das Euangelion [...] widder komen odder wol auch zu erst auffgangen ist«[62]. Am Ende werden darum nicht die anderen, sondern *wir* siegen und

---

[55] Vgl. MARTIN LUTHER, Sermon auf das Evangelium Matth. 5. »Es sei denn daß euer Gerechtigkeit« (6. Sonntag nach Trinitatis = 12. Juli), in: WA 12, 625,19 f. (1523); DERS., (Erste) Epistel S. Petri gepredigt und außgelegt, in: WA 12, 331,22 f. (1523).

[56] Vgl. MARTIN LUTHER, Vorrede zu ›Von Priesterehe des würdigen Herrn Licentiaten Stephan Klingebeil‹, in: WA 26, 533,26-31 (1528).

[57] Vgl. MARTIN LUTHER, Erste Vorrede zum Schwäbischen Syngramm, in: WA 19, 461,17-20 (1526).

[58] Vgl. MARTIN LUTHER, Vorlesung über den Prediger Salomo, in: WA 20, 176,22 (1526); DERS., Von Herrn Lenhard Keiser in Baiern um des Euangelii willen verbrannt, in: WA 23, 474,26-30 (1527).

[59] Vgl. MARTIN LUTHER, Von dem Ehestandt, in: WA 17/1, 37,6-9 (1525); DERS., Predigt am 8. Sonntag nach Trinitatis, 26. Juli 1523 über Mt 7,15 ff., in: WA 11, 154,25-27 (1523).

[60] Vgl. MARTIN LUTHER, Formula Missae et Communionis, in: WA 12, 218,4-7 (1523); DERS., Vorlesung über den 1. Johannesbrief, in: WA 20, 734,1 f. (1527); DERS., Wider den rechten auffrührischen, verräterischen und mordischen Rathschlag der ganzen Mainzischen Pfafferei Unterricht und Warnung, in: WA 19, 263,8-15 (1526).

[61] MARTIN LUTHER, Auslegung über etliche Kapitel des andern Buchs Mosi, gepredigt zu Wittenberg, Anno 1524, 1525 und 1526, in: WA 16, 249,21-25 (1525).

[62] MARTIN LUTHER, Vorreden zum ›Unterricht der Visitatoren an die Pfarrherrn‹ im Kurfürstentum zu Sachsen 1528, in: WA 26, 197,12 f. (1528).

in schönem Frieden sitzen[63], und Gott wird *uns* – in Erfüllung von Ps 34,8[64] – »wol ehre und nutz gnug geben ewiglich und zeytlich«[65].

Auf solche, vielfach variierte Weise artikulierte sich bei Luther das Bewusstsein, als Teil ›unser[es] heufflin[s]‹[66] oder Feldlagers[67] zu agieren, in welchem sich das Evangelium als ›unser ding‹ und ›nostra causa‹[68] und damit, wenngleich von ihm einstweilen noch unausgesprochen, als die wahre Kirche realisiere.

Allerdings geriet dadurch mit ihm auch das ganze ›heufflin‹, dessen Teil er war, in Verruf. Einerseits war man als Gruppe einzelnen absurden Vorwürfen ausgesetzt: als ob ihre Mitglieder allesamt ›der keuscheyt feynd seyen‹, gute Werke verböten[69], Aufruhr gegen die Obrigkeit propagierten[70] und ketzerischer Lehre anhingen[71]. Andererseits sah man sich

---

[63] Vgl. MARTIN LUTHER, Predigten über das erste Buch Mose, in: WA 14, 326,6-8 (1523/24); DERS., Vorlesungen über die Kleinen Propheten – Sacharja, in: WA 13, 567,18-22 (1524).

[64] Vgl. MARTIN LUTHER, Auslegung über etliche Kapitel des andern Buchs Mosi, gepredigt zu Wittenberg, Anno 1524, 1525 und 1526, hier: Deutung des 14. Kapitels am 28. Mai 1525, in: WA 16, 272,1-3 (1525).

[65] MARTIN LUTHER, Luthers Fastenpostille, in: WA 17/2, 150,1 (1525).

[66] MARTIN LUTHER, Vorrede zu ›Von Priesterehe des würdigen Herrn Licentiaten Stephan Klingebeil‹, in: WA 26, 530,28 (1528).

[67] »Ego quidem nunquam optavi, ut deserta aut neglecta mensura tua nostris castris miscereris, cui negotio etsi ingenio et eloquentia multum prodesse posses, tamen, cum non adsit animus, tutius erat in tuo dono servire.« MARTIN LUTHER an Erasmus, 18. April [?] 1524, in: WA BR 3, 270,15-18.

[68] MARTIN LUTHER, Predigt am 7. Sonntag nach Trinitatis, 26. Juli 1528, in: WA 27, 277,2 (1528); DERS., De servo arbitrio, in: WA 18, 605,26 f. (1525) u.ö.

[69] MARTIN LUTHER, Das siebente Kapitel S. Pauli zu den Corinthern ausgelegt, in: WA 12, 94,11-14 (1523); DERS., Sermon am Stephanstage (26. Dezember), in: WA 12, 697,3-5 (1523).

[70] »Also sagen jtzt unsere Fürsten, unsere Lere sey Auffrhürisch. Ja recht, Aber du mussts recht verstehen: unsere Lere leidet Auffrhur, richtet aber Auffrhur nicht an. Denn wir predigen nicht, das man zum Schwerd greiffen sol, sondern das ein jglicher seiner Oberkeit gehorsam und unterthan sey. Sie aber die unsere Lere Auffrhürisch schelten, greiffen zum Schwerd«, in: MARTIN LUTHER, Predigt vom 20. März 1529 über Joh 19,15-22, in: WA 28, 381,22-26 (1529).

[71] Vgl. MARTIN LUTHER, Ein tröstlicher Sermon von der Frucht und Kraft der Himmelfahrt unseres Herrn Jesu Christi, in: WA 23, 722,10-12 (1527); DERS.,

pauschaler Anfeindung ausgesetzt: »Nobis gibt man schuld, quidquid mali fit in mundo«[72], und hätten die ungarischen Bischöfe, wie Luther sarkastisch hinzufügt, das Evangelium zugelassen, so wäre man gewiss auch für den dortigen Einmarsch der Türken haftbar gemacht worden[73]. Seit tausend Jahren habe die Welt niemanden so gehasst wie uns, die wir allein Christus predigen[74], und wie Christus würden auch wir mit unserer Lehre verflucht und als die Gerechten verfolgt[75]. Noch schlimmer als diese äußeren Anfeindungen sei freilich die innere Anfechtung, die der Teufel in unseren Gewissen anrichte, indem er uns den Selbstvorwurf, von der Kirche abgefallen zu sein, einflüstere und damit »ex optimo opere facit damnationem«[76].

Mochten derlei Selbst- und Fremdprädikationen auch den Anschein differenzloser Eintracht erwecken, so war ›unser heufflin‹ für Luther doch keineswegs homogen: Ihm gefalle längst nicht alles, was einige der Unseren anrichten, hieß es schon bald[77]. Insbesondere Undank und Überdruss gegenüber der Gnade, die Gott ›uns‹ erwiesen hat, machten sich breit[78]. Luther erkannte darin eine ihm unvertretbar zukommende Katechetenpflicht: »ich [...] wil mich zu den unsern keren, die selbigen weiter,

---

Auslegung über etliche Kapitel des andern Buchs Mosi, gepredigt zu Wittenberg, Anno 1524, 1525 und 1526, in: WA 16, 10,29-33 (1524-1527).

[72] MARTIN LUTHER, Vorlesung über den 1. Johannesbrief, in: WA 20, 673,9 f. (1527).

[73] Vgl. MARTIN LUTHER, Vier tröstliche Psalmen an die Königin zu Ungarn, in: WA 19, 552,16-24 (1526).

[74] Vgl. MARTIN LUTHER, Predigt am Sonntag nach Weihnachten vormittags, 29. Dezember 1527, in: WA 23, 753,15-17 (1527).

[75] Vgl. MARTIN LUTHER, Predigt Sab. ante Laurentii, quae erat 8. August 1528 über Joh 17,1, in: WA 28, 81,8 f. (1528); DERS., Stephan Roths Festpostille, in: WA 17/2, 342,4-7 (1527).

[76] MARTIN LUTHER, Vorlesung über den 1. Johannesbrief, in: WA 20, 718,18 (1527); vgl. aaO, 718,1-21.

[77] Vgl. MARTIN LUTHER, Brief zu Johann Apels Defensio pro suo coniugio, in: WA 12, 72,10 f. (1523).

[78] Vgl. MARTIN LUTHER, Das Papstthum mit seinen Gliedern, in: WA 19, 42,34-40 (1526); DERS., Vorrede zu Brenz, Der Prediger Salomo, in: WA 26, 628,8-14 (1528); DERS., Predigt Sab. post Viti quae erat 19. Juni 1529 über Joh 20,11-18, in: WA 28, 451,31-35 (1529).

so viel ich vermag durch Christus gnade, [...] unterrichten«[79], damit ›die unsern‹ nicht allein in sich selbst die evangelische Wahrheit lebendig zu halten, sondern auch auf die spöttischen Fragen der Gegner sichere biblische Antwort zu geben vermögen[80].

Die gefährlichsten Gegner waren inzwischen, wie Luther urteilte, aus dem eigenen Lager erwachsen. Er zählte dazu die Vertreter einer radikalen Reformation, also etwa Karlstadt und Thomas Müntzer, später dann auch den zumal in der Abendmahlslehre von ihm offenbar unversöhnlich dissentierenden Zwingli. Diese Gegnerschaft erschien ihm darum so bitter, weil sie als Deviation aus dem gemeinsamen Ursprung entstanden war. Insofern pflegte er sie als »*nostri* Schwermeri, qui verba a nobis didicerunt«[81], anzusprechen. Der leidenschaftliche Hass, mit dem sie ›uns‹ verfolgten[82], gründete für Luther gerade in der ehemaligen Nähe: »Schwermeri nostri plus invident nobis quam Papa, quia fuerunt fratres nostri, ergo et Satanico odio persequuntur. Sic ex fraternitate fit summum odium«[83]. Wenn solcher Bruderhass auch handfeste Lehrdifferenzen zum Austrag brachte – etwa in Fragen des Kultus oder der Ethik[84] –, sah Luther darin doch letztlich den Teufel am Werk, der auf diese Weise das wieder

---

[79] MARTIN LUTHER, Vom Abendmahl Christi, in: WA 26, 262,3-7 (1528).

[80] Vgl. MARTIN LUTHER, Daß diese Wort Christi »Das ist mein Leib« noch fest stehen wider die Schwärmgeister, in: WA 23, 95,11-16 (1527).

[81] MARTIN LUTHER, Predigt Sab: post Nativitatem [Mariae] 12. September 1528 über Joh 17,9-10, in: WA 28, 139,9 (1528); Hervorhebung von mir. – Ähnlich etwa DERS., Predigt vom 12. September 1529 über 5. Mose, in: WA 29, 640,7 f. (1529). – Vgl. aber MARTIN LUTHER, Ein Sermon auf das Evangelium Matth. 9 vom Reich Christi, welches stehet in Vergebung der Sünden usw., in: WA 15, 705,12-15 (1524): »Inter nos surgunt pseudoapostoli ut tempore apostolorum. Ex nobis non sunt, sed prodierunt ex nobis i.e. nobiscum habent euangelium. Istos non possumus prohibere.«

[82] Vgl. MARTIN LUTHER, Wider die himmlischen Propheten, 1. Teil, in: WA 18, 92,17-30 (1525); DERS., Vorlesung über den 1. Johannesbrief, in: WA 20, 653,8-10 (1527).

[83] MARTIN LUTHER, Vorlesung über den 1. Johannesbrief, in: WA 20, 738,8-10 (1527). – »Die rottengayster seynd uns feinder dann der Bapst, treyben solich lestern, das es über alle maß ist, ye neher freund, je erger feind sie worden seind.« MARTIN LUTHER, Mißbrauch und rechtbrauch des gesetzes, in: WA 17/1, 146,18-20 (1525).

[84] Vgl. MARTIN LUTHER, Wider die himmlischen Propheten, 1. Teil, in: WA 18, 64,15-20 (1525); aaO, 102,27-103,23.

ans Licht getretene Evangelium einem vernichtenden Zweifrontenkrieg aussetzen wollte[85].

Rettung suchte er darum nicht im diskursiven Widerspruch, sondern allein in der durch die Identifikation des Teufels angezeigten metaphysischen Tiefendimension des Geschehens. So gelte es jetzt, Ps 94,1 (»Herr, du Gott der Rache, brich hervor«) unablässig in beide Richtungen zu beten: gegen die kirchliche und weltliche Obrigkeit, die ›uns‹ mit leiblicher Gewalt zusetze, und zugleich ›widder die rottengeister‹, die ›uns‹ mit falscher Schriftauslegung geistlich verfolgten[86]. Überhaupt war für Luther die biblische Analogie der eigenen Situation offenkundig[87]: Im Wüten der innerreformatorischen Gegner erfülle sich Joh 16,2[88], das gegenwärtige Auftreten von Pseudoaposteln aktualisiere die apostolischen Zeiten[89], und

---

[85] »[Wir] haben [...] die schrifft widder erfur bracht und [...] uns frey gemacht und dem teuffel entlauffen, wie wol er sich redlich geweret und auch noch weret. Aber doch weil er uns mus lassen gehen, vergisst er dennoch seiner kunst nicht, hat auch heimlich seines samens unter uns gemenget, die unser lere und wort solten fassen, Nicht dazu, das sie uns beystünden und hülffen die schrifft treiben, sondern, [die]weil wir widder menschen thand forne stritten, sie hinder uns ynn unsern heer ein fielen, auffrur anrichten und widder uns tobeten, auff das wir zwisschen zweyen feinden deste leichter untergiengen. Das heisst, mein ich ja, quecksilber ynn den teich geworffen.« MARTIN LUTHER, Daß diese Wort Christi »Das ist mein Leib« noch fest stehen wider die Schwärmgeister, in: WA 23, 69,12-22 (1527). – »Solchs thut der teuffel D. Carlstads, nicht, das er des Bapsts teuffel feynd sey, von wilchem er ynn D. Carlstat gesand ist, dem Bapstum listiglich widder auff zu helffen, Sondern das er das alles zu nichte mache, was Gott durch uns [!] ym Euangelio bis her hat gewirckt und so viel seelen errettet.« MARTIN LUTHER, Wider die himmlischen Propheten, 2. Teil, in: WA 18, 191,8-12 (1525). – Vgl. etwa auch MARTIN LUTHER, Von beider Gestalt des Sakraments zu nehmen, in: WA 10/2, 12,1-8 (1522); DERS., Von der Wiedertaufe an zwei Pfarrherrn, in: WA 26, 173,20-24 (1528).

[86] MARTIN LUTHER, Vier tröstliche Psalmen an die Königin zu Ungarn, in: WA 19, 582,13-17 (1526).

[87] Vgl. etwa MARTIN LUTHER, Predigten über das erste Buch Mose Kap. 26, in: WA 24, 468,26-32 (1527) (zu Gen 26,18).

[88] Vgl. MARTIN LUTHER, Ein christlicher Trostbrief an die Miltenberger, wie sie sich an ihren Feinden rächen sollen, aus dem 119. Psalm, in: WA 15, 70,10-18 (1524).

[89] Vgl. MARTIN LUTHER, Ein Sermon auf das Evangelium Matth. 9 vom Reich Christi, welches stehet in Vergebung der Sünden usw., in: WA 15, 705,10-13 (1524).

wie beim Papst, so gelte auch bei den ›Schwermeri‹ der Hass letztlich nicht ›uns‹, sondern Christus[90], von welchem denn auch einzig Hilfe zu erhoffen sei in solchem eschatologischen Streit[91].

Im Nachvollzug dieser prozesshaften Verfestigung eines religiösen und theologischen Gruppenbewusstseins dürfte nun insbesondere aufschlussreich sein, wie sich Luther zu dem die Gruppe mit seinem Namen titulierenden Neologismus verhielt. Im Verlauf der 1520er Jahre ist die Vokabel zunehmend bei ihm belegt. Dabei überwog zunächst noch die Zitation als Fremdbezeichnung, von der sich Luther bisweilen durch ein beigefügtes »so sagen sie heute« oder »wie sies nennen«[92] zusätzlich distanzierte. Die bei den Gegnern übliche pejorative Verwendung des Wortes wird offenkundig, wenn er davon spricht, Erasmus habe die ›ungebildeten Lutheraner‹[93] übertölpeln wollen, und Wendungen wie ›die Luterissche ketzerey‹, ›heretici Lutherani‹ oder ›secta Lutherana‹[94] gebraucht. Vornehmlich ihn selbst, war er überzeugt, wollte man »als eynen Luterischen vorbrant und zorniklichen in die helle geworffen haben.«[95]

Daneben nannte Luther den Terminus aber auch in fast schon neutraler Verwendung, so wenn er berichtet, der altgläubige Pfarrer zu Esslingen

---

[90] MARTIN LUTHER, Vorlesung über den 1. Johannesbrief, in: WA 20, 755,7-11 (1527).

[91] Vgl. MARTIN LUTHER, Vorlesungen über die Kleinen Propheten – Maleachi, in: WA 13, 695, zu 10 (1524).

[92] MARTIN LUTHER, Predigt am 29. März über Joh. 8,46 ff., in: WA 27, 79,26 (1528); DERS., Der 119. Psalm, verdolmetscht und ausgelegt. Jtem der 83. Psalm samt der Auslegung 1529, in: WA 31/1, 31,3 (1529).

[93] MARTIN LUTHER, De servo arbitrio, in: WA 18, 751,2 f. (1525).

[94] MARTIN LUTHER, Antwortschreiben an die Christen zu Reutlingen, in: WA 19, 136,24 f. (1526); DERS., Vier tröstliche Psalmen an die Königin zu Ungarn, in: WA 19, 552,22 (1526); DERS., Predigt am 2. August über Mt. 7,15 ff., in: WA 27, 286,15 (1528); DERS., in: WA BR 3, 315,20 (4. Juli 1524). – Vgl. DERS., in: WA BR 3, 361,13-16 (27. Oktober 1524).

[95] MARTIN LUTHER, Wider den rechten auffrührischen, verrätherischen und mordischen Rathschlag der ganzen Mainzischen Pfafferei Unterricht und Warnung, in: WA 19, 275,8 f. (1526).

habe denen, »so sich der Lutherischen lere abthun«[96], den Anordnungen von Papst und Kaiser zuwider gnädige Absolution versprochen, oder wenn er seinem in Bremen wirkenden Schüler Heinrich von Zuthphen mitteilte, der Papst habe König Ferdinand große fiskalische Vorteile eingeräumt, damit dieser ein ›hostis Lutheranorum‹[97] werde. Gelegentlich trieb er mit dem Wort sogar ein sarkastisches Spiel:

»[Ich] hab [...] bisher mit meinem schreiben schon alzu viel und starcke Lutherischen gemacht, das ich wol mus auffhören, Es möchten sonst die Papisten allzu gar Lutherisch werden, Denn sie sind für war bereit[s] mehr und besser Lutherisch, denn ich selbs und brauchen auch des Euangelions mehr zu yhrem nutz denn wir selbs.«[98]

Indessen begann Luther, wenn auch vorerst nur zaghaft, sich den Ausdruck auch in positiver Verwendung zu eigen zu machen. Im Frühjahr 1525, auf dem Höhepunkt des Bauernkrieges, klagte er darüber, dass einige Fürsten, vom Teufel getrieben[99], den Plan hegten, ›die Lutherische lere‹ zu dämpfen und auszurotten[100]. Hinsichtlich der Reform des Gottesdienstes hielt er zur selben Zeit fest: »Wyr aber gehen auff der mittel ban [...], wyr sind widder Bepstisch noch Carlstadisch, sondern frey und Christisch.«[101] Zwei Jahre später forderte er die Anhänger Zwinglis auf, in

---

[96]   MARTIN LUTHER, Sendbrief an die Gemeinde der Stadt Eßlingen, in: WA 12, 154,8 (1523).

[97]   MARTIN LUTHER an Heinrich von Zuthphen, 1. September 1524, in: WA BR 3, 337,19-22. – Nicht als Privat-, sondern als Gruppenlehre ist zu verstehen, wenn Luther in einer Predigt den Bischöfen seiner Zeit die Überlegung zuschreibt: »Si doctrina Lutheri vera esset, tum nostra res nihil esset.« MARTIN LUTHER, Predigt 18. März 1526 über Joh 8, 46 ff., in: WA 20, 305,13 f. (1526). – Vgl. etwa auch DERS., Duae episcopales bullae super doctrina Lutherana et Romana, in: WA 15, 146,21-147,9 (1524); aaO, 149,24-26.

[98]   MARTIN LUTHER, Ein Bericht an einen guten Freund von beider Gestalt des Sakraments aufs Bischofs zu Meißen Mandat, in: WA 26, 562,13-17 (1528). – Ähnlich aaO, 562,36-563,1; aaO, 563,17-24.

[99]   »Satan induxit Lutheranam doctrinam in mundum.« MARTIN LUTHER, Predigt am 3. April 1528 über Joh. 8,46 ff. und Tit. 1,7 ff., in: WA 27, 87,36 f. (1528).

[100]   MARTIN LUTHER, Ermahnung zum Frieden auf die zwölf Artikel der Bauerschaft in Schwaben, in: WA 18, 295,6 f. (1525).

[101]   MARTIN LUTHER, Wider die himmlischen Propheten, 1. Teil, in: WA 18, 112,33-35 (1525).

ihrem Streit »widder die Lutherischen« bei der Wahrheit zu bleiben und das, was sie gegen ›uns‹, ›die Lutherisschen‹, vorbrachten, stichhaltig zu beweisen[102]. Bereits 1524 hatte er unter dem Eindruck zweier bischöflicher Edikte betont, die ›Lutherani‹ wüssten sich allein der ›Evangelica doctrina‹ verpflichtet[103], weshalb denn auch die Bezeichnungen ›Lutherisch oder Euangelisch‹ als reine Tautologie gelten müssten[104].

Im Februar desselben Jahres schrieb Luther in seinem *Trostbrief an die Miltenberger*, er habe es »nicht gerne [...], das man die lere und leutte Lutterisch nennet, und mus von yhnen leyden, das sie Gottis wortt mit meynem namen also schenden.«[105] Diese Äußerung könnte als die identische Reduplikation jenes berühmten, eingangs zitierten Satzes von 1522 erscheinen, man solle sich »nit lutherisch, sondern Christen heyssen«[106]. Allerdings ergibt der Blick auf den Kontext des Votums ein durchaus anderes Bild. Als Grund seines Schreibens an die junge evangelische Gemeinde zu Miltenberg gab er nämlich an, er fühle sich, da sie »als die Lutherischen« verfolgt würden, dazu gedrängt, sich nun ihrer Sache »auch antzunemen alls meyn selbs«[107]. Eben deshalb aber, weil seine Person untrennbar mit dem evangelischen Aufbruch jener Jahre verbunden war, rief er den dortigen Gegnern zu, sie sollten »doch den Luther, die Lutherischen lere und leut lassen bleyben und zu ehren komen, widderumb sie und yhre lere untergehn und zuschanden werden«.[108] Dergestalt schien Luther schon relativ früh geneigt, sich mit der wohl von Eck aufgebrachten

---

[102] MARTIN LUTHER, Daß diese Wort Christi »Das ist mein Leib« noch fest stehen wider die Schwärmgeister, in: WA 23, 181,16-22 (1527).

[103] MARTIN LUTHER, Duae episcopales bullae super doctrina Lutherana et Romana, in: WA 15, 153,18 f. (1524).

[104] MARTIN LUTHER, Wider das blind und toll Verdammniß der siebenzehn Artikel von der elenden schändlichen Universität zu Ingolstadt ausgangen. Martinus Luther. Item der Wiener Artikel wider Paulum Speratum sammt seiner Antwort, in: WA 15, 111,21-25 (1524).

[105] MARTIN LUTHER, Ein christlicher Trostbrief an die Miltenberger, wie sie sich an ihren Feinden rächen sollen, aus dem 119. Psalm, in: WA 15, 78,8-10 (1524).

[106] Siehe Anm. 1.

[107] MARTIN LUTHER, Ein christlicher Trostbrief an die Miltenberger, wie sie sich an ihren Feinden rächen sollen, aus dem 119. Psalm, in: WA 15, 78,6 f. (1524).

[108] AaO, 78,10-12.

Fremdbezeichnung aus Respekt vor der Kontingenz des Geschichtsverlaufs zu versöhnen. Entsprechend schrieb er im Januar 1528 an Spalatin, er selbst wolle insofern durchaus ›lutherisch‹ sein, als »der Luther [...] die heil[ige] Schrift rein lehret«[109]. Noch hatte er den Ausdruck also nicht als Parteinamen, sondern als den Inbegriff reiner, unbedingter Treue zu Bibel und Evangelium in Gebrauch.

III. Umschwung im Bannkreis des Augsburger Reichstags von 1530

Spätestens mit dem Ausgang des Augsburger Reichstags (1530) hatte sich die geschichtliche ›Unwiderruflichkeit der Reformation‹[110] endgültig erwiesen. Schon in der zweiten Hälfe der 1520er Jahre und verstärkt seit den Packschen Händeln (1528)[111] und dem restaurativen Ergebnis des zweiten Speyerschen Reichstags (1529)[112] war eine massive Polarisierung der Konfessionsgruppen im Reich unübersehbar geworden. Zwar hatte Karl V. in seiner Ausschreibung des Augsburger Reichstags vom 21. Januar 1530 ganz irenische Töne angeschlagen: In der strittigen Religionsfrage, hieß es da, gedenke er eines jeglichen Meinung hören, verstehen und erwägen zu wollen[113]. Indessen war die dadurch bei den Protestanten genährte Hoffnung, der Kaiser werde ein überparteiliches Schiedsamt wahrnehmen und damit einer theologischen Verständigung zuarbeiten, schon bald gedämpft worden. Bereits etliche Wochen vor der Reichstagseröffnung hatten verschiedene Indizien, nicht zuletzt das Predigtverbot,

---

[109] MARTIN LUTHER an Georg Spalatin, 31. Januar 1528, in: WA BR 4, 375,12 f.

[110] THOMAS KAUFMANN, Geschichte der Reformation, Frankfurt a. M./Leipzig 2009, S. 608.

[111] Vgl. KURT DÜLFFER, Die Packschen Händel. Darstellung und Quellen (VHKH 24,3), Marburg 1958.

[112] Vgl. HEINRICH BORNKAMM, Die Geburtsstunde des Protestantismus. Die Protestation von Speyer (1529), in: DERS., Das Jahrhundert der Reformation, Göttingen 1983, S. 146-162.

[113] Vgl. KARL EDUARD FÖRSTEMANN, Urkundenbuch zu der Geschichte des Reichstages zu Augsburg im Jahre 1530, Bd. 1, 1833, ND Hildesheim 1966, S. 7 f.

das für die in Augsburg anwesenden Protestanten erlassen worden war, den harten Kurs, den der Kaiser dann nehmen sollte, erahnen lassen. Die schroffe Verketzerung der reformatorischen Lehre, die Eck im Frühjahr 1530 mit seinen *404 Artikeln*[114] vorlegte, unterstützte den kontroverstheologischen Antagonismus noch einmal beträchtlich, und als der Kaiser am 15. Juni, kaum dass er in Augsburg triumphalen Einzug gehalten hatte, eine Teilnahme an der am Folgetag stattfindenden Fronleichnamsprozession auch den dort versammelten protestantischen Fürsten zur Pflicht machte, schienen die letzten Hoffnungen auf einen schiedlichen Ausgleich zerstoben.

Luther, den die nach Augsburg reisende kursächsische Delegation aus Sicherheitsgründen in Coburg hatte zurücklassen müssen, blieb dort, weil die Freunde regen Briefkontakt hielten, über den Gang der Ereignisse zeitnah und detailliert unterrichtet. Nun begann sich der Gebrauch der seinen Namen zitierenden Selbstbezeichnung in auffallendem Maß zu verdichten, am deutlichsten greifbar in Luthers *Vermahnung an die Geistlichen, versammelt auf dem Reichstag zu Augsburg*[115], die Anfang Juni 1530, also drei Wochen vor der Übergabe der *Confessio Augustana*, vor Ort auf den Markt kam. Auch die Mitstreiter, namentlich Justus Jonas, führten in ihrer Korrespondenz mit dem Reformator die Rede von den Lutherischen nun wie selbstverständlich im Mund[116]. Die von Melanchthon, auf die Ablehnung der maßgeblich von ihm verantworteten Bekenntnisschrift reagierend, im September vorgelegte ›Apologie‹ wies den Ausdruck ›lütherisch‹[117] nicht

---

[114] Ad concordiam et pacem Ecclesiae restaurandam, coram D. Caesare Caro. V. [...] ac proceribus Imperii, Ioh. ECKIUS minimus ecclesiae minister, offert se disputaturum Augustae Vindelicorum CCCCIIII articulos [...], in: WILHELM GUSSMANN, Quellen und Forschungen zur Geschichte des Augsburgischen Glaubensbekenntnisses, Bd. 2, Leipzig 1930, S. 91-151.

[115] MARTIN LUTHER, Vermahnung an die Geistlichen, versammelt auf dem Reichstag zu Augsburg, Anno 1530, in: WA 30/2, (237) 268-356 (1530).

[116] In den von JUSTUS JONAS an Martin Luther gesandten Briefen sind nicht zuletzt die folgenden Passagen einschlägig: WA BR 5, 362,33-44 (13. Juni 1530); DERS., in: WA BR 5, 391,9-392,16 (25. Juni 1530); DERS., in: WA BR 5, 465,6-466,14 (10. Juli 1530); DERS., in: WA BR 5, 473,2-474,16 (13. Juli 1530).

[117] Apol. XV, 44 (BSLK 305,52).

etwa als eine Schmähung zurück[118], sondern verwahrte sich lediglich gegen den verkürzenden, falschen Gebrauch der Vokabel[119]. In seiner Streitschrift *Wider den Meuchler zu Dresden*[120], die trotz der Anonymisierung unverkennbar auf Herzog Georg von Sachsen gerichtet war, schenkte Luther dem Terminus im Folgejahr wiederum bevorzugte Aufmerksamkeit. Hinsichtlich des Umschwungs, den sein Wortgebrauch im Bannkreis des Augsburger Reichstages zu erkennen gab, dürften, bei durchaus fließenden Übergängen, fünf Sachaspekte von besonderem Interesse sein.

Zum einen fällt auf, dass Luther die längst gängig gewordene Fremdbezeichnung jetzt breit rezipierte, und dies zumeist in protokollarischer Neutralität, also ohne sich, wie zuvor, durch den Zusatz »wie sie sagen« oder ähnliche Abwehrformeln ausdrücklich zu distanzieren. Dabei wusste er, dass die Rede von den Lutherischen auf gegnerischer Seite als ein regelrechtes Schimpfwort gebraucht wurde[121]. Längst galt auch sein Name als Symbol der unterschiedlichsten antirömischen Ressentiments; vandalierende Landsknechte hatten 1527, beim Sacco di Roma, gar den Namen LVTHER mit einem Nagel in das vatikanische Fresko der Disputà del Sacramento von Raffael eingeritzt[122]. Einesteils referierte Luther wiederholt den politisch-militärischen Aspekt: Papst Clemens VII.[123], Kurfürst Joachim I. von Brandenburg[124] oder auch Johannes Eck drängten, wie er zu berichten wusste, den Kaiser dazu, dass er »jnn Deudsch land die

---

[118] Gegen KINDER (siehe Anm. 6), S. 136.

[119] Vgl. Apol. XV, 44 (BSLK 304,40-306,9).

[120] MARTIN LUTHER, Wider den Meuchler zu Dresden, in: WA 30/3, (413) 446-471 (1531). – Vgl. dazu MARTIN LUTHER an Georg Brück, 8. Mai 1531, in: WA BR 6, 91,3-11.

[121] »[...] wir, so die Lutherisschen gescholten werden, [...].« MARTIN LUTHER, Warnung an seine lieben Deutschen, in: WA 30/3, 278,14 f. (1531). – »[...] die so man Lutherissch schilt [...].« MARTIN LUTHER, Vermahnung an die Geistlichen, versammelt auf dem Reichstag zu Augsburg, Anno 1530, in: WA 30/2, 312,13 (1530).

[122] Für analoge Vandalismen im damaligen Rom vgl. VOLKER REINHARDT, Blutiger Karneval. Der Sacco di Roma 1527 – eine politische Katastrophe, Darmstadt ²2009, S. 95 f.

[123] Vgl. MARTIN LUTHER, in: WA TR 2, 323,4-23 (1531).

[124] Vgl. MARTIN LUTHER, Wider den Meuchler zu Dresden, in: WA 30/3, 452,3-5 (1531).

Lutherisschen mit dem schwerd flugs und frisch«[125] angreifen möge[126]. Andernteils bezog sich Luther dabei auch auf den theologischen Streit: Mit Hohn und Spott redeten blasphemische Menschen von dem ›Lutheranorum Christus‹[127], schmähten die Einsichten reformatorischer Schriftauslegung als ›eitel Lutherissche teydinge‹ und Possen[128] oder machten sich sonstiger übler Nachrede schuldig[129]. Und wie die Agenten der Papstkirche, so zielten auch die Vertreter einer radikalen Reformation darauf ab, die Lutheraner zu verfolgen und auszurotten[130].

Zum anderen lässt sich bei Luther nun auch ein unbekümmerter Übergang von der Fremd- zur Selbstbezeichnung feststellen. Zwar machte ihn die persönliche Verantwortung, die ihm zugefallen war, zusehends mürbe: »Fur mich zu reden«, bekannte er während des Augsburger Reichstags, »wolt ich kein lieber bottschafft horen, denn die, so mich vom Predigt ampt ab setzt, Ich bins wol so müde«[131], und die Sorge, er könnte

---

[125] MARTIN LUTHER, Warnung an seine lieben Deutschen, in: WA 30/3, 286,26 f. (1531).

[126] Entsprechend vgl. etwa MARTIN LUTHER, Vermahnung an die Geistlichen, versammelt auf dem Reichstag zu Augsburg, Anno 1530, in: WA 30/2, 275,4-8 (1530); DERS., Wider den Meuchler zu Dresden, in: WA 30/3, 449,19-450,20 (1531); DERS., Predigt am 2. Advent, 10. Dezember 1531 über Luk 21,25, in: WA 34/2, 467,15-17 (1531).

[127] MARTIN LUTHER, Vorlesung über die Briefe an Titus und Philemon, in: WA 25, 397,11-13 (1532).

[128] MARTIN LUTHER, Von den Schlüsseln, in: WA 30/2, 475,4. 474,33 (1530); vgl. aaO, 474,3-476,30.

[129] Vgl. etwa MARTIN LUTHER, Glosse auf das vermeinte kaiserliche Edikt, in: WA 30/3, 341,7-11 (1531); DERS., Vermahnung an die Geistlichen, versammelt auf dem Reichstag zu Augsburg, Anno 1530, in: WA 30/2, 289,12-14 (1530); DERS., in: WA 30/3, 288,16-33 (1531).

[130] MARTIN LUTHER, Vorlesung über Jesaias, in: WA 31/2, 174,24-26 (1527-1530). – Vgl. etwa auch aaO, WA 31/2, 555,16 f. (1527-1530); DERS., Predigt am 30. April, Dominica Iubilate, quae erat ultima Aprilis, über 1. Petri 2,18, in: WA 34/1, 356,12-357,1 (1531).

[131] MARTIN LUTHER, Vermahnung an die Geistlichen, versammelt auf dem Reichstag zu Augsburg, Anno 1530, in: WA 30/2, 340,14-16 (1530). – Entsprechend etwa MARTIN LUTHER, Vermahnung an die Geistlichen, versammelt auf dem Reichstag zu Augsburg, Anno 1530, in: WA 30/2, 325,7-13 (1530); DERS., Vorrede zu Ägidius Faber, Der Psalm Miserere, deutsch ausgelegt, in: WA 30/3, 478,15-22 (1531); DERS., in: WA TR 5, 222,32 (1542/43).

als ein neuer Papst erscheinen oder gar ein solcher werden, setzte ihm zu[132]. Indessen wusste er sich von Christus zur unverminderten Fortsetzung seines Amtes gerufen[133] und arbeitete darum weiterhin als ›ein trewe[r] Lerer [...] meine[r] lieben Deudschen‹ und als ›der Deudschen Prophet‹[134]. Bereits im Verlauf der 1520er Jahre hatte Luther geklagt, das ›nomen nostrum‹ sei auf allen Seiten verhasst[135]. Dann aber, angesichts der auf dem Reichstag sich dramatisch zuspitzenden Konfrontation, nannte er seine theologische Gruppe ganz unverhohlen ›die armen Lutherisschen‹[136] und, noch deutlicher, ›*wir* arme lutherisschen‹[137]. Wenn er zugleich das von Melanchthon redigierte Bekenntnis, das die ›unsern‹ dem Kaiser übergeben hatten[138], als ›Lutherissche artickel‹[139] ansprach, wird daraus unschwer ersichtlich, dass er solche Kennzeichnung nicht auf seine Person, sondern auf die eigene Glaubensgemeinschaft bezog[140]. Die ebenfalls 1530 entstandene Auslegung von Ps 82 bietet eine Passage, in der sich Luther

[132] Vgl. MARTIN LUTHER, Von Ehesachen 1530, in: WA 30/3, 205,27-30 (1530).

[133] »So ist auch ein man, der heisst Jhesus Christus, der spricht, nein dazu, dem folge ich billich, als der wol mehr umb mich verdienet hat«, in: MARTIN LUTHER, Vermahnung an die Geistlichen, versammelt auf dem Reichstag zu Augsburg, Anno 1530, in: WA 30/2, 341,1-3 (1530).

[134] MARTIN LUTHER, Warnung an seine lieben Deutschen, in: WA 30/3, 290,28-34 (1531). – Ähnliche Selbstbezeichnungen Luthers sind schon aus früheren Jahren belegt, etwa als »einen Euangelisten von gotis gnaden.« MARTIN LUTHER, Wider den falsch genannten geistlichen Stand des Papsts und der Bischöfe, in: WA 10/2, 105,19 f. (1522) oder als »der Aposteln und Euangelisten ynn Deudschen lande einen«, in: WA 19, 261,25 f. (1526).

[135] MARTIN LUTHER, Vorlesung über Jesaia, in: WA 25, 309,14 f. (1527-1529).

[136] MARTIN LUTHER, Vermahnung an die Geistlichen, versammelt auf dem Reichstag zu Augsburg, Anno 1530, in: WA 30/2, 304,12 f. (1530).

[137] MARTIN LUTHER, Vermahnung an die Geistlichen, versammelt auf dem Reichstag zu Augsburg, Anno 1530, in: WA 30/2, 336,9 (1530); Hervorhebung von mir.

[138] MARTIN LUTHER, Vermahnung an die Geistlichen, versammelt auf dem Reichstag zu Augsburg, Anno 1530, in: WA 30/2, 398,11 (1530).

[139] MARTIN LUTHER, Glosse auf das vermeinte kaiserliche Edikt, in: WA 30/3, 383,18 (1531).

[140] Terminologisch interessant ist auch der Bericht von dem Possenspiel eines als »bene Lutheranus« qualifizierten Augsburger Bürgers, der Luther nach Coburg übermittelt wurde. JUSTUS JONAS an Martin Luther, 13. Juni 1530, in: WA BR 5, 362,33-44.

die ursprüngliche Fremdbezeichnung spontan zu eigen machte: Für den Fall, dass etwa in einer Stadt »die Papisten und Lutherisschen (wie *man* sie nennet) gegen nander schreyen und widder nander predigen«, gab er den Rat, es sollten dann ›*meine* Lutherisschen‹, dem Beispiel Christi (Mt 10,14) folgend, »abtreten und schweigen«[141].

Mit dem Augsburger Reichstag war die positiv konnotierte Rede von ›den Lutherisschen‹ und ›uns Lutherisschen‹ fester Bestandteil im Sprachschatz des Reformators geworden[142]. Sie diente ihm einerseits zur Benennung der eigenen Gruppe, so dass er beispielsweise von einem Buch des Thomas Venatorius, das ihm gefiel, sagen konnte, es wäre von den Widersachern niemals gedruckt und gelesen worden, »wo mein name odder sonst ein bekanter Lutherisscher name drauff gestanden were«[143]. Andererseits galt ihm der Ausdruck als Inbegriff reiner christlicher Glaubenstreue, und da es ihm täglich große Mühe bereite, Christus als Eckstein der Kirche[144] immer wieder neu zu ergreifen, könne er selbst allenfalls ›ein geringer, schwacher Lutherischer‹ genannt werden[145].

---

[141] MARTIN LUTHER, Der 82. Psalm ausgelegt, in: WA 31/1, 209,15-21 (1530); Hervorhebungen von mir.

[142] Vgl. nur, stellvertretend für zahlreiche weitere Äußerungen, MARTIN LUTHER, Vermahnung an die Geistlichen, versammelt auf dem Reichstag zu Augsburg, Anno 1530, in: WA 30/2, 345,1 (1530) oder DERS., Eine Predigt: Luther, Pfarrherrn und predigern, die Christum mit trewen meinen, in: WA 30/2, 541,5 (1530) oder auch insgesamt die Schrift »Wider den Meuchler zu Dresden«, in: WA 30/3, 446-471 (1531).

[143] MARTIN LUTHER, Vermahnung an die Geistlichen, versammelt auf dem Reichstag zu Augsburg, Anno 1530, in: WA 30/2, 79,24 f. (1529).

[144] Vgl. Ps 118,22; Mt 21,42; Mk 12,10; Lk 20,17; Apg 4,11; Eph 2,20, 1. Petr 2,6 f.

[145] »Wie wol die lieben heiligen und Christen sich nicht dran ergern, so ist es dennoch wunderlich jnn jhrem hertzen und schweer zu gleuben, haben auch jhr leben lang dran zu lernen, das sie es gleuben. Was andere fülen, das wissen sie, am besten. Aber ich halt mich dennoch fur einen Christen, Ich weis aber wol, wie saur und schweer es mir worden ist und noch teglich wird, das ich diesen Eckstein ergreiffe und behalte. Man mag mich Lutherisch heissen, Aber man thut mir fast schier unrecht, odder bin jhe [i.e. jedenfalls] ein geringer, schwacher Lutherischer, Gott stercke mich.«, MARTIN LUTHER, Scholien zum 118. Psalm. Das schöne Confitemini, in: WA 31/1, 174,23-31 (1529/30).

Mochte daher, zum dritten, die persönliche Glaubensaneignung auch schwer fallen, so galt doch für Luther in Hinsicht auf den Glauben, dessen man sich jederzeit zu vergewissern hat, uneingeschränkt: Wir sind die wahren Christen[146]. Als die Lutherischen haben ›wir‹ das Evangelium[147] und damit die reine, wahre Lehre[148]. Allein wegen des unbedingten Festhaltens am Solus-Christus-Prinzip, meinte Luther, seien ›wir‹ von der Papstkirche exkommuniziert worden[149]. Und wie im Glauben, so seien ›wir Lutherisschen‹ auch in der Lebensführung auf dem richtigen Weg[150]. Dem Vorwurf, ›wir‹ hätten einen neuen Gott und eine neue Lehre[151], setzte Luther, auf die Wahrheit der eigenen theologischen Erkenntnis vertrauend, einen glaubensgewissen Gebrauch des pluralischen Possessivpronomens entgegen: Es ist *unser* Evangelium, *unser* Glaube, *unser* Wort, *unser* Christus, *unser* Gott![152] Insofern konnte er die spöttisch gemeinte Frage, wo

---

[146] Vgl. MARTIN LUTHER, Vorlesung über den 1. Timotheusbrief, in: WA 26, 68,28 (1528).

[147] »Habemus Euangelium«, in: MARTIN LUTHER, Entwürfe zu Psalmenauslegungen, in: WA 31/1, 544,25 (1530-1532).

[148] »Certi sumus, quod veram habemus doctrinam.« MARTIN LUTHER, Vorlesung über Jesaias, in: WA 31/2, 452,34 f. (1527-1530). – »Gratias agamus deo, quod nos habemus puram doctrinam, das wir den man empfahen per cognitionem et fidem et accepimus eum, qui offertur nobis ex gratia dei in nomine domini, non nostro.« MARTIN LUTHER, Predigt über Matth. 11,2 ff. am 11. Dezember 1530, in: WA 32, 246,6-9 (1530).

[149] Vgl. MARTIN LUTHER, Predigt am Sonntag Exaudi über Joh 15,26, in: WA 34/1, 435,1-9 (1531).

[150] MARTIN LUTHER, Eine Predigt, daß man Kinder zur Schulen halten solle, in: WA 30/2, 541,5-7 (1530). – Vgl. etwa Scholien zum 118. Psalm. Das schöne Confitemini, in: WA 31/1, 130,7-11 (1529/30).

[151] Vgl. MARTIN LUTHER, Predigt am 24. Juni 1529 über Lk 1,57 ff., in: WA 29, 427,23-25 (1529).

[152] »Nos experimur nostro euangelio.« MARTIN LUTHER, Predigt am 13. Juni 1529 über LK 15,1 ff. in: WA 29, 400,29 f. (1529). – »Confessi sumus fidem nostram«, in: MARTIN LUTHER, Predigt über Matth. 22,34 ff. am 16. Oktober 1530, in: WA 32, 132,23 (1530). – »Ich sehe doch wol, quod Euangelium nostrum destruet coenobia Episcopatus, quia ipsi superbi, Sed nostrum verbum superbius, tantum potestatis habet, ut non patiatur.« MARTIN LUTHER, Predigt am 23. Juni 1531 über Lk 1,5, in: WA 34/1, 543,2-5 (1531). – »Unser Christus, die lere, das Euangelium, die tauff, seine Christen, die sollen bleiben.« MARTIN LUTHER, Die ersten 25 Psalmen

denn der ›Christus Lutheranus‹ zu finden sei[153], umstandslos in den Bekenntnissatz, der auf die vom Propheten bezeugte Allmacht des Herrn (Jes 51,9) verwies, überführen: »Qualis [...] est deus Lutheranorum«![154] Auch sonst entdeckte Luther in der eigenen geschichtlichen Situation zahlreiche biblische Analogien. Unter den Bedrängnissen des Reichstags tröstete er sich mit Ps 22,10[155]; die wundersame Führung und Bewahrung, die Gott der reformatorischen Bewegung zuteil werden ließ, erschien ihm als Erfüllung anderer Verse des Psalters[156], und die türkische Bedrohung des Reiches, die ihm nahende Hilfe für das Evangelium zu bedeuten schien, erkannte er als typologische Realisation von Jes 43,14[157]. Insonderheit aber wusste er aus der Gemeinschaft, in welcher er ›die Lutherisschen‹ mit Christus stehen sah[158], Trost und Hoffnung zu ziehen, da sich doch mit dem Kommen Christi, wie durch Mt 8,23 f. bezeugt, stets ein Sturm in der Welt zu erheben pflege[159].

Einen weiteren Aspekt bezeichnet die jetzt unaufhaltsam gewordene Politisierung der Reformation. Im Zentrum sah Luther zwar weiterhin

---

auf der Koburg ausgelegt, in: WA 31/1, 289,30 f. (1530): »Sic nos exhibuimus confessionem, was gilts, er wird sich auch widderumb beweisen, quod sit noster Deus, das wir nicht zu schanden werden mit unserm glauben. AaO, in: WA 31/1, 383,7-9 (1530).

[153] MARTIN LUTHER, Die ersten 25 Psalmen auf der Koburg ausgelegt, in: WA 31/1, 289,32 (1530).

[154] MARTIN LUTHER, Vorlesung über Jesaias, in: WA 31/2, 417,4 (1527-1530).

[155] Vgl. MARTIN LUTHER, Die Vorlesung über Jesaias, in: WA 31/2, 417,4 (1527-1530).

[155] Vgl. MARTIN LUTHER, Die ersten 25 Psalmen auf der Koburg ausgelegt 1530, in: WA 31/1, 356,25-33 (1530).

[156] Vgl. MARTIN LUTHER, Scholien zum 118. Psalm. Das schöne Confitemini, in: WA 31/1, 103,7-105,5 (1530); DERS., AaO, in: WA 31/1, 273,24-37.

[157] »Ideo Turca potest fieri noster servus, qui propter nos destruet omnes euangelii adversarios.« MARTIN LUTHER, Vorlesung über Jesaias, in: WA 31/2, 336,31 f. (1527-1530).

[158] »Die Lutherisschen bleiben wol Meister weil Christus bey yhn und sie bey yhm bleiben, Wenn gleich helle, wellt, teuffel, fursten und alles solt unsinnig werden.« MARTIN LUTHER, Vermahnung an die Geistlichen, versammelt auf dem Reichstag zu Augsburg, Anno 1530, in: WA 30/2, 345,1-3 (1530).

[159] Vgl. MARTIN LUTHER, Predigt über Matth. 18 am 29. Oktober 1530, in: WA 32, 14,10-22 (1530).

»mich und mein heufflin«, das vom Teufel heimgesucht werde, weil er »unser Euangelion nicht leiden« könne[160], und das längst nicht nur ›wir zu Wyttenberg‹[161] darstellten, sondern beispielsweise auch die evangelisch gesinnten Christen zu Basel[162]. Doch eben dieses über ganz Deutschland und darüber hinaus verstreute ›heufflin‹ wurde Luther nun zusehends als eine religionspolitische Gruppierung bewusst, die er in Auseinandersetzung mit Zwingli als eine Kommunionsgemeinschaft auffasste[163], unter dem Eindruck des Augsburger Reichstags dann allerdings, zögernd darüber hinausgehend, zugleich als eine Konfessionspartei zu verstehen begann, anfangs zumeist als ›unser seite‹ bezeichnet[164], der »auff jener seitten die dem wort entgegen sind«[165], die ›Papistae et Anapaptistae‹[166] entgegentreten, dann aber vereinzelt auch bereits ausdrücklich in polemisch pointiertem religiösen Parteidenken: »Nobis orandum est, ut scitis, quia *in altera parte* pauci sunt, immo[167] nulli, qui orant.«[168]

---

[160] MARTIN LUTHER, Vorrhede Martini Luthers auff das XXXVIII. und XXXIX. Capitel Hesechiel, in: WA 30/2, 225,18-22 (1529).

[161] MARTIN LUTHER, Predigt am 12. Januar 1531 über Matth. 5,10, in: WA 34/1, 85,8 (1531).

[162] Vgl. MARTIN LUTHER an Wenceslaus Link, 7. März 1529, in: WA BR 5, 28,6-11.

[163] »Nos autem, qui affirmamus praesentiam corporis Christi, libenter adversarios in communionem nostram recepissemus, si ab errore suo declinassent.« MARTIN LUTHER, Das Marburger Gespräch und die Marburger Artikel, in: WA 30/3, 155,16-18 (1529).

[164] MARTIN LUTHER, Predigt über Lk 7,11 ff. am 16. Oktober 1530, in: WA 32, 124,27 (1530). – Vgl. etwa auch DERS., Von der Wiedertaufe an zwei Pfarrherrn 1528, in: WA 26, 162,32-38 (1528); DERS., Von Ehesachen 1530, in: WA 30/3, 222,3-7 (1530); DERS., Wochenpredigten über Joh. 6-8, hier: Joh 8,38-41, in: WA 33, 673,40-42 (1532).

[165] MARTIN LUTHER, Predigt über Lk 2 am 25. Dezember 1530, in: WA 32, 33,11 (1530).

[166] MARTIN LUTHER, Predigt am 5. Februar 1531 über 1. Kor. 9,24 ff., in: WA 34/1, 158,20 (1531); vgl. aaO, 158,8-23.

[167] Vgl. HEIKO AUGUSTINUS OBERMAN, „Immo". Luthers reformatorische Entdeckungen im Spiegel der Rhetorik, in: Lutheriana. Zum 500. Geburtstag Martin Luthers von den Mitarbeitern der Weimarer Ausgabe, hg. von GERHARD HAMMER / KARL-HEINZ ZUR MÜHLEN (AWA 5), Köln/Wien 1984, S. 17-38.

[168] MARTIN LUTHER, Predigt über Lk 21 am 4. Dezember 1530, in: WA 32, 26,19 f. (1530); Hervorhebung von mir. – Für die spätere Vertiefung dieses Ansatzes siehe unten Teil IV.

Im übrigen realisierte Luther nun auch die machtpolitische Dimension und konnte darum die der Reformation anhängenden Territorialherren wiederholt als ›die Lutherisschen [...] fursten‹[169] ansprechen. Nachdrücklich verwahrte er sich, ob aus Unwissenheit oder gutgläubiger Naivität, gegen den Vorwurf protestantischer Kriegsvorbereitung – ›der Lutherisschen rustung‹ sehe er nicht[170] –, und selbst zu den ersten Vorbereitungen des Schmalkaldischen Bundes[171] ging er zunächst auf ironische Distanz:

»Das aber die Lutherischen sich rüsten und samlen sollen, das gehet mich nichts an. Ich habs sie widder geheissen noch geraten, Weis auch dazu nichts, was sie machen odder lassen. Aber weil die Papisten [...] anzeigen, das sie es dafur halten, die Lutherisschen seien jnn rüstung und bestellung etc., So höre jchs von hertzen gern und ist mir lieb, das sie jnn solchem wahn und sorgen stehen und gleuben mussen, das solch der Lutherisschen furnemen war sey. Und wo jchs vermöchte, wolt jch solchen wahn und sorge bey jn gerne helffen stercken, bis das sie sich müsten zu tod fürchten.«[172]

Beachtung erheischt schließlich auch die bei Luther in alledem berührte ekklesiologische Dimension. Zwar wies er jeden Versuch, mit dem Makel eines Schismatikers behaftet zu werden, entschieden zurück, da doch in Wahrheit der Papst »uns und unser [!] Wort aus seiner [!] Kirche hinausgeworfen« habe[173]. Indessen brauche ›uns‹ solche Verdammung, die doch

---

[169] MARTIN LUTHER, Glosse auf das vermeinte kaiserliche Edikt, in: WA 30/3, 378,15-17 (1531).
[170] MARTIN LUTHER, Wider den Meuchler zu Dresden, in: WA 30/3, 458,8 (1531).
[171] Vgl. ALBRECHT BEUTEL, Luther und Schmalkalden, in: Luther 84 (2013), S. 107-120.
[172] MARTIN LUTHER, Wider den Meuchler zu Dresden, in: WA 30/3, 448,13-20 (1531). – Für Luthers 1531 geäußerte feste Überzeugung, »meine Lutherisschen [...] sitzen stille, lassen sich martern und plagen von jren bluthunden nach allem mutwillen.« (in: WA 30/3, 468,18-20), sei noch einmal insgesamt auf seine Schrift *Wider den Meuchler zu Dresden*, in: WA 30/3, 446-471 verwiesen.
[173] »Nostra non est culpa, nos non discessimus ab eis, sed ipsi discedunt a nobis, imo eiiciunt nos et verbum nostrum ex sua Ecclesia.« MARTIN LUTHER, Vorlesung über Jesaia, in: WA 25, 278,15-17 (1532-1534).

bloß eine ›mala maledictio‹[174] darstelle, nicht zu bekümmern, denn mochten ›uns‹ Papst und Kaiser auch aus ihrer Gemeinschaft verbannt haben, so stünden ›wir‹ gewiss in der Gemeinschaft der Heiligen[175]: »Lutherani sunt [...] die lieben heiligen.«[176]

Der Augsburger Reichstag hatte den Streit um die eigene ekklesiologische Legitimation noch erheblich verschärft. Es war offenbar Justus Jonas, der damals die Selbstbezeichnung als ›lutherische Kirche‹ aufbrachte. Am 18. Juni 1530 schrieb er aus Augsburg an Luther, die Frucht der Gebete der »Ecclesia nostra Lutherana« erweise sich täglich[177], und wenige Wochen später beteuerte er abermals seine Zuversicht, die Litaneien der »Ecclesia Lutherana« kämen dem Thron der Majestät und der Barmherzigkeit näher als alle kanonischen Stundengebete[178]. Der in Coburg zurückgebliebene Reformator verwarf solche Sprachbildung nicht, machte von ihr aber einstweilen keinen aktiven Gebrauch.

Stattdessen erhob er für seine Gruppe nun den entschiedenen Anspruch, in Wahrheit die Kirche Christi zu sein, wogegen der Papst die Kirche des ›Antichristen‹ oder des Teufels regiere[179]. In dieser Gewissheit stützte er

---

[174] MARTIN LUTHER, Predigten über das 3. und 4. Buch Mose, A prandio dominicae nonae historia Bileam, in: WA 25, 485,14-16 (1528).

[175] »Spirituales iudicant, das wir nicht yns geistlich regiment gehoren. Sic principes. Ergo gehoren wir ynn die hell. Sed wen mans beim liecht will ansehen, nemo so hoch ym hymel ut nos. Econtra Nos certi sumus, quod sumus in communione Sanctorum et econtra ipsi, quamquam sunt in officio, quia nos docemus veram fidem in Christum, opera, ipsi contra. Es ist ein fasnacht spil, quod stulti in larvis sunt reges et econtra.« MARTIN LUTHER, Predigt am 9. Mai 1529 über Joh. 15,26 ff., in: WA 29, 342,13-18 (1529).

[176] MARTIN LUTHER, Predigt über Phil 3,17 ff. am 20. November 1530, in: WA 32, 199,10 f. (1530); vgl. aaO, 200,11-16.

[177] JUSTUS JONAS an Martin Luther, 18. Juni 1530, in: WA BR 5, 368,71-74.

[178] JUSTUS JONAS an Martin Luther, 6. August 1530, in: WA BR 5, 534,33-36. – Für den Wortgebrauch, den Jonas auch Dritten gegenüber zu üben pflegte, vgl. nur JUSTUS JONAS an Hans Honold, 1. Januar 1538, in: GUSTAV KAWERAU (Hg.), Der Briefwechsel des Justus Jonas, Bd. 1, 1884, ND Hildesheim 1964, S. 269-272, hier: S. 271.

[179] »Dicimus nos Christi ecclesiam esse, Papam autem cum suis Antichristi ecclesiam esse.« MARTIN LUTHER, Vorlesung über Jesaia, in: WA 25, 278,12 f. (1532-1534). – »Ja des teuffels kirche seid yhr, die selbige ist eine lugenerin widder Gottes wort.« MARTIN LUTHER, Vermahnung an die Geistlichen, versammelt auf dem Reichstag

sich auf eine klare, biblisch fundierte[180] Kriteriologie. »Denn die rechte kirche mus ia die sein die sich an Gottes wort hellt«, die sich vor der Welt »mit der that und fruchten« ausweist[181], sich in Anfechtungen bewährt[182] und »alleine [...] Christo unterthan ist«[183]. Dergestalt meinte Luther gerade auch der Papstkirche einen wichtigen Dienst zu erweisen: »Jhr habt doch nie kein frumer ketzer gehabt denn die Lutherisschen«![184] Deren Gebet komme den Gegnern zugute[185], und würden diese sich für ›die frumen ketzer die Lutherisschen‹ nicht dankbar erzeigen, dann, drohte Luther, »sollen ander ketzer komen, die nicht wie die Lutherisschen mit yhn handeln werden.«[186] Die bitteren Erfahrungen, die der Augsburger Reichstag mit sich brachte, hatten das ekklesiale Selbstbewusstsein Luthers nachhaltig gestärkt.

---

zu Augsburg, Anno 1530, in: WA 30/2, 321,12 f. (1530). – Hierzu bietet Luthers Osterpredigt vom 11. April 1531 ein interessantes Detail. Während Georg Rörer in seiner Mitschrift den Satz festhielt, man wolle die Worte der Papstkirche nicht dulden »in nostra schola«, überlieferte der Nürnberger Codex Solger 13 dafür die Wendung ›in nostra ecclesia‹. MARTIN LUTHER, Predigt am Osterdienstag, 11. April 1531, über Lk 24,36 ff., in: WA 34/1, 302,1.15 f. (1531).

[180] Vgl. etwa MARTIN LUTHER, Ein Bericht an einen guten Freund von beider Gestalt des Sakraments aufs Bischofs zu Meißen Mandat, in: WA 26, 615,4-6 (1528).

[181] MARTIN LUTHER, Vermahnung an die Geistlichen, versammelt auf dem Reichstag zu Augsburg, Anno 1530, in: WA 30/2, 321,14 f.7 (1530).

[182] Vgl. MARTIN LUTHER, Predigt am 30. Juli 1531 über Matth. 7,15 »Attendite a falsis prophetis qui veniunt ad vos«, in: WA 34/2, 33,21-28 (1531).

[183] MARTIN LUTHER, Ein Bericht an einen guten Freund von beider Gestalt des Sakraments aufs Bischofs zu Meißen Mandat, in: WA 26, 615,5 f. (1528).

[184] MARTIN LUTHER, Vermahnung an die Geistlichen, versammelt auf dem Reichstag zu Augsburg, Anno 1530, in: WA 30/2, 340, zu 3 (1530). – Entsprechend etwa aaO, 341,3-7.

[185] »Denn ich halt doch, yhr werdet der Lutherischen, als der frumen ketzer, auffs wenigst yhrs gebets, nicht wol emperen konnen, solt yhr anders ettwas bestendiges ausrichten.« MARTIN LUTHER, Vermahnung an die Geistlichen, versammelt auf dem Reichstag zu Augsburg, Anno 1530, in: WA 30/2, 355,6-9 (1530).

[186] MARTIN LUTHER, Glosse auf das vermeinte kaiserliche Edikt, in: WA 30/3, 348,10-13 (1531). – Dass diese Prognose durchaus ernst gemeint war, bekräftigen entsprechende Äußerungen Luthers aus späterer Zeit; vgl. etwa MARTIN LUTHER, in: WA TR 3, 404,27-30 (1537); DERS., Wider Hans Worst, in: WA 51, 542,6-12 (1541).

IV. Stabilisierung des lutherisch-konfessionellen Selbstbewusstseins seit den 1530er Jahren

In den 1530er Jahren scheint die Selbstbezeichnung als ›Lutherani‹ Allgemeingut geworden zu sein. Spalatin[187] benutzte den Ausdruck offenbar ebenso geläufig wie etwa Nikolaus von Amsdorf[188], und auch der Straßburger Reformator Wolfgang Capito machte davon, als er Luther im Juli 1536 die erfolgreiche Vorbereitung der Wittenberger Konkordie mitteilte, wie selbstverständlich Gebrauch[189]. Dem entspricht der wortstatistische Befund bei Luther selbst. Vielfach zitierte er nun, zumeist ohne sich davon semantisch zu distanzieren, die Fremdbezeichnung, von der er wohl wusste, dass sie den Gegnern als ein ausgemachtes Schimpfwort galt[190]. Im Rückblick auf das Wormser Edikt von 1521 soll er sogar gesagt haben, damals sei die Reichsacht ›contra omnes Lutheranos‹[191] verhängt worden, obwohl das kaiserliche Mandat diesen Ausdruck vermieden und lediglich Luthers Eigenname sowie dessen »mitverwandte, anhenger, enthalter [i.e. Verberger], fürschieber, gönner und nachvolger«[192] genannt hatte. Erst recht nutzte Luther die Vokabel jetzt vielfach als positiv konnotierte Selbstbezeichnung[193]. »Uns Lutherischen« helfe es nicht, dass ›wir‹

---

[187] Vgl. MARTIN LUTHER, in: WA TR 3, 478, zu 27 (1537).

[188] Vgl. NIKOLAUS VON AMSDORF an Martin Luther, 14. September 1536, in: WA BR 7, 540,14-16.

[189] Vgl. WOLFGANG CAPITO an Martin Luther, 20. Juli 1536, in: WA BR 7, 467,45-468,54.

[190] »Gleich wie man auch zu unser zeit sagen, wen einer ein Prediger ist: Was ist ehr? ein Luttherisscher, das mus ein schmehlich wortt sein, gleich als werhe ehr ein Turck oder Jude und nicht werth, das man ihnen bej seinem namen nennete.« MARTIN LUTHER, Predigt am 9. September 1531 über Joh 7,50-53, in: WA 33, 487,20-27 (1530-1532).

[191] MARTIN LUTHER, in: WA TR 3, 284,9 f. (1533).

[192] Edikt Kaiser Karls V. vom 8. Mai 1521, in: RUTH KASTNER (Hg.), Quellen zur Reformation 1517-1555 (AQDGNZ 16), Darmstadt 1994, S 50-60, hier: S. 57.

[193] Stellvertretend für sehr viele Belegstellen vgl. nur MARTIN LUTHER, Predigt am 22. Juli 1531 über Joh 7,30, in: WA 33, 406,20-30 (1530-1532); DERS., Vorrede zu Urbanus Rhegius, Widerlegung des Bekenntnisses der Münsterischen neuen Valentinianer und Donatisten (an die Christen zu Osnabrück), in: WA 38, 339,13-19 (1535); DERS., Auslegung des 101. Psalms, in: WA 51, 237,11-14 (1534/35); DERS. an

den rechten Glauben bekennen[194], und obwohl »uns Lutherischen der Kaiser Friede gegeben hat«[195], müssten doch »die Lutherisschen [...] unter des Bapsts zwang und offentlich erkanten lügen bleiben«[196]. Von dem drohenden Reichskrieg gegen die Türken befürchtete er, dass ihn entweder fast nur ›nos Lutherani‹ führen müssten[197] oder dass er, noch schlimmer, in Wahrheit gar nicht gegen die Osmanen, sondern ›in Lutheranos‹ geplant sei[198]. Mehrfach begegnete der Ausdruck auch in eigenhändigen Marginalglossen zu Texten anderer Provenienz[199].

Exemplarische Verdichtung fand Luthers Wortgebrauch beispielsweise mit seiner im Sommer 1533 abgefassten Antwort auf die durch Herzog Georg von Sachsen im Frühjahr gegen die Leipziger Evangelischen ausgestellten Verordnungen[200]. Nachdem er das Ansinnen, »die Lutherissche lere zu verfolgen«[201], eingehend und mit starken Worten kritisiert hatte, erinnerte er an die von den Evangelischen geübte treue Loyalität gegen-

---

Justus Jonas, 1. Februar 1537, in: WA BR 8, 22,9 f.; DERS. an Kurfürst Johann Friedrich von Sachsen, 8./9. Februar 1537, in: WA BR 8, 36,15-17. 38,97-108.

[194] MARTIN LUTHER, Vorrede zu Urbanus Rhegius, Widerlegung des Bekenntnisses der Münsterischen neuen Valentinianer und Donatisten (an die Christen zu Osnabrück), in: WA 38, 339,37-40,3 (1535).

[195] MARTIN LUTHER an einige Leipziger Evangelische, 4. Oktober 1532, in: WA BR 6, 372,15 f. (in Anspielung auf den von Karl V. am 2. August 1532 bestätigten Nürnberger Religionsfrieden).

[196] MARTIN LUTHER, Auslegung des 101. Psalms, in: WA 51, 236,1-3 (1534/35).

[197] MARTIN LUTHER an Justus Jonas, 29. Dezember 1542, in: WA BR 10, 230,8-10.

[198] MARTIN LUTHER an Justus Jonas, 24. Mai 1538, in: WA BR 8, 227,11-13.

[199] Vgl. etwa MARTIN LUTHER, Ratschlag eines Ausschus etlicher Cardinel, Bapst Paulo des namens dem dritten auff seinen befelh geschrieben und uberantworttet, in: WA 50, 304, zu 31 (1538); DERS., Aus der päpstlichen Instruktion, in: WA 50, 359, zu 23 f. (1538). – Hinzu kam gelegentlich ein ironischer Gebrauch, so wenn Luther den altgläubigen Verächtern des Papstes bescheinigte, sie seien »so gar uberaus gut Lutherisch«. MARTIN LUTHER, Vorrede zu Ambrosius Moibanus, Das herrliche Mandat Jesu Christi unsers Herrn und Heilandes, in: WA 50, 119,25-120,4 (1537). – Entsprechend etwa auch MARTIN LUTHER, Predigt über Matth. 6,16-18, in: WA 32, 430,6-10 (1532).

[200] MARTIN LUTHER, Verantwortung der aufferlegten Auffrur von Hertzog Georgen, in: WA 38, [86] 96-127 (1533); zu den geschichtlichen Umständen vgl. aaO, 86-91.

[201] AaO, 111,27 f.

über der Obrigkeit und gab, darauf fußend, den Rat, der Herzog »solt sich mehr güte und trewe zu uns Lutherischen versehen denn zu allen seinen Papisten.«[202] Gänzlich anders klang allerdings die Empfehlung, die Luther ein Jahr später den bedrängten Evangelischen zu Regensburg unterbreitete[203]. Zwar sollten sie tunlichst verlässliche Prediger einstellen und sich vor allen Rottengeistern in Acht nehmen. Dazu sei freilich keinesfalls vonnöten, dass sie ›unser lere und weise‹[204] einführten. Vielmehr solle durchaus »unser und unser Confession und lere als Lutherischen namens geschwiegen« sein, damit »Christus und seiner Propheten und Apostel selbs lere [...] unter der selben namen (on aller menschen namen) gerhumet wurde.«[205]

Dieses Votum scheint nahtlos an jene frühe, entschiedene Abwehr des lutherischen Parteinamens[206] anzuknüpfen und damit der seitdem zusehends aufgenommenen positiven Rede von den ›Lutherischen‹ diametral entgegenzustehen. Indessen zeigt die nähere Analyse, dass Luther von jener Selbstbezeichnung nicht etwa einen widersprüchlichen, sondern einen bedachtsam differenzierten Gebrauch machte. Waren doch nahezu alle Äußerungen, in denen er von ›uns Lutherischen‹ sprach, *ad extra* gerichtet: an Personen, Mächte und Gruppen, die er als Gegner einschätzen musste, oder auf religiös strittige Umstände und Sachverhalte. Der den Regensburgern erteilte Rat gibt dagegen in aller Deutlichkeit zu erkennen, dass Luther zwar in der kontroverstheologischen Auseinandersetzung durchaus bereit war, seine Seite als ›lutherisch‹ zu bezeichnen, hingegen *ad intra* weiterhin darauf Wert legte, dass nicht etwa sein, sondern allein Christi Name Autorität fand.

---

[202] AaO, 120,14 f.; vgl. aaO, 120,10-33.

[203] MARTIN LUTHER an den Rat zu Regensburg, 30. Juni 1534, in: WA BR 7, 84 f.

[204] AaO, 84,9.

[205] AaO, 85,19-25.

[206] Siehe oben bei Anm. 34.

An der Gewissheit, im Zweifrontenkampf mit der Papstkirche und den protestantischen Devianten allein die rechte ›christiana religio‹[207] zu bekennen, hielt Luther weiterhin unbeirrt fest. Dass »unser lere die rechte warheit jst«[208], davon blieb er überzeugt, zumal ja selbst die Feinde wüssten, »quod Lutherani nihil doceant nisi de fide«[209]. Insofern ließ er daran keinen Zweifel aufkommen: »wir [sind] von Gott«, »wir sind heilig«, »wir aber haben ein ander teil, das heisset geistlich gut und himlischer segen«, und »Gott ist da heim gewest bey uns.«[210] In alledem erkannte Luther einen Ausweis der Nachfolge Christi[211] und damit zugleich eine aktuelle biblische Verifizierung[212], der gemäß er seine Gegner sogar

---

[207] MARTIN LUTHER, in: WA TR 4, 323,30 (1539). – DERS., Vorlesung über die Stufenpsalmen »[...] pure docemus [...]«, in: WA 40/3, 45,3 (1532/33) – »Illi dilatati, incrassati, impinguati sunt, nos qui pure docemus verbum magno studio et diligentia, et nihil aliud quaerimus, quam salutem germaniae, acerbissima odia et invidiam omnium ordinum sustinemus«, Vorlesungen über 1. Mose 39,5.6, in: WA 44, 346,38-41 (1535-1545). – »Alii fatentur nostram doctrinam esse verbum dei, item usum sacramenti nostrum esse rectum«, Predigt am 23. November 1533 über Joh 15,25 f., in: WA 59, 282,2-4 (1533). – Vgl. etwa auch MARTIN LUTHER, Vorlesung über Jesaia, in: WA 25, 261,34 f. (1532-1534); DERS., Allen meinen lieben Herrn und freunden, so itzt aus Leiptzig umb Christus willen veriagt sind, in: WA 38, 114,4-12 (1533); DERS., Vorlesungen über 1. Mose 39,5.6, in: WA 44, 346,38-41 (1535-1545); DERS., Predigt am 12. Oktober 1538 über 1. Tim 5,21, in: WA 46, 512,1-5 (1538).

[208] MARTIN LUTHER, Predigt über Matth. 5,22-24, in: WA 32, 366,2 (1532). – Vgl. etwa auch DERS., Wochenpredigten über Joh. 6-8, hier: Joh 6,37, in: WA 33, 66,12-16 (1530-1532); DERS., Enarratio capitis noni Esaiae, in: WA 40/3, 620,1 f. (1546); DERS., Predigt am 14. April 1538 über Jes 6,3, in: WA 46, 253,20-25 (1538).

[209] MARTIN LUTHER, Vorlesungen über die Psalmen, Psalmus 45 (1532), in: WA 40/2, 493,14 (gedruckt 1533).

[210] MARTIN LUTHER, Predigt am 15. Juli 1531 über Joh 7,24-29, in: WA 33, 396,40 (1530-1532); aaO, 538,4; DERS., Reihenpredigten über Matth. 5-7, Revisionsnachtrag, in: WA 32, 452,10 (1532); DERS., Exempel, einen rechten, christlichen Bischof zu weihen. Geschehen zu Naumburg Anno 1542, 20. Januar, in: WA 53, 240,29 (1542).

[211] Vgl. etwa MARTIN LUTHER, Predigt am 8. Juli 1531 über Joh 7,16-24, in: WA 33, 380,19-26 (1530-1532); DERS., Predigt am 15. Juli 1531 über Joh 7,24-29, in: aaO, 383,34-39; DERS., Vorlesungen über die Psalmen, Psalmus 45 (1532), in: WA 40/2, 564,28-33 (gedruckt 1533).

[212] Vgl. etwa MARTIN LUTHER, Wochenpredigten über Joh. 6-8, hier: Joh 6,68-71, in: WA 33, 308,31-309,10 (1530-1532); DERS., In epistolam S. Pauli ad Galatas Commentarius 1531 (1535), in: WA 40/2, 22,22-35 (1535); DERS., Predigt am 6. Januar

mit einer Travestie des achten Makarismus der Bergpredigt (Mt 5,10) verspotten konnte: »Beati, qui persequuntur Lutherum, quoniam ipsorum est regnum coelorum.«[213] Im übrigen entsprang aus der Überzeugung, ›unsere Lehre‹ sei allein aus dem Evangelium geschöpft[214] und repräsentiere darum die reine ›evangelica doctrina‹[215], ja sogar ›unser Euangelium‹[216], bei Luther die bezeichnende sprachliche Konsequenz, dass ihm die Worte *christlich*, *evangelisch* und *lutherisch* bisweilen als Synonyme erschienen[217].

In ekklesiologischer Hinsicht hatten sich bei Luther die aus der Erfahrung mit dem Augsburger Reichstag genährten Einsichten weiter stabilisiert[218]. Dabei erwuchs ihm gerade aus der exklusiven Christuszentrierung der eigenen Lehre auch die Gewissheit, Glied der wahren Kirche Christi

---

1540 über Psalm 72, in: WA 49, 19,31-37 (1540); Ders., Predigt am 19. April 1534 über Joh 16,12 ff., in: WA 59, 297,45 f. (1533).

[213] Martin Luther an Nikolaus von Amsdorf, 11. März 1534, in: WA BR 7, 38,397 f.

[214] Martin Luther, 2. Galatervorlesung (cap. 1-4), in: WA 40/1, 474,8 (1535).

[215] Martin Luther, Die Zirkulardisputation de veste nuptiali, in: WA 39/1, 291,18 (1537).

[216] Martin Luther, Predigt am Pfingsttag, 25. Mai 1544 über 1. Kor. 15, in: WA 49, 440,31 (1544); ähnlich etwa: Vorlesungen über die Psalmen, Psalmus 2 (1532), in: WA 40/2, 198,31 (gedruckt 1546).

[217] »Herzog Georg schillt uns ketzer darumb, quod sic docemus. Sed es ist die lere, die den hadder anrichtet. Sed nos Christiani dancken Gott [...].« Martin Luther, Predigt am Osterdienstag, 15. April 1533, in: WA 37, 34,26 f. (1533). – »Wenn die Messe so wenig trüge und gebe zeitlicher ehre, reichthum und gewalt, als das Liebe Euangelion und die warheit gibt, Wie viel, meinet jr wol, solte man heute finden ernste Messehalter? Fur war, wir hetten diese vergangen (will nicht zu weit rechenen) sechs hundert jar weder Bapst, Cardinel, Bisschoff noch andere Messeknechte gesehen, sondern weren alle *Euangelisch oder Lutherisch* worden.« Martin Luther, Dem gestrengen und Vesten N., meinem besondern gunstigen herrn und guten freunde, in: WA 38, 269,34-270,2 (1534]; Hervorhebung von mir. – Die Druckfassung einer Predigt Luthers aus dem Frühsommer 1544 gab das von Rörer mitgeschriebene Wort, die Gegner suchten die ›Lutherani‹ auszurotten, mit der Wendung, sie wollten erleben, dass »Christus tod und seine *Christen* getilgt sind«, wieder, in: Predigt am 30. April 1542, in: WA 49, 267,3.16 f. (1544]; Hervorhebung von mir.

[218] Vgl. die gute, bündige Übersicht von Dorothea Wendebourg: Kirche, in: Albrecht Beutel, Luther Handbuch (siehe Anm. 4), S. 403-414.

zu sein: »Unsere Kirche ist nicht in Marmor oder Silber gegründet, sondern unerschütterlich in Christus gebildet, unterwiesen und befestigt«[219]. Diese Einschätzung sah sich durch eine antithetische Negation des römischen Anspruchs noch zusätzlich profiliert: Nicht das Papsttum, sondern ›wir‹ seien die heilige, rechte christliche Kirche[220], da die von Wittenberg aus restituierte ›forma Christianae Ecclesiae‹ sich allein an den in Art. 7 CA genannten Kriterien orientiere[221] und deshalb anders als die Papstkirche, die Luther mit drastischen Ausdrücken delegitimierte[222], keinen menschlichen Erfindungen, sondern einzig dem Wort Gottes

---

[219] MARTIN LUTHER, Luthers Vorreden zu den Thesensammlungen von 1534 und 1538, in: WA 39/1, 3,25-27 (1534). – »Sciunt nos veram Ecclesiam [...]. Si quis vellet dubitationem machen an unser Tauff, predig: Ubi Ecclesia Christiana, Ibi Christus. [...] Nos habemus Ecclesiam«. MARTIN LUTHER, Predigt Dominica Exaudi, in: WA 41, 241,20-30 (1535). – »Gott hat schon [...] ein Feur angezündet in abgrund der Hellen, Da bey sie auch helle sehen und lesen sollen, Was Christus in uns die Kirche und Euangelion heisse.« MARTIN LUTHER, Exempel, einen rechten, christlichen Bischof zu weihen. Geschehen zu Naumburg Anno 1542, 20. Januar, in: WA 53, 260,13-15 (1542). – Vgl. etwa auch MARTIN LUTHER, Wochenpredigten über Joh. 6-8, hier: Joh 7,30, in: WA 33, 402,1-34 (1530-1532); DERS., Historia de Canaaea, in: WA 38, 595,18-24 (1538).

[220] »[...] wir oder die heilige kirche [...]«. MARTIN LUTHER, Winckelmesse und Pfaffen Weyhe, in: WA 38, 251,10 (1533). – »Dergleichen handeln [i.e. streiten] wir itzt auch mit dem Bapst, Ob sie, die Papisten oder wir die rechte Christliche kirche sein, Ob sie oder wir die Tauffe, Euangelium, Sacrament des abendtmals recht haben und brauchen«, Predigt am 26.. August 1531 über Joh 7, 38-42, in: WA 33, 455,29-35 (1530-1532).

[221] »Nos, Dei gratia, paravimus hic Vitebergae formam Christianae Ecclesiae, Verbum pure apud nos docetur, Sacramenta in vero usu sunt, [...] Summa: omnia prospere succedunt.« MARTIN LUTHER, 2. Galatervorlesung (cap. 1-4), in: WA 40/1, 103,11-14 (1535).

[222] »Neque enim Deus concedit hominibus autoritatem supra verbum. Hoc qui venerantur, sequuntur et custodiunt, sunt Ecclesia, quantumvis in mundo contempti sint. Qui non custodiunt, sunt Ecclesia Satanae nec sublevant eos magnifici tituli.« MARTIN LUTHER, In XV Psalmos graduum 1532/1533, in: WA 40/3, 434,36-435,15 (1540). – »Was macht der hellisct Vater selbs in seiner Hellischen Kirchen?« MARTIN LUTHER, Exempel, einen rechten, christlichen Bischof zu weihen. Geschehen zu Naumburg Anno 1542, 20. Januar, in: WA 53, 236,17 (1542).

verpflichtet sei[223]. Darin repräsentierte sich für Luther die ungebrochene, auch zuvor schon durch Theologen wie Bernhard von Clairvaux oder Bonaventura[224] gewahrte ekklesiale Kontinuität: »Wie aber, wenn ich beweise, das wir bey der rechten alten kirchen blieben, ia das wir die rechte alte kirche sind, Jhr aber von uns, das ist, von der alten kirchen abtrunig worden, ein newe kirchen angericht habt wider die alte kirche. Das las uns horen.«[225]

Der damit erhobene Anspruch exklusiver ekklesiologischer Wesenstreue drängte unabweisbar zu einer Klärung der institutionellen Separationsfrage. Gegen den Vorwurf der mutwilligen Absonderung[226] erinnerte Luther an das inquisitorische Ursprungswiderfahrnis der Reformation: »Wir sind nicht vom Bapst gelauffen, sondern sie haben uns von ihnen gestossen.«[227] Mochten die ›Lutherani‹ darum in organisatorischer Hinsicht auch notgedrungen als Schismatiker erscheinen[228], so kehrten sich doch der Sache nach die Verhältnisse gänzlich um, da durch die von ›uns‹

---

[223] »Gloriamur, quod Dei verbum solum in nostra Ecclesia, quanquam ingrati. Nos nihil patimur doceri, nisi purum sit verbum. Nolumus das gauckelwerck papae et Rotten.« MARTIN LUTHER, Predigt am Sonntag Trinitatis, 1. Juni 1539, in: WA 47, 783,25-27 (1539). – Vgl. etwa auch MARTIN LUTHER, Die Vorrede zu der Sammlung der Begräbnislieder 1542, in: WA 35, 478,24-30 (1542); DERS., 2. Galatervorlesung (cap. 1-4), in: WA 40/1, 572,23-28 (1535); MARTIN LUTHER, In XV Psalmos graduum 1532/1533, in: WA 40/3, 109,24-38 (1540).

[224] Vgl. MARTIN LUTHER, Disputatio D. Iohannis Machabaei Scoti praeside D. Doctore Mart. Luthero, in: WA 39/2, 168,5-10 (1542).

[225] MARTIN LUTHER, Wider Hans Worst, in: WA 51, 478,16-479,3 (1541). – »Fuimus unsers herr Gotts knecht, non Novum instituimus [...], sed den treck papae ausgekert, ut from hausmagd, et ausgefegt.« DERS., Predigt am 20. October 1535, in: WA 41, 458,36-459,1 (1535). – Vgl. etwa auch DERS., Das 16. Kapitel S. Johannis, in: WA 46, 62,27-37 (1538); DERS., Predigt am 20. Januar 1538, De baptismo primus sermo, in: WA 46, 146,20-23 (1538); DERS., Predigt am 10. Mai 1534 über Joh 16,13a-b und 14 f., in: WA 59, 300,24-32 (1533).

[226] Vgl. MARTIN LUTHER, Crucigers Sommerpostille, in: WA 21, 321,25-29 (1544).

[227] MARTIN LUTHER, Matth. 18-24 in Predigten ausgelegt 1537-1540, in: WA 47, 422,34 f. (1537-1540).

[228] Vgl. etwa MARTIN LUTHER, in: WA TR 3, 313,20-22 (undatiert).

geübte unbedingte Treue zum Wort Gottes in Wahrheit die gegenwärtige Papstkirche der schismatischen Abtrünnigkeit überführt werde[229].

Zur Identitätswahrung der eigenen Kirche sei, wie Luther im Blick auf die vom Papst verfolgten böhmischen Hussiten[230] klarstellte, eine uniforme ›lutherische‹ Bekenntnisbildung keinesfalls nötig. Vielmehr genüge dafür eine gemeinsame Ausrichtung der Lehre auf das Prinzip des *solus Christus* vollauf[231]. In dem Umstand, dass Luther diesen zaghaft pluralistischen Ansatz dann etwa den Schulgängern Zwinglis verwehrte[232], mag man durchaus eine reformationsgeschichtliche Tragik erkennen.

An dem Anspruch, ein Glied und Repräsentant der wahren Kirche zu sein, hielt Luther unbeirrt fest. Die vielfältigen Erfahrungen einer auch in den eigenen Gemeinden sich breitmachenden Müdigkeit und Trägheit[233] sowie der evangeliumswidrige Machtmissbrauch einiger lutherischer

---

[229] »Oneramur magna invidia, quod dicimur discessisse a veteri Ecclesia. Contra Papistae gloriantur, quod permanserint cum Ecclesia et Ecclesiae iudicio omnia velint permittere. Sed falso accusamur. Si enim verum profiteri volumus, discessimus a verbo, cum adhuc essemus in ipsorum Ecclesia. Nunc vero reversi sumus ad verbum, et desiimus esse apostatae verbi.« MARTIN LUTHER, Vorlesungen über 1. Mose, in: WA 42, 334,37-335,2 (1535-1545).

[230] Vgl. MARTIN LUTHER, Exempel, einen rechten, christlichen Bischof zu weihen. Geschehen zu Naumburg Anno 1542, 20. Januar, in: WA 53, 236,17-25 (1542).

[231] »Wie wol ich obgenanter Brüder weise zu reden nicht weis anzunemen, so wil ich sie doch auch widderumb nicht ubereilen, noch so eben zwingen, nach meiner weise zu reden, so ferne wir sonst der sachen eins werden und bleiben.« MARTIN LUTHER, Vorrede zur Rechenschaft des Glaubens der Brüder in Böhmen und Mähren, in: WA 38, 79,13-16 (1533); vgl. aaO, 79,3-18. – »Nos neminem verjagen ex nostris ecclesiis, cupimus omnes manere in nostra doctrina.« DERS., Zweite Predigt über den 1. Psalm, in: WA 49, 231,17 f. (1541).

[232] Vgl. etwa MARTIN LUTHER, Predigt am 2. Sonntag nach Trinitatis, 15. Juni 1539, in: WA 47, 794,2 f. (1539).

[233] »In nostris vero Ecclesiis, ubi diligentissime urgetur vera doctrina [...], dictu mirum, quanta socordia et oscitantia regnet.« MARTIN LUTHER, In epistolam S. Pauli ad Galatas Commentarius 1531 (1535), in: WA 40/2, 67,22-24 (1535). – Vgl. etwa DERS., Predigten des Jahres 1532, Dominica 8. mane domi suae, in: WA 36, 220,13-18 (1532); DERS., 2. Galatervorlesung (cap. 1-4), in: WA 40/1, 528,26-29 (1535); DERS., In epistolam S. Pauli ad Galatas Commentarius 1531 (1535), in: WA 40/2, 61,13-28 (1535).

Fürsten[234] betrübten ihn, doch sie irritierten ihn nicht. Vielmehr erkannte er darin – und erst recht in den »falschen Christen und Brüdern«[235], die unter ›uns‹ Zwietracht schürten[236] – eine von Anfang an sichtbar gewordene *nota ecclesiae verae*[237]. Das Evangelium trage daran so wenig Schuld[238] wie der von Luther hoch geschätzte Malvasier, den er mit Freuden trinke und der einem anderen, der ihn in ein verschmutztes Gefäß eingießt, zu tödlichem Gift werden könne[239]. Schließlich werde die Wahrheit des Evangeliums doch offenbar werden, vielleicht noch im Lauf der Geschichte, jedenfalls aber an deren Ende, im Jüngsten Gericht[240].

Einstweilen jedoch, das wurde Luther spätestens zur Mitte der 1530er Jahre klar, würde man sich mit einer abendländischen Bi- und ökumenischen Multikonfessionalität der christlichen Kirche wohl abfinden müs-

---

234 Vgl. MARTIN LUTHER, Predigt am 8. November 1534 Vom Zinsgroschen, in: WA 37, 603,30-32 (1534); DERS., Matth. 18-24 in Predigten ausgelegt 1537-1540, in: WA 47, 462,3-17 (1537-1540).

235 MARTIN LUTHER, Epistel S. Johannis von der Liebe, in: WA 36, 418,3.18 (1532).

236 Vgl. MARTIN LUTHER, Vorlesungen über die Psalmen, Psalmus 2 (1532), in: WA 40/2, 217,5-7; DERS., Hauspostille 1544, Am 5. Sonntag nach dem Ostertag, in: WA 52, 132,3-8 (1544); DERS., Den Durchleuchtigsten, Durchleuchtigen Hochgebornen Fuersten und Herrn, Herrn Johans Fridrich, Hertzogen zu Sachsen, Des Heiligen Roemischen Reichs Ertzmarstall, und Kurfuersten, Landgraven in Duerigen, Marggraven zu Meissen, und Burggraven zu Magdeburg. Und Herrn Philips Landgraven zu Hessen, Graven zu CatzenElbogen, Zigenhayn, Dietz und Nida, Meinen gnedigsten und gnedigen Herren, in: WA 54, 404,22-37 (1545).

237 »Ecclesia [...] non in Nostra manu. Iohannes habuit in sua Ecclesia Cherinthum; et alii; Christus Iudam. Sic Episcopi habuerunt Arium, Pelagium. Sic nos non können wheren, quod Muntzerani, Karlstadius, Cinglius, Witzel. In manu nostra non sunt.« MARTIN LUTHER, In XV Psalmos graduum 1532/1533 (Psalm 132,1), in: WA 40/3, 392,6-10 (1532/33).

238 Vgl. MARTIN LUTHER, Wort- und Sinnerklärungen zu Crucigers Sommerpostille, in: WA 22, 153,7-12 (1544).

239 Vgl. MARTIN LUTHER, Das XIV. und XV. Kapitel S. Johannis gepredigt und ausgelegt, hier: Das XV. Cap, in: WA 45, 650,26-36 (1538).

240 Vgl. MARTIN LUTHER, Reihenpredigten über Matth. 5-7, Revisionsnachtrag, in: WA 32, 436,1-7 (1532); DERS., Exempel, einen rechten, christlichen Bischof zu weihen. Geschehen zu Naumburg Anno 1542, 20. Januar, in: WA 53, 249,13-17 (1542).

sen[241]. Solche Einsicht entschärfte keinesfalls das ebenso klare wie schmerzvolle Bewusstsein, als *ecclesia vera* einer vielgestaltigen *ecclesia falsa* gegenüberzustehen, und relativierte darum auch nicht im Geringsten die Absolutheit des eigenen Wahrheitsanspruchs. Gleichwohl suchte sie, dessen unbeschadet, der faktischen Konkurrenzsituation Rechnung zu tragen.

Dabei machte Luther die Differenz zu den Gemeinden in Griechenland oder Indien keine Beschwer[242]. Um so mehr kam es ihm jedoch darauf an, die eigene Glaubensgemeinschaft zu der römischen Kirche ins Verhältnis zu setzen. Zwei Wörter, die er in solchem Zusammenhang bevorzugt gebrauchte, sind diesbezüglich von zentraler Bedeutung: einmal die aus dem Altgermanischen überkommene Vokabel *Teil*, die einen Ausschnitt aus dem Ganzen, aber durchaus auch eine positionell oder juristisch gefasste Partei anzeigen konnte[243], zum anderen die dem lateinischen *pars* als Lehnwort nachgebildete Vokabel *Part*, die ihrerseits den Teil eines Ganzen sowie eine Partei im Rechtsstreit[244] signifizierte[245]. Insofern war die Rede, es sei einer ›ex nostra [...] parte‹[246] oder ›unser teil‹[247] stehe ›unserm

---

241 Vgl. MARTIN LUTHER, Wochenpredigten über Joh. 6-8, hier: Joh 6,53, in: WA 33, 216,12-17 (1530-1532); DERS., Predigt am Osterdienstag, 15. April 1534, Von der Heiligen Taufe, in: WA 37, 660,17-24 (1534); DERS., Ein Brief D. Martin Luthers von seinem Buch der Winkelmessen, in: WA 38, 264,26-34 (1534).

242 Vgl. ebd.

243 Vgl. JAKOB und WILHELM GRIMM, Deutsches Wörterbuch, Bd. 11, 1935 (= ND Bd. 21, München 1984), S. 347-355, s.v.

244 Eine außergewöhnliche Häufung der eine gerichtliche Partei bezeichnenden Vokabel »Part« findet sich bezeichnenderweise in Luthers Schrift Wider den Bischof zu Magdeburg, Albrecht Kardinal, in: WA 50, [386] 395-431 (1539).

245 Vgl. GRIMM (siehe Anm. 243), Bd. 7, 1889 (= ND Bd. 13, 1984), 1465 f., s.v. – Auch das lateinische *pars* kann in juristischem Sinn eine Partei bezeichnen, wie es etwa in der sprichwörtlich gewordenen, bereits im klassischen Latein belegten Wendung »audiatur et altera pars« zum Ausdruck kommt (vgl. KARL ERNST GEORGES, Ausführliches lateinisch-deutsches Handwörterbuch, Bd. 2, Hannover ¹⁴1976, 1485-1487, s.v.; Jan FREDERIK NIERMEYER / CO VAN DE KIEFT, Mediae latinitatis lexicon minus, Bd. 2, Leiden ²2002, S. 998-1000, s.v.

246 MARTIN LUTHER, handschriftlich, Contra Asinos Parisienses Lovaniensesque, in: WA 54, 449,17 (1545/46).

247 MARTIN LUTHER, Von Konziliis und Kirchen, in: WA 50, 486,1 (1539). – Vgl. entsprechend MARTIN LUTHER, Vorlesungen über 1. Mose 45,5, in: WA 44, 602,36

Widerteil des Bapstumbs‹[248] entgegen, bei Luther stets im Sinne einer Konkurrenz der beiden Konfessionsgruppen konnotiert. Im Blick auf das von Paul III. im Juni 1536 ausgeschriebene, danach mehrfach vertagte Konzil[249] wurde ihm die zwar noch nicht rechtlich fixierte, aber doch faktisch gegebene Koexistenz zweier Religionsparteien im Reich endgültig bewusst[250]. Er zog daraus die klare, juristisch begründete Konsequenz, dem Papst als einem konfessionellen Parteiführer jede gesamtchristliche Entscheidungsgewalt zu bestreiten:

»Wie? haben sie denn auff jrer seiten keine Juristen, oder sind sie alle sampt Toll und thöricht worden? Unsers teils Juristen und alle Vernunfft sagen, Es solle niemand sein selbs Richter sein, wie das viel höher unser Buch, die heilige Schrifft, verbeut. Nu ists offenbar, das wir sind Part worden wider das Bapstum, Und sie widerumb Part wider uns. Wer will nu hie oder sol Richter sein? Niemand [...] on Gott allein.«[251]

Mit welchem Urteilsspruch Gott dereinst den Rechtsstreit der beiden Religionsparteien entscheiden würde, stand für Luther allezeit außer Frage. Wer sich hingegen wie sein einstiger Gegner im Disput um den unfreien Willen zwischen den beiden Blöcken hindurchwinden wolle, der bleibe am Ende weder Parteigänger des Papstes noch ein ›Lutheranus‹, sondern, gänzlich heimatlos, »nur ein Erasmus«[252].

(1535-1545); DERS., Exempel, einen rechten, christlichen Bischof zu weihen. Geschehen zu Naumburg Anno 1542, 20. Januar, in: WA 53, 245,10 (1542).

[248] MARTIN LUTHER, Crucigers Sommerpostille, in: WA 21, 206,15 f. (1544); entsprechend aaO, 428,1-8.

[249] Vgl. CHRISTOPHER SPEHR, Luther und das Konzil. Zur Entwicklung eines zentralen Themas in der Reformationszeit (BHTh 153), Tübingen 2010.

[250] Im Rückblick bezog Luther diese Einsicht bereits auf den Augsburger Reichstag von 1530. Vgl. MARTIN LUTHER, Auslegung des 3. und 4. Kapitels Johannis, in: WA 47, 130,21-25 (1538).

[251] MARTIN LUTHER, Exempel, einen rechten, christlichen Bischof zu weihen. Geschehen zu Naumburg Anno 1542, 20. Januar, in: WA 53, 245,9-15 (1542). – Ganz entsprechend bereits vier Jahre zuvor: DERS., Auslegung des 3. und 4. Kapitels Johannis, in: WA 47, 127,15-38 (1538).

[252] MARTIN LUTHER an Nikolaus von Amsdorf, 11. März 1534, in: WA BR 7, 38,407 f.; vgl. aaO, 38,397-39,417. – In diesem Sinne scheint mir auch Luthers eigenhändige Marginalglosse zu Eph 1,6 in des Erasmus' ›Novum Testamentum‹, die diesen

Dieses von Luther spätestens zur Mitte der 1530er Jahre realisierte konfessionelle Identitätsbewusstsein, das ihn jederzeit ganz freimütig von ›uns Lutherischen‹ als einem ›Part‹ im religiösen Wahrheitskampf sprechen ließ, war aus der kontroverstheologischen Polarisierung geboren und blieb der *ad extra* zu führenden Auseinandersetzung verhaftet. *Ad intra* hingegen wollte er, was dann in der Identitätsgeschichte des Luthertums nur allzu oft übersehen oder missachtet wurde, von einer Berufung auf seinen Namen nichts wissen. Würde man ihn als ›caput Ecclesiae Wittenbergensis‹ ansprechen, so wäre darin, wie er seiner Gemeinde einschärfte, ganz sicher der Teufel am Werk[253]. Nachdrücklich hielt er darum noch zuletzt jedes einzelne Glied seines ›Parts‹ an: »Am jungsten tage will Jch nit horen: D. Martinus hat mich das geleret, sondern so soltu sagen: Jch gleub an gott, den vater, Son, heiligen geist.«[254]

Das gemahnt an den berühmten ›Letzten Zettel‹ des Reformators, in welchem er im Rückblick auf seinen Lebensberuf, die Schrift auszulegen, das hermeneutische Fazit zog: »Wir sein pettler. Hoc est verum«[255]. Als bloß rhetorische Bescheidenheitsfloskel, erst recht als Ausdruck finaler Depression wäre der Satz gründlich missverstanden. Vielmehr entsprach er Luthers zeitlebens verfolgtem Ideal einer *sola gratia* vollzogenen evangelischen Existenz.

---

zwischen den Gruppen der »Papistae« und »Lutherani« einordnet, zu deuten sein. MARTIN LUTHER, Eigenhändige Randbemerkungen zu Erasmus' Novum Testamentum, in: WA 60, 214,19-23 (ca. 1533).

[253] MARTIN LUTHER, Die Ander Predigt, Von der Menscheit Christi und seinem Ampt, in: WA 45, 309,8-310,1 (1537).

[254] MARTIN LUTHER, Predigt am 18. Januar 1545 über Röm 12, in: WA 49, 684,32-34 (1545).

[255] MARTIN LUTHER, in: WA TR 5, 318,4 f. (1546); vgl. aaO, 317,11-318,5. – Entsprechend MARTIN LUTHER, in: WA TR 5, 168,18-36 (1546).

War doch auch Christus vor der Welt allemal als ein Bettler erschienen[256] und mit ihm Mose[257], Abraham[258], Johannes der Täufer[259], die Apostel[260] und Paulus[261] und sogar der Heilige Geist[262,263].

---

[256] Z.B. MARTIN LUTHER, Predigt am 13. April 1538, De passione Christi, in: WA 46, 245,15 (1538).

[257] Z.B. MARTIN LUTHER, Auslegung über etliche Kapitel des andern Buchs Mosi, gepredigt zu Wittenberg, Anno 1524, 1525 und 1526, in: WA 16, 124,24 (1524).

[258] Z.B. MARTIN LUTHER, Predigten über das erste Buch Mose Kap. 12, in: WA 24, 247,29 (1527).

[259] Z.B. MARTIN LUTHER, Auslegung des ersten und zweiten Kapitels Johannis, in: WA 46, 576,8 (1537).

[260] Z.B. MARTIN LUTHER, Hauspostille 1544, Am 3. Sonntag nach dem Fasten, in: WA 52, 188,37 (1534).

[261] Z.B. MARTIN LUTHER, Wochenpredigten über Joh. 6-8, hier: Joh 8,28, in: WA 33, 635,20 (1531).

[262] MARTIN LUTHER, Predigt am 8. September 1532, in: WA 36, 511,10 (1532).

[263] Erstveröffentlichung in: ZThK 110 (2013), S. 158-186. – Die formale Gestaltung der Fußnoten dieses Nachdrucks verdankt sich Dr. Rainer Rausch und cand. theol. Tobias Jammerthal.

OTFRIED HOFIUS:
›Extra nos in Christo‹. Voraussetzung und Fundament des ›pro nobis‹ und des ›in nobis‹ in der Theologie des Paulus

Dieter Sänger zum 65. Geburtstag

I. Einleitung

Die drei präpositionalen Wendungen unseres Themas – ›extra nos in Christo‹, ›pro nobis‹ und ›in nobis‹ – verweisen auf zentrale Aussagen der Paulusbriefe, die das Heilshandeln Gottes in Jesus Christus und das dadurch konstituierte heilvolle Gottesverhältnis des Menschen betreffen[1].

---

[1]   Die folgenden Ausführungen gelten ausschließlich den von Paulus selbst verfaßten Briefen. Lediglich in den Anmerkungen werden bei der Angabe von Belegen ge-

Die Worte ›pro nobis‹ repräsentieren die verschiedenen personalen ὑπέϱ-Wendungen, mit denen Paulus auf den Adressaten der Heilstat des Todes und der Auferstehung Jesu Christi Bezug nimmt[2] und in denen ὑπέϱ c. Gen. die Bedeutung »für« / »zu Gunsten von« / »zugute« hat[3]: ὑπὲϱ ἐμοῦ[4], ὑπὲϱ ἡμῶν[5], ὑπὲϱ ὑμῶν[6], ὑπὲϱ οὗ[7] und ὑπὲϱ πάντων[8] mit der Aufnahme durch ὑπὲϱ αὐτῶν[9]. Das Syntagma ›in nobis‹ steht für jene paulinischen ἐν-Wendungen, die von dem Wohnen oder Wirken Christi bzw. des Geistes Christi in dem an ihn glaubenden Menschen sprechen und damit

legentlich in eckigen Klammern Parallelen aus den Deuteropaulinen notiert. Literaturhinweise beschränken sich auf Arbeiten, denen ich wichtige Einsichten verdanke, sowie auf solche, in denen bestimmte exegetische Urteile ihre nähere Begründung finden.

Für hilfreiche Gespräche danke ich meinem Freund Dr. Martin Bauspieß.

[2] Die Auferstehung Jesu wird zwar nur in 2. Kor 5,15b in Verbindung mit einer personalen ὑπέϱ-Wendung ausdrücklich erwähnt, sie ist aber an jenen Stellen, die nur von Jesu Tod sprechen, durchaus mit im Blick. Vgl. exemplarisch in Röm 8,31-34 das Neben- und Miteinander der Verse 32 und 34 sowie ferner auch Röm 4,25; 14,9; 1. Thess 4,14.

[3] Diese Bedeutung liegt auch in dem Ausdruck ἐντυγχάνειν ὑπέϱ τινος Röm 8,27.34 vor: »für jemanden / zu Gunsten jemandes eintreten« (ebenso Hebr 7,25). – In Röm 8,31 heißt εἶναι ὑπέϱ τινος wie in Mk 9,40 par. Lk 9,50: »für jemanden sein«, »auf jemandes Seite stehen«.

[4] Gal 2,20b.

[5] Röm 5,6.8; 8,32; 2. Kor 5,21; Gal 3,13; 1. Thess 5,10 (v.l.: πεϱὶ ἡμῶν) [Eph 5,2; Tit 2,14]. Die Worte ὄντων ἡμῶν ἀσθενῶν … ὑπὲϱ ἀσεβῶν Röm 5,6 stehen in Parallele zu der Formulierung ἁμαϱτωλῶν ὄντων ἡμῶν … ὑπὲϱ ἡμῶν Röm 5,8; sie sind also in in der Sache ein Beleg für ὑπὲϱ ἡμῶν.

[6] 1. Kor 1,13 (v.l.: πεϱὶ ὑμῶν); 11,24b [Eph 5,2 v.l.].

[7] Röm 14,15; vgl. δι᾽ ὅν 1. Kor 8,11.

[8] 2. Kor 5,14b.15a [1. Tim 2,6]. In 2. Kor 5,14b.15a klingt in ὑπὲϱ πάντων neben der Bedeutung »zu Gunsten von« / »zugute« zugleich der Gedanke der Stellvertretung mit an, die dabei dezidiert als *inkludierende* Stellvertretung, d.h. als ein die πάντες einschließendes Geschehen gedacht ist.

[9] 2. Kor 5,15b [vgl. Eph 5,25: ὑπὲϱ αὐτῆς sc. τῆς ἐκκλησίας].

jene Größe benennen, die sein Personzentrum regiert: ἐν ἐμοί[10], ἐν ἡμῖν[11] und ἐν ὑμῖν[12]. Bei den beiden Wendungen ›pro nobis‹ und ›in nobis‹ handelt es sich also um Formulierungen, die uns bereits bei Paulus selbst begegnen. Das gilt ebenfalls für die Formel ›in Christo‹[13], *nicht* aber für das Präpositionalgefüge ›extra nos‹ und dementsprechend auch *nicht* für die Verbindung ›extra nos in Christo‹. Mit ihr wird vielmehr eine Formulierung aufgenommen, die sich bei Martin Luther findet. In der Römerbrief-Vorlesung der Jahre 1515/1516 stellt Luther gleich zu Anfang betont heraus, worum es nach seiner Erkenntnis in diesem Brief geht: Der Apostel – so hören wir – will im Hinblick auf die Frage nach dem Heil die Gerechtigkeit und Weisheit der *Menschen* als absolut nichtig erweisen und die allein heilschaffende Gerechtigkeit und Weisheit *Gottes* bezeugen, nämlich »omnia, que extra nos sunt et in Christo«, »alles, was außerhalb von uns und in Christus ist«[14]. Im gleichen Sinn heißt es in einer Predigt

---

[10] Gal 2,20a [Kol 1,29]. *Nicht* hierher gehören 2. Kor 13,3, wo ἐν ἐμοί »durch mich« heißt, und Gal 1,16a, wo es für den einfachen Dativ »mir« steht (vgl. ἐν αὐτοῖς = »ihnen« Röm 1,19; ἐν τοῖς ἀπολλυμένοις = »denen, die verlorengehen« 2. Kor 4,3).

[11] Röm 8,4 [2. Tim 1,14]. Dem ἐν ἡμῖν entspricht ἐν ταῖς καρδίαις ἡμῶν 2. Kor 4,6 (vgl. ἐν οἷς in V. 4); in Röm 5,5 und 2. Kor 1,22 steht ἐν ταῖς καρδίαις ἡμῶν dagegen für εἰς τὰς καρδίας ἡμῶν (so Gal 4,6). – In 2. Kor 4,12 heißt ἐν ἡμῖν »an uns«; in 2. Kor 5,19 hat es nach meinem Urteil die Bedeutung »unter uns«. Siehe OTFRIED HOFIUS, Das Wort von der Versöhnung und das Gesetz, in: DERS., Exegetische Studien (WUNT 223), Tübingen 2008, S. 149-160.

[12] Röm 8,9-11; 1. Kor 3,16; 6,19 [vgl. ἐν ταῖς καρδίαις ὑμῶν Eph 3,17; Kol 3,15]. – In 1. Kor 1,6; 14,25; 2. Kor 13,5; Gal 3,5; 4,19; Phil 1,6; 2,5.13; 1. Thess 2,13 [Kol 1,27] hat ἐν ὑμῖν – wie häufig bei Paulus – die Bedeutung »unter euch« bzw. »bei euch«; in 2. Kor 4,12 heißt es »an euch«.

[13] Die Formel erscheint bei Paulus in unterschiedlichen Bedeutungen. Zu ἐν Χριστῷ / ἐν Χριστῷ Ἰησοῦ als Rekurs auf das Christusgeschehen siehe Röm 3,24; 8,39 (siehe Anm. 104); 1. Kor 1,4 f.; 2. Kor 5,19a [vgl. Eph 1,6 f.; 2,6 f.10.13.15 f.; 4,32; Kol 1,14.19 f.].

[14] MARTIN LUTHER, Vorlesung über den Römerbrief 1515/1516, WA 56, 158,9. Ich zitiere nach: MARTIN LUTHER, Vorlesung über den Römerbrief 1515/1516. Lateinisch-deutsche Ausgabe, Darmstadt 1960, I 10. Luther fährt dann fort (WA 56, 158,10-14): »Deus enim nos non per domesticam, sed per extraneam iustitiam et sapientiam vult salvare, non que veniat et nascatur ex nobis, sed que aliunde veniat in nos, non que in terra nostra oritur, sed que de celo venit. Igitur omnino externa et aliena iustitia oportet erudiri.« – Vgl. in der Römerbriefvorlesung noch das Scholion zu

vom Jahre 1517: »Ubi … est sapientia? Ubi iustitia? Ubi veritas? Ubi virtus? Non in nobis, sed in Christo, extra nos in Deo.« – »Wo ist Weisheit? Wo Gerechtigkeit? Wo Wahrheit? Wo Kraft? Nicht in uns, sondern in Christus und also außerhalb von uns in Gott.«[15]

Die Verbindung der beiden Bestimmungen ›extra nos‹ und ›in Christo‹ läßt sich bereits *vor* Luther in der theologischen Literatur des Abendlandes nachweisen[16], sie hat bei *ihm* jedoch als Fundamentalaussage seiner Rechtfertigungslehre einen ganz spezifischen christologisch-soteriologischen Sinn gewonnen. Die Frage, ob die Römerbrief-Vorlesung bereits reformatorisch ist oder noch nicht und wie von daher die Worte ›extra nos in Christo‹ in den frühen Aussagen Luthers genau verstanden sein wollen, kann und muß jetzt nicht erörtert werden[17]. Auch wenn das für den Reformator entscheidende Verständnis des Evangeliums als des Glauben wir-

---

Röm 4,7, in dem es heißt (WA 56, 279,22 f.30-32, 280,2-4; Lat.-dt. Ausgabe, I 276): »Extrinsecum nobis est omne bonum nostrum, quod est Christus. … Quo manifeste sese vacuam et pauperem ostendit (sc. Ecclesia) intra se esse, et extra se esse plenitudinem et iustitiam suam. … Sciunt (sc. sancti) in se esse peccatum, sed propter Christum tegi et non imputari, ut omne suum bonum extra se in Christo, qui tamen per fidem in ipsis est, protestentur.« Dem ›extra nos in Christo‹ korrespondiert das ›extra nos in Deo‹; siehe Vorlesung über den Römerbrief 1515/1516, WA 56, 268,27-269,12. 305,24-306,2. 386,26 f. (Lat.-dt. Ausg., I 258. 328/330, II 130).

[15] MARTIN LUTHER, Sermone aus den Jahren 1514-1517, WA 1, 139,34 f.

[16] Siehe z.B. MEISTER ECKHART, In Ioh. n. 118 (LW 3, 103,1-3): »Verbum enim caro factum in Christo, extra nos, hoc ipso quod extra nos non facit nos perfectos, sed postquam et per hoc quod habitavit in nobis, nos denominat et nos perficit, ›ut filii dei nominemur et simus‹, 1. Joh 3.« Ich verdanke das Zitat SATOSHI KIKUCHI, Christological Problems in the Understanding of the Sonship in Meister Eckhart, Bijdr. 69 (2008), S. 365-381, hier: S. 380 Anm. 49.

[17] Zu einer unterschiedlichen Antwort siehe etwa die Interpretation bei Hans Joachim Iwand einerseits und bei Oswald Bayer andererseits: HANS JOACHIM IWAND, Rechtfertigungslehre und Christusglaube. Eine Untersuchung zur Systematik der Rechtfertigungslehre Luthers in ihren Anfängen (TB 14), München ²1961, S. 28-37; DERS., Luthers Theologie, hg. von JOHANN HAAR (NW 5), München 1974, S. 114-116; DERS., Glaubensgerechtigkeit nach Luthers Lehre, in: DERS., Glaubensgerechtigkeit. Gesammelte Aufsätze Bd. 2, hg. von GERHARD SAUTER (TB 64), München 1980, S. 11-125, hier: S. 27-41; OSWALD BAYER, Promissio. Geschichte der reformatorischen Wende in Luthers Theologie (FKDG 24), Göttingen 1971, S. 57-77, S. 137-143 (vgl. auch S. 274-297).

kenden Heilswortes Gottes noch nicht vorausgesetzt sein sollte, so besagt die Formel ›extra nos in Christo‹ doch auf alle Fälle schon hier, daß das Heil des Menschen in keinerlei Hinsicht aus ihm selbst und seinem eigenen Vermögen kommt und auch nie je zu seinem eigenen selbsterworbenen Besitz wird, sondern daß es ihm ausschließlich aufgrund der rettenden Zuwendung Gottes in Jesus Christus als eine in freier Gnade gewährte Gabe zuteil wird und erhalten bleibt[18].

Die im reformatorischen Sinn verstandene Wendung ›extra nos in Christo‹ vermag – auch wenn sie in den Paulusbriefen selbst nicht vorkommt – in hervorragender Weise zum Ausdruck zu bringen, was als die *Signatur* der paulinischen Christologie und Soteriologie zu gelten hat. Das durch die Formel ›in Christo‹ präzisierte und dadurch allererst eindeutig definierte ›extra nos‹ ist für die christologisch-soteriologische Sicht des Apostels in ihrer Gesamtheit wie auch in ihren einzelnen Aspekten sowohl bestimmend wie kennzeichnend, und es bildet die grundlegende Voraussetzung und das bleibende Fundament dessen, was er in solchem Zusammenhang über das ›pro nobis‹ und das ›in nobis‹ sagt. Das soll im Folgenden in strenger Konzentration auf das Wesentliche unter sieben Gesichtspunkten exegetisch erhoben und dargelegt werden.

---

[18] Der Genfer Reformator JOHANNES CALVIN denkt im Entscheidenden nicht anders über das ›extra nos in Christo‹ beschlossene Heil. Dazu drei Zitate: Institutio (1559) III 11,4 (Opera selecta IV, München ²1959, S. 185,17f.): »In ipso (sc. in Christo) et extra nos iusti reputamur coram Deo«; In Epistolam ad Galatos Commentarius (1548), zu Gal 2,20 (Ioannis Calvini Opera exegetica XVI, Genève 1992, S. 55,16 f.): »Insignis sententia, fideles extra se vivere, hoc est in Christo«; In Epistolam ad Ephesios Commentarius (1548), zu Eph 1,4 (ebd., S. 158,11 f.): »Si in Christo sumus electi, ergo extra nos«.

II. Exegetische Überlegungen zu den zentralen Aussagen der paulinischen Christologie und Soteriologie

1. Jesus Christus – Person und Werk

In der Soteriologie des Paulus und mithin auch in seiner Anthropologie geht es um den Menschen, der von der Sünde als dem fundamentalen Nein zu Gott, der Quelle des Lebens, gezeichnet ist, deshalb unter dem »Fluch« des Gesetzes als des richtenden Wortes Gottes steht und aufgrund dieses Verdammungsurteils dem ewig von Gott trennenden Tod verfallen ist[19]. Diesem vor ihm verlorenen Menschen hat Gott sich in der Person und in dem Werk des Menschen Jesus von Nazareth rettend zugewandt. Daß Jesus der eschatologische Heilsbringer ist, das kommt in dem Beinamen »Christus« (Χριστός) zum Ausdruck, in dem für Paulus die ursprüngliche messianische Bedeutung – allerdings in ihrem spezifisch christlichen Verständnis! – durchaus noch mitschwingt. Denn durch das *Werk* Jesu, das Christusgeschehen, empfängt der zuvor von der Sünde gezeichnete Mensch die δικαιοσύνη – die heilvolle Beziehung zu dem lebendigen Gott[20]. Mit dieser bereits gegenwärtigen Heilsgabe ist ihm zugleich die

---

[19] Zum Menschen als Sünder siehe besonders Röm 1,18-3,20; 3,23; 5,6-10.12-21; 7,7-25a; 8,5-8, zum »Fluch« des Gesetzes: Gal 3,10-12, zum Verdammungsurteil: Röm 5,16.18; 8,1; 2. Kor 3,9.

[20] In den paulinischen Rechtfertigungsaussagen bezeichnet δικαιοσύνη als Relationsbegriff *die heilvolle Beziehung zu dem lebendigen Gott*, von der dabei unter den beiden Gesichtspunkten gesprochen wird, daß Gott diese Beziehung schafft und gewährt und daß sie dem Menschen als seine Gabe zuteil wird. Entsprechend bedeutet δικαιοῦν (von Gott gesagt): »die heilvolle Gottesbeziehung gewähren«, δικαιοῦσθαι (vom Menschen gesagt): »die heilvolle Gottesbeziehung empfangen«.

eschatologische σωτηρία, die Rettung vor dem zukünftigen Strafgericht Gottes und die Erlangung des ewigen Lebens, fest verbürgt[21].

Daß das Christusgeschehen Gottes rettende Tat für den Menschen ist, sieht Paulus in dem *Person*geheimnis Jesu Christi begründet – darin, daß er der »Sohn Gottes«[22] und als dieser »der Herr der Herrlichkeit«[23] ist. Im Unterschied zu dem Beinamen »Christus« sagen die beiden genannten Begriffe nicht, wer Jesus »für uns« ist, sondern wer er in sich selbst ist[24]. Der Hoheitstitel »Sohn Gottes« kennzeichnet ihn als den, der seinem Ursprung und Wesen nach auf die Seite Gottes, seines Vaters, gehört; und wenn auf *ihn* die Gottesprädikation »der Herr der Herrlichkeit« bezogen wird, dann liegt darin das Bekenntnis, daß Gott selbst in ihm gegenwärtig und er in Person die Gegenwart Gottes ist[25]. Einzig aufgrund seines göttlichen Seins kann Jesus als der eschatologische Heilsbringer Gottes gedacht werden. Die Christologie bildet deshalb für Paulus die Grundlage der Soteriologie, und das damit gegebene Verhältnis zwischen den beiden zwar nicht voneinander zu trennenden, wohl aber zu unterscheidenden Größen ist grundsätzlich unumkehrbar. Die Christologie geht auch nicht in der Soteriologie auf, und sie ist keineswegs bloß ihr ›mythologischer‹ Ausdruck.

---

21 Zur Unterscheidung von δικαιοσύνη und σωτηρία siehe Otfried Hofius, »Fides ex auditu«. Verkündigung und Glaube nach Römer 10,4-17, in: Johannes von Lüpke / Edgar Thaidigsmann (Hg.), Denkraum Katechismus. Festschrift Oswald Bayer, Tübingen 2009, S. 71-86, hier: S. 78 f.

22 Röm 1,3 f.9; 5,10; 8,3.29.32; 1. Kor 1,9; 15,28; 2. Kor 1,19; Gal 1,16; 2,20; 4,4.6; 1. Thess 1,10 [Eph 4,13; Kol 1,13].

23 1. Kor 2,8b.

24 Der »Sohn Gottes«-Titel erscheint bei Paulus vor allem in soteriologischen Aussagen – dies aber nicht deshalb, weil er in sich selbst Ausdruck des ›pro nobis‹ wäre, sondern weil er zum Ausdruck bringt, *wer* der ist, den Gott um des verlorenen Menschen willen in den Tod dahingegeben hat, und auf diese Weise die Größe der im Kreuzestod Jesu offenbar gewordenen Liebe Gottes erkennen läßt (siehe Röm 8,31 f.).

25 Vgl. 2. Kor 5,19 (θεὸς ἦν ἐν Χριστῷ) und deuteropaulinisch Kol 1,19; 2,9. Zu ὁ κύριος τῆς δόξης als Gottesprädikation siehe grHen 22,14; 27,3.5; äthHen 22,14; 25,3.7; 27,3.5; 36,4; 40,3; 63,2; 75,3; 83,8; koptApocEl 19,11.

2. Die Heilstat Gottes in Jesus Christus

Das Christusgeschehen, das wir jetzt weiter zu bedenken haben, begreift Paulus als den differenzierten Zusammenhang von Heils*tat* Gottes und Heils*wort* Gottes[26]. Die Heils*tat*, in der Gott dem Menschen das Heil bereitet hat, umfaßt die Menschwerdung Jesu Christi und ihr Ziel: das Sühne- und Versöhnungsgeschehen seines Todes und seiner Auferstehung. Dieses Geschehen betrifft – eben weil es ein eschatologisches Gottesgeschehen ist – nach Paulus die ganze Menschheit und »umgreift alle Vergangenheit, Gegenwart und Zukunft«[27]. Deshalb sind diejenigen, für die Christus stirbt und aufersteht, von Anfang an ganz unmittelbar in das Sühne- und Versöhnungsgeschehen einbezogen – und zwar dergestalt, daß sich von Gott her in Christi Tod die Aufhebung ihrer der Sünde und dem Tod verfallenen Existenz und in seiner Auferstehung ihre Versetzung in die neue, unter der Verheißung des ewigen Lebens stehende Existenz in der δικαιοσύνη ereignet hat[28].

Daß das ›pro nobis‹ der Heilstat Gottes in einem ›extra nos‹ gründet, kann in den Paulusbriefen unter vier Aspekten wahrgenommen werden:
1) Von der *Menschwerdung* Jesu Christi sagt Paulus in Gal 4,4 f.: Gott sandte seinen Sohn als einen Menschen, der um unseres Heils willen sterben

---

[26] Siehe dazu insbesondere 2. Kor 5,18-21 und zu diesem Text wie auch zu Parallelen in den Paulusbriefen OTFRIED HOFIUS, Paulusstudien (WUNT 51), Tübingen ²1994, S. 1-9, S. 15-22, S. 148-150.

[27] GEORG EICHHOLZ, Die Grenze der existentialen Interpretation. Fragen zu Gerhard Ebelings Glaubensbegriff, in: DERS., Tradition und Interpretation. Studien zum Neuen Testament und zur Hermeneutik (TB 29), München 1965, S. 210-226, hier: S. 220 (Voranstellung des Prädikats von mir).

[28] Siehe dazu insbesondere Röm 6,1-14; 7,4; 2. Kor 5,14-21; Gal 2,19 f. sowie zur Sache GEORG EICHHOLZ, Die Theologie des Paulus im Umriß, Neukirchen-Vluyn 1972, S. 188-214; OTFRIED HOFIUS, Sühne und Versöhnung. Zum paulinischen Verständnis des Kreuzestodes Jesu, in: DERS., Paulusstudien (siehe Anm. 26), S. 33-49, hier: S. 44-48. Daß die Beendigung der alten Existenz und die Versetzung in die neue Existenz ausschließlich *Gottes* Werk und Gabe sind, betont Paulus nachdrücklich in 2. Kor 5,18a: τὰ δὲ πάντα ἐκ τοῦ θεοῦ. Vgl. auch 1. Kor 1,30 (ἐξ αὐτοῦ δὲ ὑμεῖς ἐστε ἐν Χριστῷ Ἰησοῦ κτλ.).

sollte[29], und diese Sendung geschah, als »die Erfüllung der Zeit«, d.h. der von ihm selbst festgelegte Zeitpunkt gekommen war[30]. Die Menschwerdung des Sohnes Gottes kann demzufolge nicht einfach aus dem Zusammenhang historischer Verknüpfung begriffen werden. Sie ist Handeln Gottes ›pro nobis‹, aber sie geschieht gänzlich ›extra nos‹[31].

2) Im *Kreuzestod* Jesu ist in göttlichem Zuvorkommen und deshalb ohne jedes Dazutun des Menschen die Entscheidung über seine ›Rechtfertigung‹ und seine Versöhnung mit Gott gefallen. Christus – so heißt es eindringlich in Röm 5,6-11 – ist »für uns« gestorben, als wir noch »Gottlose« (ἀσεβεῖς V. 6), »Sünder« (ἁμαρτωλοί V. 8) und »Feinde Gottes« (ἐχθροί V. 10) und als solche hilflos der Macht der Sünde und des Todes ausgeliefert waren[32]. Der gleiche Gedanke begegnet in Gal 2,20b, wenn Paulus, der in keiner Beziehung zu dem vorösterlichen Jesus stand, mit dem Blick auf seine einstige Sünder-Existenz (2,17) bemerkt, daß »der Sohn Gottes mich geliebt und sich für mich in den Tod dahingegeben hat«[33].

3) Was die *Auferstehung* Jesu anlangt, so stellen insbesondere die Ausführungen von 1. Kor 15,1-11 ein klares Dokument des ›extra nos in Christo‹ dar. Paulus zitiert hier die ihm überkommene und von ihm voll aufgenommene Lehrtradition, »daß Christus gestorben ist um unserer Sünden willen nach der Schrift und daß er begraben worden ist und daß er auferstanden ist am dritten Tage nach der Schrift und daß er dem

---

[29] Das ist der Sinn der Worte γενόμενος ἐκ γυναικός »von einer Frau geboren« Gal 4,4. Siehe dazu wie auch zu Gal 4,4 f. insgesamt OTFRIED HOFIUS, »Die Wahrheit des Evangeliums«. Exegetische und theologische Erwägungen zum Wahrheitsanspruch der paulinischen Verkündigung, in: DERS., Paulusstudien II (WUNT 143), Tübingen 2002, S. 17-37, hier: S. 25 mit Anm. 36.

[30] Die Zeitangabe ὅτε δὲ ἦλθεν τὸ πλήρωμα τοῦ χρόνου Gal 4,4 ist von den Versen Gal 4,1-3 her und damit als Aufnahme der Worte ἄχρι τῆς προθεσμίας τοῦ πατρός von V. 2 zu verstehen.

[31] In der Sache kommt das auch in der Menschwerdungsaussage von Röm 8,3 f. zum Ausdruck.

[32] Das ist meines Erachtens der Sinn der Worte ὄντων ἡμῶν ἀσθενῶν von Röm 5,6.

[33] Zum Kreuzestod Jesu als Geschehen ›extra nos pro nobis‹ siehe ferner Röm 5,15-19, 1. Kor 1,30 (eine Aussage über den Χριστὸς ἐσταυρωμένος 1,23!); Gal 3,13 f.; 4,5.

Kephas erschienen ist, danach den Zwölfen«[34]. Für das angemessene Verständnis der in dem Zitat vorliegenden Abfolge ἀπέθανεν – ἐτάφη – ἐγήγερται – ὤφθη ist die sprachliche Beobachtung wichtig, daß ὤφθη hier die Übersetzung »er wurde gesehen« nicht zuläßt, eine Deutung auf subjektive Visionen infolgedessen *a priori* auszuschließen ist[35]. Die Verse 1. Kor 15,1-11 insgesamt wie auch die Bezugnahme auf sie in 1. Kor 15,12-19 erlauben ferner die Feststellung, daß Jesus nach der Überzeugung des Apostels von den Toten auferstanden ist, *bevor* er denen, die er zu Aposteln berief, erschien und sie durch das Wort seiner Selbstoffenbarung zu Glaubenden und zu Zeugen seiner Auferstehung machte. Der Osterglaube und das Osterkerygma setzen die Auferstehung Jesu voraus und gründen in ihr. In beidem vollzieht sich aber nicht allererst seine Auferstehung.

4) Die ›extra nos in Christo‹ geschehene Heilstat Gottes ist nach dem Urteil des Paulus ein Nicht-Auszudenkendes, das alle menschlichen Vorstellungen und Erwartungen unendlich übersteigt. Er spricht deshalb im Blick auf den gekreuzigten Christus und das in ihm beschlossene Heil von dem, »was kein Auge gesehen und kein Ohr gehört hat und in keines Menschen Herz aufgekommen ist, was Gott denen bereitet hat, die ihn lieben« (1. Kor 2,9). Daß es sich hier um das schlechterdings Unausdenkbare handelt – das spiegelt sich nicht zuletzt in der Reaktion auf

---

[34] 1. Kor 15,3b-5. Zur Begründung der Übersetzung des Passivs ἐγήγερται V. 4b siehe OTFRIED HOFIUS, »Am dritten Tage auferstanden von den Toten«. Erwägungen zum Passiv ἐγείρεσθαι in christologischen Aussagen des Neuen Testaments, in: DERS., Paulusstudien II (siehe Anm. 29), S. 202-214.

[35] Im Unterschied zu ὀφθῆναι ὑπό τινος = »von jemandem gesehen werden« heißt ὀφθῆναί τινι »jemandem erscheinen«; siehe BLASS / DEBRUNNER / REHKOPF, Grammatik § 191,2 mit Anm. 3 und § 313 mit Anm. 2. Zahlreiche Belege für ὤφθη τινί bietet die Septuaginta (Gen 12,7; 17,1; 18,1; 26,2.24; 35,9; Ex 3,2 u.ö.); im Neuen Testament siehe Mt 17,3; Mk 9,4; Lk 1,11; 22,43; Apg 7,2.26.30; 16,9; 1. Tim 3,16b (mit anderen Formen von ὀφθῆναι: Apg 2,3; 7,35; 9,17; 26,16). Beachtenswert ist, was Philo, Abr 80 zu ὤφθη δὲ ὁ θεὸς τῷ Ἀβραάμ Gen 12,7 (so das Zitat ebd. 77) bemerkt. Das Fazit aus dem lexikalischen Befund lautet: In dem Passiv ὤφθη 1. Kor 15,5 (und ebenso dann V. 6-8) ist Christus nicht bloß das grammatische, sondern auch das *sachliche* Subjekt. Gleiches gilt für ὤφθη in Lk 24,34 und in Apg 13,31 sowie für das Partizip ὀπτανόμενος in Apg 1,3.

die apostolische Kreuzesverkündigung wider, nämlich darin, daß der gekreuzigte Christus den Juden ein »Ärgernis« und den Heiden eine »Torheit« ist (1. Kor 1,18-25)[36].

3. Die Erschließung der Heilstat im Evangelium Christi als dem Heilswort Gottes

Mit der ›extra nos in Christo‹ geschehenen Heilstat Gottes ist für Paulus ganz unmittelbar das Heils*wort* Gottes verbunden, in dem kundgemacht wird, wer Jesus ist und was sich in seinem Tod und seiner Auferstehung ereignet hat. Dieses Heilswort ist das Evangelium, das als Gottes *eigenes* Wort nicht mit der Verkündigung identisch, dieser vielmehr vorgegeben ist[37]. Vernommen wurde das Evangelium, wie aus 1. Kor 15,1-11 gefolgert werden kann, zuerst in jenem für die Kirche und ihre Verkündigung grundlegenden Ereignis, daß Christus nach seiner Auferstehung einem begrenzten Kreis apostolischer Zeugen erschienen ist und diesen sich selbst, seine Person und sein Werk, erschlossen hat[38]. Das Evangelium hat dementsprechend nur einen einzigen Inhalt: Jesus Christus und das in ihm beschlossene Heil. Als dieser Inhalt ist er, der auferstandene und lebendige Herr, selbst gegenwärtig, wo das Evangelium verkündigt und vernommen wird[39]. Das Evangelium ist so beides: das »Evangelium Gottes«[40] und das »Evangelium Christi«[41].

---

36   Zu den Versen 1. Kor 1,18-25 siehe im einzelnen HANS-CHRISTIAN KAMMLER, Kreuz und Weisheit. Eine exegetische Untersuchung zu 1Kor 1,10-3,4 (WUNT 159), Tübingen 2003, S. 50-123. Dort wird S. 55-59 überzeugend nachgewiesen, daß ὁ λόγος ὁ τοῦ σταυροῦ 1,18 nicht das Evangelium, sondern die Verkündigung des Evangeliums meint.

37   Siehe OTFRIED HOFIUS, Wort Gottes und Glaube bei Paulus, in: DERS., Paulusstudien (siehe Anm. 26), S. 148-174, hier: S. 150-154.

38   Siehe das paulinische Selbstzeugnis Gal 1,11 f. und 15 f.

39   Siehe insbesondere Röm 10,6-17. Paulus deutet dort das in Dtn 30,14 erwähnte »Wort« (τὸ ῥῆμα) auf das von ihm verkündigte »Glauben wirkende Wort« (τὸ ῥῆμα τῆς πίστεως ὃ κηρύσσομεν), d.h. auf das Evangelium (V. 8). Dabei impliziert der Satz »das Wort ist dir nahe ...« (ἐγγύς σου τὸ ῥῆμά ἐστιν ...) vom Kontext her die Aussage: und eben damit Christus selbst als der vom Himmel

Weil das Evangelium nicht Menschenwort ist, sondern *Gottes* Wort, ist es *schöpferisches* Wort. Als solches wirkt es den Glauben an Christus, der das in ihm beschlossene Heil ergreift[42]. Der Glaube – so sagt Paulus – »kommt aus der Verkündigung, die Verkündigung aber gründet in dem Wort Christi« (Röm 10,17). In diesem Zusammenhang kann der Apostel auch davon sprechen, daß die Verkündigung des Evangeliums in der Kraft des Heiligen Geistes geschieht[43]. Gott hat denen, die zu Glaubenden wurden, den Geist »gegeben«[44] bzw. ins Herz »gesandt«[45], und sie haben ihn als seine Gabe »empfangen«[46]. Durch den Geist hat er ihnen »geoffenbart«, was er ihnen in dem gekreuzigten Christus bereitet hat, und so »wissen«

Gekommene und von den Toten Auferstandene (V. 6 f.). Zu Röm 10,6-17 siehe im einzelnen Otfried Hofius, »Fides ex auditu« (siehe Anm. 21), S. 75-83.

40 Τὸ εὐαγγέλιον τοῦ θεοῦ u.ä.: Röm 1,1; 15,16; 2. Kor 11,7; 1. Thess 2,2.8 f. (dafür auch ὁ λόγος τοῦ θεοῦ: 1. Kor 14,36; 2. Kor 2,17; 4,2; Phil 1,14 v.l.; 1. Thess 2,13 [Kol 1,25; 2. Tim 2,9; Tit 1,3; 2,5]). Der Genitiv bezeichnet als *Genitivus subiectivus* bzw. als *Genitivus auctoris* jeweils den Urheber des Evangeliums.

41 Τὸ εὐαγγέλιον τοῦ Χριστοῦ: Röm 15,19; 1. Kor 9,12; 2. Kor 2,12; 9,13; 10,14; Gal 1,7; Phil 1,27a; 1. Thess 3,2; vgl. τὸ εὐαγγέλιον τοῦ υἱοῦ αὐτοῦ [sc. τοῦ θεοῦ] Röm 1,9; τὸ εὐαγγέλιον τῆς δόξης τοῦ Χριστοῦ, ὅς ἐστιν εἰκὼν τοῦ θεοῦ 2. Kor 4,4. [Deuteropaulinisch siehe τὸ εὐαγγέλιον τοῦ κυρίου ἡμῶν Ἰησοῦ 2. Thess 1,8; ὁ λόγος τοῦ Χριστοῦ Kol 3,16.] Die Genitive sind jeweils *Genitivi obiectivi* und geben den Inhalt des Evangeliums an. Von dem *Werk* Christi als dem Inhalt des Evangeliums ist in 1. Kor 15,1-11 die Rede: Die von Paulus zitierte apostolische Lehrtradition 1. Kor 15,3b-5 gibt an, »mit welcher Aussage« (τίνι λόγῳ) der Apostel den Korinthern das Evangelium verkündigt hat (V. 1 f.). Siehe ferner 2. Kor 5,19: das Evangelium ist »das Wort von der Versöhnung« [vgl. Eph 1,13: »das Evangelium von eurer Rettung«; Eph 6,15: »das Evangelium von dem (durch Christus gestifteten) Frieden«].

42 Röm 1,16 f.; 10,6-17; vgl. auch von der Predigt des Evangeliums 1. Kor 1,18.

43 Siehe dazu außer dem sogleich zu nennenden Textzusammenhang 1. Kor 2,6-16: Röm 15,15-21 (V. 19!); 1. Kor 2,4 f.; 2. Kor 3,2 f.6.8; 11,4; Gal 3,2.5; 1. Thess 1,5 f. (vgl. 2,13). Die in der Exegese verbreitete These, daß nach Paulus der Heilige Geist erst durch die Taufe verliehen werde, beruht meines Erachtens auf keinem tragfähigen Fundament; siehe Otfried Hofius, Wort Gottes und Glaube bei Paulus (siehe Anm. 37), S. 169 f.

44 Röm 5,5 (das Partizip δοθέν ist Passivum divinum); 2. Kor 5,5. Vgl. auch Gal 3,5; 1. Thess 4,8.

45 2. Kor 1,22 (διδόναι); Gal 4,6 (ἐξαποστέλλειν).

46 Röm 8,15; 1. Kor 2,12; 2. Kor 11,4; Gal 3,2.14 (an allen Stellen λαμβάνειν).

sie, was ihnen in Christus »von Gott geschenkt ist«[47]. Das Wunder, das sich unter der Verkündigung des Evangeliums in der Kraft des Heiligen Geistes ereignet, beschreibt Paulus in 2. Kor 4,6 mit den gewichtigen Worten: »Gott, der da sprach: ›Aus der Finsternis leuchte das Licht hervor!‹, der hat es in unseren Herzen Licht werden lassen, so daß leuchtend aufging die Erkenntnis der Herrlichkeit Gottes auf dem Angesicht Jesu Christi.«[48] In dem unter der Macht der Sünde verfinsterten Menschenherzen, in dem es nicht die geringste Voraussetzung dafür gibt, schafft Gott selbst durch das Schöpferwort des Evangeliums die Erkenntnis seiner in Christus ›extra nos‹ und ›pro nobis‹ geschehenen Heilstat.

Das Evangelium, das den rettenden Glauben wirkt und die Glaubenden dann auch im Glauben erhält, ist für Paulus in strengem Sinn *verbum externum* – Wort, das von außen kommt und das niemand sich selbst sagen kann. Die Offenbarung und Zueignung des Heils und daher auch die Erkenntnis und Aneignung des Heils gehören zu dem Heilsgeschehen unmittelbar hinzu. Das aber bedeutet: Sie stehen ganz im Zeichen des ›extra nos in Christo‹.

4. Der Glaube als πίστις Ἰησοῦ Χριστοῦ

In dem durch das Evangelium gewirkten Glauben empfängt und hat der Mensch nach Paulus die δικαιοσύνη, die heilvolle Gottesbeziehung[49]. Der Glaube ist mithin der Modus des Heilsempfangs und der Heilsteilhabe. Daß für ihn im Denken des Paulus das ›extra nos in Christo‹ fundamental ist und bleibt, sei thesenartig anhand von vier Beobachtungen aufgezeigt.

---

[47] 1. Kor 2,6-16 und hier besonders die Verse 10 und 12. Siehe dazu im einzelnen HANS-CHRISTIAN KAMMLER, Kreuz und Weisheit (siehe Anm. 36), S. 192-236.

[48] Zur Begründung der Übersetzung und zur Auslegung im einzelnen siehe OTFRIED HOFIUS, Wort Gottes und Glaube bei Paulus (siehe Anm. 37), S. 160-163. Daß in 2. Kor 4,6 der Heilige Geist mit im Blick ist, ergibt sich von 3,2 f.6.8 her.

[49] Röm 1,16 f.; 3,21-4,25; 5,1 f.; 9,30-33; 10,4-15; Gal 2,16; 3,6-14.21-29; Phil 3,7-11.

1) Der Glaube ist seinem Wesen nach und also gewissermaßen *per defini-tionem* πίστις Ἰησοῦ Χριστοῦ – Glaube *an* Jesus Christus[50]. Um eine Abbreviatur dieses Ausdrucks bzw. der entsprechenden Verbalphrase πιστεύειν εἰς Χριστὸν Ἰησοῦν[51] handelt es sich in den Paulusbriefen ganz überwiegend da, wo die Worte πίστις und πιστεύειν ohne eine Angabe ihrer Bezugsgröße verwendet werden.

2) Wie die Ausdrücke πίστις Ἰησοῦ Χριστοῦ und πιστεύειν εἰς Χριστὸν Ἰησοῦν zeigen, hat der Glaube einen eindeutigen und auch eindeutig bestimmbaren Inhalt. Es ist dies der gleiche Inhalt wie der des Evange-liums. Der »Glaube *an* Christus«, die πίστις Χριστοῦ, ist die Erkenntnis und Anerkenntnis des »Evangeliums *von* Christus«, des εὐαγγέλιον τοῦ Χριστοῦ[52]. Weil der Glaube das für wahr hält, was in der Verkündigung als »die Wahrheit des Evangeliums«[53] bezeugt wird, deshalb gibt es das πιστεύειν εἰς nicht ohne das πιστεύειν ὅτι[54], die *fides qua creditur* nicht ohne die *fides quae creditur*.

3) Der Glaube an Christus ist in gar keiner Weise eine Möglichkeit des Menschen. Er verdankt sich vielmehr, wie wir bereits sahen, dem ver-kündigten Evangelium als dem »Wort Gottes« bzw. dem »Wort Christi«, in dem der auferstandene Kyrios sich selbst Glauben wirkend erschließt. Der durch das *verbum externum* geschaffene Glaube ist somit als *fides ex*

---

[50]   So Röm 3,22; Gal 2,16a; 3,22. Im gleichen Sinn: πίστις Ἰησοῦ Röm 3,26; πίστις Χριστοῦ Gal 2,16b; Phil 3,9; πίστις τοῦ υἱοῦ τοῦ θεοῦ Gal 2,20. Daß der Genitiv an allen diesen Stellen ein *Genitivus obiectivus* ist, ergibt sich bereits aus Gal 2,16, wo dem Syntagma πίστις Ἰησοῦ Χριστοῦ / πίστις Χριστοῦ die Verbalphrase πιστεύειν εἰς Χριστὸν Ἰησοῦν entspricht.

[51]   Gal 2,16; siehe ferner Röm 10,14; Phil 1,29.

[52]   Zur Korrespondenz von Verkündigung und Glaube siehe ferner auch 1. Kor 15,11: »Solches verkündigen wir, und solches habt ihr im Glauben angenommen.« Vgl. weiter 1. Kor 15,14: Wenn die Verkündigung ›inhaltslos‹ wäre, dann wäre auch der Glaube ›ohne Inhalt‹.

[53]   Gal 2,5.14; dafür bloßes ἀλήθεια: 2. Kor 4,2; Gal 5,7.

[54]   Röm 10,9; 1. Thess 4,14. Siehe ferner 1. Kor 15,11: Mit dem Adverb οὕτως in οὕτως ἐπιστεύσατε nimmt Paulus Bezug auf die vier ὅτι-Sätze der in 15,3b-5 zitierten Lehrtradition.

auditu und als *creatura verbi* verstanden. Er ist nicht »eine in sich selbst begründete Wirklichkeit«, »nicht Anfang, sondern Echo«[55].

4) Der glaubende Mensch ist bezogen auf Christus als sein personales Gegenüber, auf ihn als den Kyrios, der ihn durch sein Wort zu einem Glaubenden gemacht hat und ihn auch weiterhin im Glauben erhält, den er im Glauben als den »Herrn« bekennt und anruft, in dessen Dienst er als Glaubender steht und dessen Wiederkunft er in jener Hoffnung erwartet, die zum Glauben wesentlich hinzugehört. Diese Christusbezogenheit ist für den paulinischen Begriff des Glaubens schlechterdings konstitutiv. Die πίστις ist demgemäß nicht lediglich ein allgemeines Gottvertrauen; sie besteht im Entscheidenden nicht in einem bestimmten Existenzverständnis, und sie erschöpft sich nicht in einem Gefühl der Abhängigkeit von einer höheren Macht und der Geborgenheit bei ihr.

5. Das neue Leben unter der Herrschaft Christi und seines Geistes

Im Rahmen dessen, was hinsichtlich der Erschließung der Heilstat Gottes im Evangelium zu bedenken war, wurde bereits das Wirken des Heiligen Geistes angesprochen. Das ist jetzt weiterzuführen, indem wir uns dem ›in nobis‹ zuwenden, das einer ausführlicheren Betrachtung bedarf.

Für Paulus ist der Heilige Geist als der Geist Gottes (τὸ πνεῦμα τοῦ θεοῦ) zugleich »der Geist seines Sohnes«[56], der Geist Jesu Christi[57]. Von denen, die diesen Geist empfangen, sagt der Apostel, daß sie den Geist »haben«[58] und daß der Geist in ihnen »wohnt«[59]; und weil der auferstan-

---

[55] GEORG EICHHOLZ, Die Theologie des Paulus im Umriß (siehe Anm. 28), S. 236.

[56] Gal 4,6: τὸ πνεῦμα τοῦ υἱοῦ αὐτοῦ [sc. τοῦ θεοῦ].

[57] Röm 8,9 (unmittelbare Aufnahme der Worte πνεῦμα θεοῦ durch πνεῦμα Χριστοῦ!); Phil 1,19 (τὸ πνεῦμα Ἰησοῦ Χριστοῦ); 2. Kor 3,17 (τὸ πνεῦμα κυρίου). Hierher gehört auch der ungewöhnliche Ausdruck νοῦς Χριστοῦ in 1. Kor 2,16b; siehe dazu KAMMLER, Kreuz und Weisheit (siehe Anm. 36), S. 232-235.

[58] Röm 8,9b.23; 1. Kor 6,19; 7,40 (ἔχειν); vgl. νοῦν Χριστοῦ ἔχειν 1. Kor 2,16b.

dene und erhöhte Christus »der im πνεῦμα gegenwärtige Herr« ist[60], tritt der Aussage, daß der Geist Gottes bzw. Christi in den Glaubenden »wohnt«, die andere an die Seite, daß Christus selbst in ihnen »wohnt«[61]. Wie die Rede vom ›Einwohnen‹ Christi bzw. des Geistes des näheren verstanden sein will, das ergibt sich aus der folgenden Beobachtung: Daß Christus »in« den Glaubenden »wohnt«, bedeutet für Paulus zugleich, daß sie »Christus gehören«[62], er also ihr Herr ist[63], und daß sie »in Christus sind«[64], d.h. sich in seinem Heils- und Herrschaftsbereich befinden[65]. Daß der Geist »in« ihnen »wohnt«, wird analog durch das Urteil aufgenommen, daß sie »vom Geist regiert werden«[66] und »im Geist sind«[67], d.h. in

---

[59] οἰκεῖν ἐν: Röm 8,9a.11a; 1. Kor 3,16; ἐνοικεῖν ἐν: Röm 8,11b [2. Tim 1,14]. In 1. Kor 6,19 dürfte Ellipse von οἰκοῦντος (weniger wahrscheinlich: von ὄντος) vorliegen; vgl. die Ellipse in Röm 8,10a (siehe Anm. 61).

[60] EDUARD LOHSE, Der Brief an die Römer (KEK 4 [15. Auflage]), Göttingen ¹2003, S. 235.

[61] So in Röm 8,9 f., wo die Worte εἴπερ πνεῦμα θεοῦ οἰκεῖ ἐν ὑμῖν (V. 9a) durch εἰ δέ τις πνεῦμα Χριστοῦ οὐκ ἔχει (V. 9b) und durch εἰ δὲ Χριστὸς ἐν ὑμῖν (V. 10a) aufgenommen werden. In dem reinen Nominalsatz V. 10a ist οἰκεῖ zu ergänzen (vgl. die Ellipse in 1. Kor 6,19 [siehe Anm. 59]). Zu Χριστὸς [οἰκεῖ] ἐν ὑμῖν ist die ganz persönliche Aussage des Apostels in Gal 2,20a zu vergleichen: ζῇ ... ἐν ἐμοὶ Χριστός (siehe dazu unten Anm. 92). [Deuteropaulinisch siehe Eph 3,17: κατοικῆσαι τὸν Χριστὸν διὰ τῆς πίστεως ἐν ταῖς καρδίαις ὑμῶν.]

[62] So Röm 8,9b: Χριστοῦ εἶναι. Siehe zu dieser Wendung auch 1. Kor 1,12; 3,23; 2. Kor 10,7; Gal 3,29; außerdem Röm 14,8b (τοῦ κυρίου εἶναι). Vgl. ferner den Ausdruck οἱ τοῦ Χριστοῦ 1. Kor 15,23; Gal 5,24 sowie in der Sache auch Röm 7,4; 1. Kor 6,19 f. und den Gedanken der Gemeinschaft mit Christus 1. Kor 1,9.

[63] Siehe dazu Röm 14,8 f.: Die Worte ἐάν τε οὖν ζῶμεν, ἐάν τε ἀποθνῄσκωμεν, τοῦ κυρίου ἐσμέν V. 8b finden in V. 9 die folgende Begründung: εἰς τοῦτο γὰρ Χριστὸς ἀπέθανεν καὶ ἔζησεν, ἵνα καὶ νεκρῶν καὶ ζώντων κυριεύσῃ.

[64] Die Aussage von Röm 8,10a, daß Christus »in« den Glaubenden »wohnt«, gilt von denen, die in Röm 8,1 als οἱ ἐν Χριστῷ Ἰησοῦ [ὄντες] bezeichnet worden sind. Zu ἐν Χριστῷ (Ἰησοῦ) εἶναι siehe auch 1. Kor 1,30; 2. Kor 5,17; Phil 3,9.

[65] Vgl. CHRISTIAN WOLFF, Der zweite Brief des Paulus an die Korinther (ThHK 8), Leipzig ²2011, S. 127 zu 2. Kor 5,17: Die Wendung εἶναι ἐν Χριστῷ bezeichnet bei Paulus »das ... Sein im Heils- und Herrschaftsbereich Christi«.

[66] Röm 8,14: πνεύματι θεοῦ ἄγεσθαι; ebenso Gal 5,18: πνεύματι ἄγεσθαι. An beiden Stellen ist ἄγεσθαι echtes Passiv, die Übersetzung »sich führen / leiten lassen« deshalb abzulehnen. Die in der Exegese gelegentlich geäußerte Vermutung, daß πνεύματι ἄγεσθαι in Röm 8,14 und Gal 5,18 ein enthusiastisch-

seinem Herrschaftsbereich leben[68]. Wie aus dieser Beobachtung folgt, hat die Rede vom ›Einwohnen‹ Christi bzw. des Geistes nicht mystischen Sinn, sondern sie hebt dezidiert darauf ab, daß die Glaubenden unter der *Herrschaft* Christi und seines Geistes stehen. Das findet dadurch seine Bestätigung, daß die Wendung οἰκεῖν ἐν bei Paulus noch in einem anderen Zusammenhang erscheint, und zwar in einem solchen, der dem zuvor skizzierten positiven Zusammenhang in scharfer Antithese gegenübersteht. Von der als Macht verstandenen Sünde wird gesagt, daß sie »in« dem unerlösten Menschen »wohnt«[69] und über ihn als ihren Sklaven herrscht[70], und der so fremdbestimmte Mensch wird als ein solcher bezeichnet, der »im Fleisch«, d.h. im Herrschaftsbereich der Sünde und des Todes, ist[71]. Wie durch die negativen Aussagen bestätigt wird, verwendet Paulus die Verben οἰκεῖν ἐν und ἐνοικεῖν ἐν in *metaphorischem* Sinn. Mit ihnen bringt er zum Ausdruck, wer in der Existenz eines Menschen der Herr im Haus ist und als dieser das Personzentrum regiert. Bei dem unerlösten Menschen ist es die Sünde, bei dem Glaubenden der Heilige Geist und der im Geist gegenwärtige Christus.

Daß das neue Leben der Glaubenden Leben unter der Herrschaft Christi und seines Geistes ist, heißt den relevanten paulinischen Ausführungen

---

ekstatisches Phänomen bezeichne, hat in 1. Kor 12,2 kein hinreichendes Fundament. Martin Luther hat den Sinn der Wendung durchaus zutreffend erfaßt, wenn er in Gal 5,18 übersetzt: »Regiert euch aber der Geist, …«.

[67] Röm 8,9a: εἶναι ἐν πνεύματι.

[68] Nach Röm 8,9a ist εἶναι ἐν πνεύματι Gegenbegriff zu εἶναι ἐν σαρκί. Wie die Antithese von Röm 7,5 f. zeigt, bedeutet letzteres, unter der Herrschaft der Sündenmacht zu stehen, ersteres demnach das δουλεύειν ἐν καινότητι πνεύματος. Zur Gegenüberstellung von εἶναι ἐν σαρκί und εἶναι ἐν πνεύματι in Röm 8,9 vgl. auch die Antithesen in Röm 8,2 (ὁ νόμος τῆς ἁμαρτίας καὶ τοῦ θανάτου – ὁ νόμος τοῦ πνεύματος τῆς ζωῆς ἐν Χριστῷ Ἰησοῦ), Röm 8,4 (κατὰ σάρκα περιπατεῖν – κατὰ πνεῦμα περιπατεῖν) und Röm 8,5 (τὰ τῆς σαρκὸς φρονεῖν – τὰ τοῦ πνεύματος φρονεῖν).

[69] οἰκεῖν ἐν: Röm 7,17.20; vgl. auch 7,18; ἐνοικεῖν ἐν: Röm 7,17 v.l.

[70] Siehe die entsprechenden Aussagen im Kontext von Röm 6.

[71] εἶναι ἐν σαρκί Röm 8,9a, auch 7,5; 8,8. Wo der Begriff σάρξ bei Paulus negativ qualifiziert ist, da bezeichnet er die von der Sünde gezeichnete Existenz des Menschen.

zufolge: Alles, was sie im Glauben an Christus sind und haben, vermögen und tun, verdankt sich dem in ihnen wohnenden Geist und eben damit Christus selbst. Das ›in nobis‹ ist demnach bei Paulus entschieden in Relation zu dem ›extra nos in Christo‹ und unter seinem Vorzeichen gesehen. Anhand von vier exegetischen Befunden sei das verdeutlicht.

1) Das Leben unter der Leitung des Heiligen Geistes ist Leben »für Gott« und »für Christus«[72]. Maßstab für dieses Leben und dann auch für das konkrete Handeln und Verhalten ist das Evangelium, und das heißt: die Orientierung an der Heilstat Gottes in Christus[73]. Was aufgrund solcher Orientierung in der Verantwortung vor dem gekreuzigten Christus und im Gehorsam gegenüber ihm als dem Kyrios getan wird, ist nicht Werk des glaubenden Menschen selbst, sondern Wirkung des Geistes[74]. Weil der Geist da die Herrschaft übernommen hat, wo zuvor die Sünde hauste, nämlich im Innersten des Menschen, deshalb kann Paulus formulieren, daß »die Rechtsforderung des Gesetzes in uns erfüllt wird, die wir nicht nach dem Fleisch wandeln, sondern nach dem Geist« (Röm 8,4)[75]. Die Erfüllung des in der Tora vom Sinai gültig bezeugten Gotteswillens ist somit Heilsgabe Gottes, der durch das Wirken des Geistes diesem seinem Willen im Menschenherzen Gehorsam schafft[76].

2) Der Geist legt dem an Christus glaubenden Menschen Worte in den Mund, zu denen dieser selbst – gerade auch als Glaubender! – von sich

---

[72] Leben für Gott: Röm 6,11; Gal 2,19; vgl. auch Röm 7,4. – Leben für Christus: 2. Kor 5,15b.

[73] Siehe dazu OTFRIED HOFIUS, Das Gesetz des Mose und das Gesetz Christi, in: DERS., Paulusstudien (siehe Anm. 26), S. 50-74, hier: S. 70-72.

[74] Vgl. die Antithese »Werke des Fleisches« – »Frucht des Geistes« in Gal 5,19-23.

[75] Die Worte ἐν ἡμῖν τοῖς μὴ κατὰ σάρκα περιπατοῦσιν ἀλλὰ κατὰ πνεῦμα sind trotz der Negation μή nicht konditional (»in uns, wenn wir …«) oder einschränkend (»in uns, sofern wir …«) zu verstehen; denn im neutestamentlichen Griechisch ist die Verneinung des Partizips durch μή die Regel.

[76] Zum alttestamentlichen Hintergrund dieses Gedankens siehe Ps 51(50),13b (im Kontext der Verse 12 f.); Hes 36,27. Zu Ps 51,13b bemerkt HANS-JOACHIM KRAUS, Psalmen I: Psalmen 1-59 (BK XV/1), Neukirchen-Vluyn ⁶1989, S. 546: Der Heilige Geist ist »die wirksame, alles Fühlen, Denken und Wollen durchwehende Macht, die von Jahwe ausgeht« und den Menschen »im Innersten dazu antreibt, Jahwes Willen gehorsam zu erfüllen«.

aus nicht fähig ist: das rettende Bekenntnis »Herr ist Jesus« (κύριος Ἰησοῦς 1. Kor 12,3)[77] und die Anrufung Gottes als »Vater« (ἀββὰ ὁ πατήρ Röm 8,15; Gal 4,6)[78]. Das Kyrios-Bekenntnis und der Abba-Ruf sind deshalb inspirierte Äußerungen, weil der Geist den Glaubenden immer wieder neu durch das verkündigte Evangelium die Erkenntnis dessen schenkt, was nie je zu ihrem *eigenen* geistigen ›Besitz‹ wird: *daß* der Sohn Gottes als der für sie Gestorbene und Auferstandene der Kyrios ist, dem sie gehören, und *daß* Gott um dieser ihrer Zugehörigkeit willen ihr Vater ist[79]. Wenn Paulus bemerkt, daß der Geist, indem er »Abba« rufen läßt, »unserem Geist bezeugt, daß wir Gottes Kinder sind« (Röm 8,16)[80], dann zeigt sich hier in aller Deutlichkeit: Der Heilige Geist ist *nicht* des Menschen eigener Geist, und der Glaubende kann sich nicht selber dessen versichern, daß er Gottes Kind ist.

3) Nach Röm 8,11 wird Gott die sterblichen Leiber der Glaubenden durch den Geist »lebendig machen«, der in ihnen, den Glaubenden, wohnt. Der Geist ist demnach der Garant ihrer Auferstehung. Dem ist an die Seite zu stellen, daß der Geist in Röm 8,23 als ἀπαρχή, als »Erstlings-gabe«, und in 2. Kor 1,22; 5,5 als ἀρραβών, als »Anzahlung« bzw. als

---

[77] Zu κύριος Ἰησοῦς als rettendem Bekenntnis siehe Röm 10,9-13.

[78] Im Unterschied zu Röm 8,15 ist in Gal 4,6 der Geist selbst das Subjekt des Abba-Rufens. Der Geist ist demnach »so ganz die Triebkraft« diese Rufens, »dass der rufende Mensch nur als sein Organ erscheint«; FRIEDRICH SIEFFERT, Der Brief an die Galater (KEK 7), Göttingen ⁹1999, S. 247. Das Verbum κράζειν, das Paulus für den vom Geist gewirkten Gebetsruf verwendet, begegnet häufig in den Septuaginta-Psalmen und bezeichnet dort das laute und inbrünstige Flehen zu Gott um Hilfe und Rettung aus Bedrängnis, Not und Gefahr; siehe exemplarisch Ps 3,5 (LXX); 17,7 (LXX); 21,3.6.25 (LXX); 30,23 (LXX); 33,7.18 (LXX); 87,2.10 (LXX); 106,6 (LXX); 129,1 (LXX).

[79] Daß es sich bei dem Abba-Ruf um ein spontanes ekstatisches Phänomen handelt, läßt sich nicht überzeugend begründen. Zu einer Deutung auf Glossolalie bemerkt ERNST GAUGLER, Der Römerbrief I: Kapitel 1-8, Zürich 1958, S. 290 mit Recht, daß ἀββά »der Gebetsruf *aller*« ist, wohingegen die Zungenrede nur bestimmten Christen als »eine besondere Gabe« zuteil wird.

[80] Falsch wäre die Übersetzung: »der Geist bezeugt zusammen mit unserem Geist«; denn συμμαρτυρεῖν hat hier wie in Röm 2,15; 9,1 die Bedeutung »Zeugnis able-gen«, »bezeugen«, »bestätigen«.

»Unterpfand«, bezeichnet wird[81]. Beides besagt: Er verbürgt den Glaubenden die eschatologische Vollendung und damit das, was sie einzig aus dem Evangelium wissen können und wissen: daß sie aufgrund der Heilstat Gottes in Christus als ἀδελφοί des Sohnes Gottes (Röm 8,29) Kinder Gottes und als solche auch Erben der ihnen von ihm zugedachten und verheißenen zukünftigen Herrlichkeit und des ewigen Lebens sind[82]. Die Hoffnung auf die eschatologische Vollendung beruht so auf dem Christusgeschehen. Daß diese Hoffnung, die keinerlei Anhalt an der sichtbaren und erfahrbaren Wirklichkeit hat[83], »nicht zuschanden werden läßt«, begründet Paulus deshalb in Röm 5,5 mit den Worten: »Die Liebe Gottes«, seine im Tod Christi uns erwiesene Liebe, »ist für immer ausgegossen in unsere Herzen durch den Heiligen Geist, der uns gegeben worden ist.«[84]

4) Auf ein Werk des Heiligen Geistes, das in den Glaubenden geschieht und doch *stricto sensu* ein Werk ›extra nos‹ ist, weist Paulus in Röm 8,26 f. hin, wenn es dort heißt[85]: »Der Geist nimmt sich unseres Unvermögens an[86]. Denn was wir beten sollen, wie es nötig ist, das wissen

---

[81] In ἡ ἀπαρχὴ τοῦ πνεύματος Röm 8,23 und in ὁ ἀρραβὼν τοῦ πνεύματος 2. Kor 1,22; 5,5 ist τοῦ πνεύματος *Genitivus epexegeticus*. Der Sinn ist also: »die Erstlingsgabe, die im Geist besteht« bzw. »die Anzahlung, die im Geist besteht«.

[82] Röm 8,16 f. Zur ›Verherrlichung‹ siehe auch die Aussagen über die δόξα in Röm 8,18.21.

[83] Siehe dazu Röm 8,18-25. Zur Hoffnung siehe ferner Röm 5,1-5 und 2. Kor 4,16-5,10, außerdem Gal 5,5: »Wir erwarten im Geist (d.h. als die vom Geist Regierten) aus Glauben das mit der δικαιοσύνη verbürgte Hoffnungsgut.«

[84] Die Worte ἡ ἀγάπη τοῦ θεοῦ von Röm 5,5 erfahren in Röm 5,8 ihre nähere Bestimmung. Der Aspekt des ›für immer‹ liegt in dem Perfekt ἐκκέχυται.

[85] Das die Verse Röm 8,26 f. einleitende ὡσαύτως δὲ καί (»ebenso aber auch«) bezieht sich auf V. 23-25, und zwar auf die *positive* Aussage, daß die Glaubenden, die den Geist als Unterpfand der zukünftigen δόξα besitzen, eben damit das haben, was sie nicht aus sich selbst gewinnen können: eine heilsgewisse Hoffnung.

[86] Liest man die Worte τῇ ἀσθενείᾳ ἡμῶν als eine Metonymie, so ist der Sinn: »Der Geist nimmt sich unser in unserem Unvermögen an.« Das Nomen ἀσθένεια bezeichnet hier nicht nur eine relative »Schwachheit«, sondern das absolute »Unvermögen« (vgl. ἀσθενής Röm 5,6; Gal 4,9; ἀσθενεῖν Röm 8,3). Die Angaben zu ἀσθένεια bei WALTER BAUER, Griechisch-deutsches Wörterbuch zu den Schriften des Neuen Testaments und der frühchristlichen Literatur, hg. von KURT

wir nicht; der Geist selbst jedoch tritt fürbittend [für uns] ein mit unaussprechlichem Seufzen[87]. Der aber die Herzen ergründet, der weiß, was der Geist begehrt, tritt dieser doch so für die Heiligen ein, wie es dem Willen Gottes entspricht.« Paulus macht in diesen Worten auf ein absolutes ›Unvermögen‹ der Glaubenden aufmerksam: ein Unvermögen, das ihr Gebet betrifft. Der Satz »Was wir beten sollen, wie es nötig ist, das wissen wir nicht« wird in der Exegese häufig in unzulässiger Weise abgeschwächt und entschärft[88], seine apodiktische Formulierung erlaubt jedoch keine andere Auslegung als die, daß von einem totalen Nicht-Wissen die Rede ist, das für alle Glaubenden ohne Ausnahme und für sie alle beständig gilt. Was damit gemeint ist, ergibt sich aus dem Zusammenhang der Verse Röm 8,18–30: Paulus denkt an das Beten angesichts der »Leiden dieser Zeit« und der Verheißung der zukünftigen »Herrlichkeit« (8,18). Der Abstand zwischen der gegenwärtigen Not, von der die ganze Schöpfung betroffen ist, und der verheißenen Wende, die diese Not zum Ende bringt, ist so unermeßlich groß, daß die Glaubenden in ihrem Gebet weder die Not angemessen zu benennen noch auch das die Not Wendende angemessen zu erbitten vermögen. Da aber – so erklärt der Apostel – tritt der Geist mit seiner Fürbitte stellvertretend »für uns« ein. Was kein Menschenmund in Worte zu fassen vermag, das bringt er betend vor Gott. Daß Paulus dabei die Glossolalie oder ekstatische Rufe im Gottesdienst oder auch geistgewirkte Gebetsrufe wie »Abba! Vater!« (Röm 8,15; Gal 4,6) und »Maran atha!« – »Unser Herr, komm!« (1. Kor 16,22) vor Augen hat, halte ich für ausgeschlossen. Von einer besonderen Erscheinungsform des Gebets der Glauben-

---

ALAND / BARBARA ALAND, Berlin / New York ⁶1988, Sp. 230 f. sind unzureichend; denn das Wort hat neben »Schwäche« / »Schwachheit« u.a. auch die Bedeutung »Kraftlosigkeit« und »Unvermögen«; FRANZ PASSOW, Handwörterbuch der griechischen Sprache I/1, Leipzig ⁵1841 = Darmstadt 1983, S. 413a.

[87] Die στεναγμοὶ ἀλάλητοι sind hier nicht »wortlose«, sondern »unaussprechliche« Seufzer (so richtig die Vulgata: *gemitus inenarrabiles*).

[88] Abschwächende Interpretationen sind etwa: »wir wissen nicht im nötigen Maße, was wir beten sollen«; »wir wissen nicht, wie wir richtig beten sollen«; »wir wissen oft / zuweilen / immer wieder nicht, was wir beten sollen«; »wir wissen nicht, ob wir erhörlich beten«.

den spricht der Text gerade *nicht*! Im Gegenteil: »Nicht *unser* Gebet ist ein ›unaussprechliches Seufzen‹, sondern das für uns nicht wahrnehmbare Beten des Geistes, sein Eintreten vor Gott selbst.«[89] Die auf den ersten Blick verwunderliche Aussage, daß Gott als der Erforscher der Herzen das seinem Heilswillen entsprechende Gebet des im Herzen wohnenden Geistes vernimmt, versteht und erhört, besagt in der Sache: Er selbst und er allein ist der treue Anwalt seiner auf die Heilsvollendung wartenden Kinder wie auch der ganzen Schöpfung, die der Befreiung von dem auf ihr lastenden Todesverhängnis entgegenharrt.

Wie die vier exegetischen Befunde erkennen lassen, ist der an Christus glaubende Mensch ganz und gar auf das Wirken des in ihm wohnenden Geistes angewiesen. Daß dabei keineswegs an ein Einswerden des Geistes mit dem Glaubenden gedacht ist, scheint mir außer Frage zu stehen. Die Einwohnung des Heiligen Geistes bedeutet *nicht*, daß dieser das Selbst, das Ich, das Subjekt des glaubenden Menschen geworden ist und ist. Er ist es ebensowenig, wie die Sünde, die zuvor in dem Menschen wohnte, das Selbst, das Ich, das Subjekt des Sünders war. Der Heilige Geist ist und bleibt das göttliche Gegenüber und als solcher der Herr, der das Ich des Glaubenden regiert[90]. Nicht ein Subjektswechsel, wohl aber ein Herrschaftswechsel ist den Glaubenden widerfahren[91]. Genau dies ist auch

---

[89] ERNST GAUGLER, Der Römerbrief I (siehe Anm. 79), S. 323. Im Unterschied zu Gaugler (ebd., S. 322) kann ich die Interzession des Geistes nicht so verstehen, daß dieser das schwache und unvollkommene Gebet der Glaubenden aufnimmt und es geläutert und verwandelt vor Gott bringt.

[90] Paulus bleibt mit seiner Sicht der Einwohnung des Heiligen Geistes in den Glaubenden im Rahmen dessen, was alttestamentlich in Ps 51(50),13b und in Hes 36,27 gesagt wird. Vgl. oben Anm. 76.

[91] Daß es um einen Herrschaftswechsel geht, der Geist also das Ich des Glaubenden bestimmt und keineswegs mit ihm identisch ist, wird etwa in Röm 8,2 deutlich: ὁ … νόμος τοῦ πνεύματος τῆς ζωῆς ἐν Χριστῷ Ἰησοῦ ἠλευθέρωσέν σε ἀπὸ τοῦ νόμου τῆς ἁμαρτίας καὶ τοῦ θανάτου. – Wäre der Heilige Geist das Selbst / das Ich / das Subjekt des glaubenden Menschen geworden, so wäre dieser Mensch definitiv jeder Gefährdung durch sich selbst entzogen. Dann könnte prinzipiell zweierlei nicht mehr gedacht werden: zum einen, daß der Glaubende noch der Versuchung ausgesetzt ist, sich in seinem konkreten Lebensvollzug dem Wirken des Geistes zu entziehen, und daß er von ihm selbst her (sic!) dieser Versuchung

gemeint, wenn Paulus in Gal 2,20a über sich selbst sagt: »Nicht mehr *ich* lebe, sondern *Christus* lebt in mir.«[92]

6. Die Bewahrung in der Christusgemeinschaft und die Heilsgewißheit

Der Gedanke des ›extra nos in Christo‹ ist bei Paulus auch da präsent, wo er in seinen Briefen das Bleiben der Glaubenden beim Evangelium, im Glauben und in der ihnen schon geschenkten δικαιοσύνη anspricht. In solchem Zusammenhang kann er der Gewißheit Ausdruck geben, daß Gott diejenigen, die er »zur Gemeinschaft mit seinem Sohn Jesus Christus berufen« hat (1. Kor 1,9), auch in dieser Gemeinschaft erhält auf den Tag hin, an dem sie die eschatologische σωτηρία empfangen[93]. Den Grund dafür

---

durchaus erliegen und zu Fall zu kommen kann; zum andern, daß für ihn – wiederum: von ihm selbst her gesehen – die Gefahr besteht, neben Christus auch andere heilsrelevante Größen anzuerkennen und damit Christus und sein Heil zu verlieren. *Beides* aber denkt Paulus sehr wohl, wie der Galaterbrief zeigt (siehe zu der einen Möglichkeit Gal 5,13-6,10, zu der andern Gal 5,2.4). Wenn beide Möglichkeiten nicht zur Wirklichkeit werden, so liegt das nicht an dem denkenden und wollenden Ich des Glaubenden, sondern exklusiv an der Leitung und Bewahrung durch Christus und seinen Geist.

[92] Der Satz ist streng im Kontext der Verse Gal 2,19 f. zu lesen und auszulegen. Die Worte ζῶ δὲ οὐκέτι ἐγώ, ζῇ δὲ ἐν ἐμοὶ Χριστός V. 20a sind Folgerung aus V. 19, beschreiben also die Konsequenz des Mit-Christus-Gekreuzigtseins: Es lebt nicht mehr Paulus, der alte, von der Sünde beherrschte und deshalb dem Todesurteil des Gesetzes verfallene Mensch, sondern es lebt jetzt Paulus, der neue Mensch, der Christus gehört und über dessen Personzentrum Christus der Herr ist. Daß Christus nicht das Subjekt des neuen Menschen Paulus, sondern sein Gegenüber ist, das beweist der sogleich folgende Satz V. 20b: »Was ich aber jetzt im Fleisch (d.h. in meiner irdischen Existenz) lebe, das lebe ich im Glauben an den Sohn Gottes, der mich geliebt und sich für mich in den Tod dahingegeben hat.« – Zu Gal 2,19 f. siehe im einzelnen HANS-JOACHIM ECKSTEIN, Verheißung und Gesetz. Eine exegetische Untersuchung zu Galater 2,15-4,7 (WUNT 86), Tübingen 1996, S. 55-76.

[93] Siehe dazu 1. Kor 1,4-9; Phil 1,6; 2,12 f.; 1. Thess 5,23 f. (vgl. auch 1. Kor 10,13). Für das angemessene Verständnis der Verse Phil 2,12 f. ist die Erkenntnis entscheidend, daß es sich hier weder um eine synergistische noch um eine paradoxe noch

erblickt der Apostel einzig und allein in der unverbrüchlichen Treue Gottes[94]. Wenn Menschen in der Begegnung mit dem Evangelium zum Glauben an Christus berufen werden, dann beruht das nach Paulus auf göttlicher Erwählung[95]. Wie aber der Glaube einem Menschen nicht zufällig zuteil wird, so wird er auch nicht hinfällig. Der Erwählung korrespondiert die Bewahrung[96]. Es genügt, für den genannten Sachverhalt auf den Schluß des 8. Kapitels des Römerbriefs hinzuweisen. Die Verse Röm 8,31-39 beginnen mit der Frage: »Was sollen wir nun dazu sagen?« (8,31a). Mit ihr faßt Paulus alle nur denkbaren Einwände in den Blick, die gegen die zuvor in Röm 8,28-30 geäußerte Heilsgewißheit erhoben werden können[97]. Die Antwort lautet dann (8,31b.32): »Ist Gott für uns, wer kann gegen uns sein? Er, der sogar seinen eingeborenen Sohn nicht verschont, sondern ihn für uns alle [in den Tod] dahingegeben hat, – wie sollte er uns mit ihm nicht alles schenken?« Daß Gott »für uns« ist, das ist diesen Worten zufolge in der Dahingabe seines Sohnes offenbar geworden. Wenn Paulus dabei auf die Abraham-Erzählung von Gen 22 anspielt[98], dann dürfte dem der folgende Gedanke zugrunde liegen: Abraham war bereit, den einzigen Sohn, den er über alles liebte[99], nicht zu verschonen – und zwar aus Liebe

---

auch um eine dialektische Aussage handelt, V. 13 vielmehr den Imperativ von V. 12 *begründet*; siehe GEORG EICHHOLZ, Bewahren und Bewähren des Evangeliums: Der Leitfaden von Philipper 1-2, in: DERS., Tradition und Interpretation (siehe Anm. 27), S. 138-160, hier: S. 154-160; ULRICH B. MÜLLER, Der Brief des Paulus an die Philipper (ThHK 11/I), Leipzig 1993, S. 114-117.

[94] 1. Kor 1,9; 10,13; 1. Thess 5,24 [2. Thess 3,3].

[95] Siehe insbesondere 1. Thess 1,4 f. (vgl. 2,13), ferner Röm 8,28-30.33; 1. Kor 1,26-31 [2. Thess 2,13 f.].

[96] Grundlegend dazu: JUDITH M. GUNDRY VOLF, Paul and Perseverance. Staying in and Falling Away (WUNT II 37), Tübingen 1990.

[97] Für diese Deutung spricht die Beobachtung, daß Paulus sonst im Römerbrief mit der Frage τί (οὖν) ἐροῦμεν; stets auf einen Einwand Bezug nimmt, den er dann als unhaltbar zurückweist; siehe Röm 3,5; 4,1; 6,1; 7,7; 9,14; 9,30.

[98] In ὅς γε τοῦ ἰδίου υἱοῦ οὐκ ἐφείσατο Röm 8,32a liegt eine Bezugnahme auf das Wort Gottes an Abraham Gen 22,16 LXX vor: οὐκ ἐφείσω τοῦ υἱοῦ σου τοῦ ἀγαπητοῦ δι᾽ ἐμέ.

[99] So – im Anschluß an Gen 22,2 – Gen 22,2.16 LXX; Jub 18,2.15, Philo, Abr 170; Josephus, Ant I 222.

zu Gott, dessen Güte er beständig erfahren hatte[100]. *Gott* hat seinen geliebten Sohn tatsächlich nicht verschont – aus Liebe zu den Menschen, die ihm mit Feindschaft begegnen[101]. Weil Paulus die Größe dieser Liebe vor Augen hat, formuliert er einen Schluß *a maiore ad minus*, den er in die Form einer Frage kleidet (V. 32): »Wie sollte er, Gott, uns mit ihm, seinem Sohn, nicht *alles* schenken?« Die Worte τὰ πάντα meinen hier das Heil in seiner ganzen Fülle, also insbesondere auch die noch ausstehende Vollendung. Die Frage selbst stellt de facto eine heilsgewisse *assertio* dar, und sie wird als solche in den Versen 33-37 in zwei Schritten expliziert. In Vers 33 f. betont der Apostel, daß es für die »Auserwählten Gottes«, für die Christus gestorben und auferstanden ist und für die er zur Rechten Gottes in beständiger Interzession eintritt, trotz aller denkbaren Anklagen keine Verurteilung, sondern nur den Freispruch durch Gott geben wird[102]. In den Versen 35-37 fügt er hinzu, daß auch die Leiden dieser Zeit die Erwählten nicht von der Liebe Christi zu trennen vermögen[103]. Der gesamte Abschnitt wird dann in V. 38 f. durch einen Satz abgeschlossen, in dem Paulus im Blick auf alles, was die Glaubenden je bedrohen könnte, der in dem ›extra nos in Christo‹ begründeten Heilsgewißheit Ausdruck verleiht, daß niemand und nichts »uns scheiden kann von der Liebe Gottes, die in Christus Jesus ist, unserem Herrn.«[104]

---

[100] Daß die Bereitschaft, den Sohn zu opfern, Ausdruck der *Liebe* zu Gott ist, betont *expressis verbis* Philo, Abr 170: Abraham handelt »von der Liebe zu Gott überwältigt« (ἔρωτι θείῳ δεδαμασμένος).

[101] Der in der Anspielung auf Gen 22 enthaltene Gedanke stellt also eine Parallele zu Röm 5,7 f. dar.

[102] Die Verse Röm 8,33 f. stehen in innerer Beziehung zu dem in Röm 8,1-17 Gesagten.

[103] In den Versen Röm 8,35-37 hat Paulus vor allem das Verfolgungsleiden vor Augen, das ihm selbst als dem Verkündiger des Evangeliums widerfährt. Zugleich ist damit aber eine Beziehung zu den Ausführungen von Röm 8,18-30 gegeben.

[104] Die »Liebe Gottes in Christus Jesus unserem Herrn« (Röm 8,39) ist die im Christusgeschehen offenbar gewordene Liebe, wie sie Paulus in Röm 8,32a vor Augen steht.

7. Die Parusie Jesu Christi und die eschatologische Heilsvollendung

Die mit der Parusie Jesu Christi verbundene Heilsvollendung bedeutet für die Glaubenden, daß sie die ihnen mit der δικαιοσύνη verbürgte σωτηρία empfangen und in der bleibenden Gemeinschaft mit Christus des ewigen Lebens bei Gott teilhaftig werden[105]. Das geschieht, wie Paulus in 1. Kor 15 darlegt, für die bereits Verstorbenen durch die Auferstehung von den Toten und für die bei der Parusie noch Lebenden durch die der Auferstehung entsprechende ›Verwandlung‹[106].

Sowohl die Heilsvollendung selbst wie auch die Teilhabe an ihr sieht Paulus dezidiert in der ›extra nos in Christo‹ geschehenen Heilstat Gottes begründet. Das zeigt sich besonders deutlich daran, wie in 1. Kor 15 der Zusammenhang zwischen der Auferstehung Christi und der Auferstehung der Toten gedacht ist. Paulus setzt in seiner Argumentation keineswegs die allgemeine Totenauferstehung als eine Selbstverständlichkeit voraus, und er begreift die Auferstehung Jesu weder als einen Sonderfall noch auch als die Antizipation bzw. als den Anbruch derselben. Im Gegenteil: Er erblickt in der Auferstehung Christi den *Realgrund* für die Auferstehung der Toten und dementsprechend in der Auferstehung der Toten die *notwendige Folge* der Auferstehung Christi[107]. Die Auferstehung wird denen zuteil, die Christus gehören[108], weil sie aufgrund des Christusgeschehens an seinem Tod und seiner Auferstehung partizipieren und sich von daher das Evangelium an ihnen als ein »Duft vom Leben zum Leben« erwiesen

---

[105] Zum eschatologischen σὺν Χριστῷ εἶναι siehe 2. Kor 5,8; Phil 1,23; 1. Thess 4,17.

[106] 1. Kor 15,20-23.50-57. Siehe auch Röm 8,11; Phil 3,20 f.; 1. Thess 1,10; 4,13-17; 5,9 f.

[107] Siehe dazu im einzelnen OTFRIED HOFIUS, Die Auferstehung der Toten als Heilsereignis. Zum Verständnis der Auferstehung in 1Kor 15, in: DERS., Exegetische Studien (siehe Anm. 11), S. 102-114; DERS., Die Auferstehung Christi und die Auferstehung der Toten. Erwägungen zu Gedankengang und Aussage von 1Kor 15,20-23, ebd., S. 115-131.

[108] οἱ τοῦ Χριστοῦ 1. Kor 15,23.

hat[109]. Ein klares Zeugnis dafür, daß nach Paulus die Entscheidung über die Teilhabe an der eschatologischen σωτηρία bereits ›extra nos in Christo‹ definitiv gefallen ist, sind die beiden Schlüsse *a maiore ad minus* von Röm 5,8-10, in denen er erklärt: Wenn Christus »für uns gestorben ist, als wir noch Sünder waren, – wieviel mehr werden wir, da wir jetzt durch sein Blut gerecht geworden sind (d.h. die heilvolle Beziehung zu Gott empfangen haben), durch ihn vor dem [kommenden] Strafgericht gerettet werden« (5,8 f.). Und: »Wenn wir, als wir Feinde [Gottes] waren, durch den Tod seines Sohnes mit Gott versöhnt worden sind, – wieviel mehr werden wir als Versöhnte durch sein Leben[110] gerettet werden« (5,10).

III. Fazit

Im Anschluß an unsere exegetischen Überlegungen sei nunmehr festgehalten, was sich den Paulusbriefen über das ›extra nos in Christo‹ als Voraussetzung und Fundament des ›pro nobis‹ und des ›in nobis‹ entnehmen läßt. Das Heilshandeln Gottes in Jesus Christus ist dem Zeugnis des Apostels zufolge ein Geschehen, zu dem der Mensch, dem Gott sich rettend zuwendet, von sich aus nichts beiträgt und auch nichts beizutragen vermag. Die Aussagen über dieses Geschehen sprechen mithin von einer Wirklichkeit außerhalb des Menschen – von einer Wirklichkeit, die von ihm selbst und auch von seinem Glauben unabhängig ist. Die elementare Bedeutung des ›extra nos in Christo‹ für das ›pro nobis‹ zeigt sich dabei

---

[109] 2. Kor 2,15 f. Wörtlich heißt es hier, daß Paulus selbst für diejenigen, die gerettet werden, »ein Duft vom Leben zum Leben« ist. Es liegt eine Metonymie vor: Paulus als der Verkündiger des Evangeliums ist der *Träger* dieses Duftes. Zu der Formulierung ἐκ ζωῆς εἰς ζωήν siehe WALTER BAUER, Griechisch-deutsches Wörterbuch zu den Schriften des Neuen Testaments und der frühchristlichen Literatur, hg. von KURT ALAND / BARBARA ALAND, Berlin / New York ⁶1988, Sp. 476 unter ζωή 6.d: »ἐκ – εἰς hebt den doppelt gesetzten Begriff eindrucksvoll hervor«. Gemeint ist: »ein Duft zu wahrem, unvergänglichem Leben«.

[110] Formal ist ἐν τῇ ζωῇ αὐτοῦ V. 10b dem διὰ τοῦ θανάτου τοῦ υἱοῦ αὐτοῦ V. 10a an die Seite gestellt. In der Sache handelt es sich um eine Metonymie, so daß gemeint ist: durch Christus als den auferstandenen und lebendigen Herrn.

eindrücklich an dem Zusammenhang von Heilstat, Heilswort und Glaube. Die *Heilstat* Gottes ist ›extra nos‹ in der Geschichte Jesu Christi geschehen – allem Glauben vorauf und gerade so als die göttliche Entscheidung ›pro nobis‹, aufgrund derer Menschen durch das Heilswort des Evangeliums zum Glauben an Jesus Christus berufen werden. Das *Heilswort* Gottes hat Christus und das ›extra nos‹ in seiner Geschichte Geschehene zum alleinigen Inhalt, und es erschließt die Heilstat, indem es Christus und mit ihm das ›pro nobis‹ im Glauben zu erkennen gibt. Der durch das Heilswort gewirkte *Glaube*, der mit der Erkenntnis des ›pro nobis‹ das in Christus beschlossene Heil ergreift, ist bezogen auf die ›extra nos‹ in Christus geschehene Heilstat als die Wirklichkeit, die ihn begründet, trägt und erhält. Wie an dem beschriebenen Zusammenhang abgelesen werden kann, ist das ›pro nobis‹ streng und ausschließlich Prädikat der Geschichte Jesu Christi. Als solches hat es seinen Ort im Evangelium und findet es als Gegenstand des Glaubens sein Echo in der *fides qua creditur*. Das paulinische ›pro nobis‹ – so können wir knapp formulieren – heißt: »für uns Menschen und zu unserem Heil«, es heißt dagegen nicht: »nach unserem persönlichen und subjektiven Urteil«. Daß der Glaube an Christus im Verständnis des Paulus *kein* subjektives Urteil ist, dürfte evident sein. Der Glaube stammt nicht aus dem religiösen Bewußtsein des Menschen, sondern aus Gott, und was der Glaubende glaubt, ist unabhängig davon wahr, *daß* er es glaubt. Wenn der Glaube nach Paulus durch das *verbum externum* gewirkt wird und der Glaubende, da der Glaube nicht auf sich selbst stehen kann, immer neu des gepredigten Evangeliums bedarf, dann liegt darin ein ganz wesentlicher Aspekt des ›extra nos in Christo‹ als der Grundlage des ›pro nobis‹. Wie das ›pro nobis‹, so gründet dann auch das ›in nobis‹ in dem christologisch bestimmten ›extra nos‹. In der Konsequenz der Entscheidung, die im Christusgeschehen über sie gefallen ist, empfangen Menschen unter der Verkündigung des Evangeliums den Heiligen Geist. Dieser »wohnt« in ihnen – nicht als ein Besitz, über den sie verfügen könnten, oder gar als ihr innerster Wesensgrund, sondern als der Herr, der ihr Personzentrum regiert und der ihnen allein deshalb kontinuierlich gewährt und so erhalten bleibt, weil Gott, der Vater Jesu Christi, in Treue an seiner Erwählung und Berufung festhält.

Die Reformatoren – zuvörderst Martin Luther und Johannes Calvin –

haben im Zentrum ihrer Theologie das paulinische ›extra nos in Christo‹ aufgenommen und es in großer Klarheit zur Sprache gebracht[111]. Von daher wird man sagen dürfen, daß lutherische Identität wie auch reformierte Identität dann gewahrt sind, wenn das in der Schule des Apostels erkannte ›extra nos in Christo‹ in Verkündigung und Lehre, Liturgie und Unterweisung gewahrt bleibt[112].

Damit stellt sich zugleich die Frage, ob eine Kontinuität zu paulinisch-reformatorischer Lehre auch da noch gegeben ist, wo das ›pro nobis‹ ausschließlich als ein methodisches Erkenntnisprinzip verstanden wird[113] oder ein religiöser bzw. hermeneutischer Subjektivismus das Feld beherrscht, für den *de facto* der *Mensch* das Maß aller Dinge ist[114]. Diese Frage ist jetzt nicht zu erörtern; sie sollte aber am Ende nicht unausgesprochen bleiben.

---

[111] Es genügt hier der Hinweis auf das für die Reformatoren grundlegende exklusive *solus Christus* und seine Explikation durch das *sola gratia*, das *solo verbo* und das *sola fide Christi*.

[112] Zur fundamentaltheologischen Relevanz des ›extra nos‹ siehe HANS JOACHIM IWAND, Dogmatik-Vorlesungen 1957-1960. Ausgewählte Texte zur Prinzipienlehre, Schöpfungslehre, Rechtfertigungslehre, Christologie, Ekklesiologie mit Einführungen, hg. von THOMAS BERGFELD und EDGAR THAIDIGSMANN unter Mitarbeit von GERARD DEN HERTOG und EBERHARD LEMPP (AHSTh 18), Münster 2013, S. 21-72.

[113] Siehe zur Problematik HANS JOACHIM IWAND, Wider den Mißbrauch des »pro me« als methodisches Prinzip in der Theologie, EvTh 14 (1954) S. 120-125 und ThLZ 79 (1954), Sp. 453-458; DERS., Glaube und Wissen, hg. von HELMUT GOLLWITZER (NW 1), München 1962, S. 27-44; DERS., Christologie, hg. von EBERHARD LEMPP / EDGAR THAIDIGSMAN (NW.NF 2), Gütersloh 1999, S. 425-431; GEORG EICHHOLZ, Die Grenze der existentialen Interpretation (siehe Anm. 27), S. 210-226, bes. S. 218-223; WALTER KRECK, Christus extra nos und pro nobis, in: DERS., Tradition und Verantwortung. Gesammelte Aufsätze, Neukirchen-Vluyn 1974, S. 132-144; DERS., Das reformatorische »pro me« und die existentiale Interpretation heute, ebd., S. 145-168.

[114] Siehe zur Problematik MICHAEL TROWITZSCH, Szene und Verbergung. Bemerkungen zum Begriff der Offenbarung, ThLZ 134 (2009), Sp. 517-536; MICHAEL WELKER, Subjektivistischer Glaube als religiöse Falle, EvTh 64 (2004), S. 239-248.

Georg Plasger:
Konvergenzen und Divergenzen. Ein Gespräch zwischen Luthers Kleinem Katechismus und dem Heidelberger Katechismus

I. Einleitende Bemerkungen

1. Zur Perspektive der Beurteilung der Konvergenzen und Divergenzen

Diejenigen, die ein rhetorisch kunstvoll gestaltetes und mehr oder weniger objektives und abgeklärtes Referat aus einer wie auch immer gearteten halbwegs neutralen Sicht erwarten, werden in ihren Erwartungen eventuell enttäuscht. Denn das, was im Folgenden dargelegt wird, sind Ausführungen von einem aus der reformierten Grafschaft Bentheim stammenden und jetzt im reformierten Siegerland Lebenden und Lehrenden, der inmitten einer illustren Gesellschaft von Kennern und Kennerinnen des Lutherschen Kleinen Katechismus als Fremdling daherkommt und den Auftrag bekommen hat, in ein Gespräch einzuführen, ja, es vielleicht sogar selbst ein wenig zu führen.

Diese meine Perspektive ist mir wichtig: Ich habe im Konfirmandenunterricht mehr als die Hälfte der 129 Fragen und Antworten des Heidelberger Katechismus auswendig lernen müssen. Und erst später ist mir im Theologiestudium deutlich geworden, wie sehr ich in der reformierten Tradition verwurzelt bin. Zwar war auch für uns klar, dass die Reformation irgendetwas mit Luther zu tun habe. Aber für eingefleischte Lutheraner mag es verwunderlich sein, dass man in einer evangelischen Kirche in Deutschland so gut wie ohne explizite Bezüge zu Luther auskommen konnte. Luthers Katechismen, von deren Existenz ich gehört hatte, habe ich erst im Studium intensiver kennen lernen dürfen.

Wenn ich also aus meiner Perspektive ein solches Gespräch zwischen Luthers Kleinem und dem Heidelberger Katechismus initiieren möchte, schaue ich gleichsam vom Heidelberger zu Luther hin. Dies erfolgt mit Neugier – das gebe ich gerne zu –, aber auch mit einer gewissen Frage: Kann es gelingen, sich auf den Kleinen Katechismus alleine zu fokussieren und an anderen Orten zu findende und für reformierte Ohren zuweilen auch befremdliche Theologumena Luthers zunächst auszublenden? Und daneben gibt es auch die andere Frage, ob die Bereitschaft besteht, auch den Heidelberger Katechismus nicht alleine von einer spezifischen reformierten Wirkungsgeschichte her zu verstehen, in der manches theologisch zumindest fragwürdig ist.

2. Bemerkungen zu Luthers Kleinem Katechismus und dem Heidelberger Katechismus

Der Kleine Katechismus Luthers braucht Lutheranern nicht vorgestellt zu werden. Er gehört nach meinem Dafürhalten gleichsam zur lutherischen Muttermilch. Zwar hat es in der Theologie ebenso wie in der Babyernährung Phasen gegeben, in der Ersatzprodukte für bequemer angesehen wurden als die Muttermilch; ja man meinte sogar, ganz darauf verzichten zu können. Die Phasen sind zum Glück vorbei – jedenfalls in der Ernährungswissenschaft. Eine hier nicht zu erörternde Frage ist freilich, wie es gelingen kann, die basale Nahrkraft von Luthers Kleinem Katechismus zu vermitteln.

Nachfolgende Erläuterungen zum Heidelberger Katechismus machen die historische konfessionelle Verortung deutlich. Der pfälzische Kurfürst Friedrich III. hatte die Absicht, einen die evangelischen Strömungen in der Kurpfalz einenden Katechismus schreiben zu lassen. Neben melanchthonisch Gesonnenen waren deutschschweizer Reformierte, von Johannes Calvin und Martin Bucer Beeinflusste, und auch Gnesiolutheraner in der Kurpfalz; Ottheinrich, der Vorgänger von Friedrich III., hatte scheinbar ohne Gespür verschiedene, auch streitbare Menschen in verschiedene Positionen gesetzt, so dass es inmitten Heidelbergs auch zu handfesten Auseinandersetzungen mit Verletzten kam. Ursprünglich war Friedrich III. gar nicht an einem Konfessionswechsel der eher lutherischen Kurpfalz interessiert; ihn hatte jedoch ein tendenziell calvinisches Abendmahlsverständnis überzeugt (von dem zu fragen wäre, ob es ganz weit von Melanchthon weg ist), und so wollte er einen auf die Strömungen eingehenden Text in der Kurpfalz haben. Nach gegenwärtigem, von mir immerhin leicht angefragtem Forschungskonsens gilt der stark von Melanchthon beeinflusste Zacharias Ursinus als der Hauptverfasser. In der Wirkungsgeschichte – das ist hier jetzt nicht nachzuzeichnen – hat der Heidelberger Katechismus diese konfessionsverbindende Rolle nicht spielen können.

II. Konvergenzen

Im ersten Hauptteil werden einige Konvergenzen zwischen unseren beiden Katechismen aufgezeigt. Dieses Vorgehen ist in der gegenwärtigen konfessionskundlichen Debatte übrigens ein auch über unsere beiden Konfessionen hinaus relevanter Ansatz, weil der uns eher naheliegende Blick auf die durchaus vorhandenen Differenzen zu einer der jeweiligen Konfession unangemessenen Fixierung auf Trennendes führen kann. Dies wird nachfolgend an sechs Punkten verdeutlicht.

1. Der Glaube ist ein Geschenk des Heiligen Geistes – oder: Die Ablehnung des freien Willens

Bekannt ist die Formulierung Luthers in der Auslegung des dritten Artikels, nach der »ich nicht aus eigener Vernunft noch Kraft an Jesum Christ, meinen Herrn, glauben oder zu ihm kommen kann.«[1] Sie hat einen antierasmischen und antipelegianischen Grundcharakter und belegt damit indirekt, dass es im Menschen keinen von der Sünde nicht umfassten Restbestand an freiem Willen gibt, der den Menschen als Motivator zum Glauben dienen kann: »*Der Heilige Geist hat mich durchs Evangelium erleuchtet*«, so heißt es weiter. Der Heidelberger Katechismus formuliert in der Antwort 21 ganz entsprechend, wenn es dort heißt, dass der vertrauensvolle Glaube vom Heiligen Geist durchs Evangelium in mir gewirkt ist[2].

Wenn aber der Glaube vom Heiligen Geist durchs Evangelium gewirkt wird, ist er auch nicht als möglicherweise verdienstliches Werk anzusehen, wie die antireformatorische Polemik zuweilen behauptete und wie es in der Geschichte der evangelischen Kirchen in bestimmten Ausprägungen des Pietismus und der Erweckungsbewegungen bis in die Gegenwart gelehrt wird: Wie selbstverständlich gehen etwa viele meiner frömmeren

---

[1] Vgl. BSLK 511 f. = WA 30/1, 250,1-5.

[2] So im Heidelberger Katechismus Antwort 26, in: GEORG PLASGER / MATTHIAS FREUDENBERG (Hg.), Reformierte Bekenntnisschriften. Eine Auswahl von den Anfängen bis zur Gegenwart, Göttingen 2005, S. 158.

Studierenden (ich lehre ja im Siegerland) davon aus, dass der freie Wille eine Art Restbestand der Gottebenbildlichkeit sei. Und nicht wenige sind beinahe empört, wenn ich dies im Einklang der meisten Kirchen seit Augustin problematisiere. Gewünscht wird die Verantwortlichkeit des Menschen, die in jeder Form der Erwählungslehre in Frage zu stehen scheint. Gewittert wird hier eine Willkür Gottes, der nach vielleicht fragwürdigen Kriterien die einen erwählt und andere scheinbar nicht.

Dass Calvin eine doppelte Prädestinationslehre vertreten hat, ist klar. Ob Luther sie etwa in *De servo Arbitrio*[3] auch vertreten hat, ist umstritten[4]. Aber weder im Heidelberger Katechismus noch in Luthers Kleinem Katechismus finden wir sie. Wir finden hingegen die – wie eben gesagt – Ablehnung eines freien menschlichen Willens. Beide Texte ergehen sich auch in keiner Weise in irgendeine Spekulation über die Gründe für Gottes Wahl. Sie geschieht durchs Evangelium. Das genügt.

2. Schöpfung als Bewahrung

Der Tenor in der Schöpfungstheologie liegt in der Reformationszeit nicht vor allem auf der Frage, wer die Erde mit allen Kreaturen geschaffen hat, woher also das Leben stammt. Viel entscheidender ist für Luther und auch für den Heidelberger Katechismus das Bekenntnis zum bewahrenden Handeln Gottes. Luther lässt in der Auslegung des ersten Artikels nach dem Hinweis, dass Gott den Menschen erschaffen hat, deutlich mehr Sätze über Gottes Erhalten, Versorgen, Schützen und Bewahren folgen:

»Ich glaube, dass mich Gott geschaffen hat samt allen Kreaturen, mir Leib und Seele, Augen, Ohren und alle Glieder, Vernunft und alle Sinne gegeben hat und noch erhält; dazu Kleider und Schuh, Essen und Trinken, Haus und Hof, Weib und Kind, Acker, Vieh und alle Güter; mit allem, was Not tut für Leib und Leben,

---

3   MARTIN LUTHER, De servo arbitrio, in: WA 18, 605,26 f. (1525)

4   So vertritt etwa DIETZ LANGE, (in: DERS., Glaubenslehre Bd. 2, Tübingen 2001, S. 466) die These, dass Martin Luther in *De servo arbitrio* die doppelte Prädestination vertreten habe. OSWALD BAYER sagt es genau anders, in: DERS., Martin Luthers Theologie, Tübingen 2003, S. 188 f.

mich reichlich und täglich versorgt, in allen Gefahren beschirmt und vor allem Übel behütet und bewahrt.«[5]

So von Gott dem Schöpfer zu sprechen ist nur im Glauben möglich – und oft nicht nur in der Reformationszeit ein Bekenntnis gegen den Augenschein, weil der Schöpfungsglaube keine Garantie für Besitzerhalt ist. Die gleiche Grundhaltung zeigt auch der Heidelberger Katechismus an, wenn er schon in der bekannten Frage 1 behauptet, dass kein Haar von meinem Haupt ohne den Willen des himmlischen Vaters fallen kann und in Antwort 26 bekennt: Gott *»hat Himmel und Erde mit allem, was darin ist, aus nichts erschaffen und erhält und regiert sie noch immer durch seinen ewigen Rat und seine Vorsehung. Auf ihn vertraue ich und zweifle nicht, dass er mich mit allem versorgt, was ich für Leib und Seele nötig habe und auch alle Lasten, die er mir in diesem Leben auferlegt, mir zum Besten wendet.«*[6]

Der in der Kurpfalz 1563 entstandene Text weiß um die in der Nachbarschaft bestehende Verfolgung der französischen Evangelischen nur 150 km von Heidelberg entfernt. Gott als Schöpfer zu bekennen heißt, sich zu seiner fürsorglichen Liebe zu bekennen und nicht einen Erfahrungsrückschluss auf Gott hin zu machen. Denn beide Katechismen beziehen sich auf die Barmherzigkeit Gottes. Luther spricht davon, dass Gott dies aus »väterlicher göttlicher Güte und Barmherzigkeit« tue. Und in dem ›väterlich‹ sehe ich die christologische Verankerung der göttlichen Eigenschaften; zugegeben ist sie hier etwas dünn. Albrecht Peters urteilt sogar, dass Luther »den Bereich des ersten Artikels […] erstaunlich weit aus dem zweiten Artikel herausgelöst«[7] habe; gleichwohl ist er nicht separiert. Und der Heidelberger Katechismus formuliert christologischer, »dass der ewige Vater unsers Herrn Jesus Christus um seines Sohnes willen mein Gott und mein Vater ist«[8] und schließt: *»Er kann es tun als ein allmächtiger Gott und*

---

[5] Vgl. BSLK 510 f. = WA 30/1, 247,20-248,7.

[6] Heidelberger Katechismus Frage 26, in: GEORG PLASGER / MATTHIAS FREUDENBERG (Hg.), Reformierte Bekenntnisschriften (siehe Anm. 2), S. 159.

[7] ALBRECHT PETERS, Kommentar zu Luthers Katechismen, Bd. 1: Die Zehn Gebote. Luthers Vorreden, hg. von GOTTFRIED SEEBAß, Göttingen 1990, S. 45.

[8] Heidelberger Katechismus Frage 26, in: GEORG PLASGER / MATTHIAS FREUDENBERG (Hg.), Reformierte Bekenntnisschriften (siehe Anm. 2), S. 159.

will es auch tun als ein getreuer Vater.«[9] Trotz mancher kleinerer Unterschiede lässt sich hier in den Aussagen zu Gott dem Schöpfer also deutlich eine Konvergenz wahrnehmen: Gottes Barmherzigkeit bewahrt auch heute.

3. Christus pro nobis – die Rechtfertigung aus Gnaden allein

Auch wenn, wie nicht selten festgestellt, die für Luthers Theologie zentrale Lehre von der Rechtfertigung aus Gnaden alleine nicht den Aufbau des Kleinen Katechismus bestimmt, ja dass sogar nach Albrecht Peters Luther die Dekalogauslegung im Kleinen Katechismus »erstaunlich weit heraus aus dem bleibenden Zentrum des zweiten Glaubensartikels«[10] löst – zur Dekalogauslegung kommen wir später noch – so ist doch deutlich, dass auch im Kleinen Katechismus die am Kreuz uns zugute geschehene Erlösung die theologische Mitte auch des Katechismus spielt. Schwarzwäller weist etwa auf die rein formale Mitte hin, in der die Auslegung des zweiten Artikels in Luthers Kleinem Katechismus spielt[11].

Der Akzent der Christologie liegt deutlich auf der Rechtfertigungszusage; die Zwei-Naturen-Lehre und die damit zusammenhängende Betonung der Präexistenz Jesu Christi ebenso wie die Aussagen zur Auferstehung und Himmelfahrt rahmen die Doppelaussage, dass einerseits das Kreuzesgeschehen ›pro nobis‹, dass also der Tod Jesu Christi uns zugute geschehen ist und dass andererseits dies allein im Glauben ergriffen werden kann. Das ›sei mein Herr‹ verweist darauf. Auch wenn man nicht sagen kann, dass sich die Christologie auf die Rechtfertigung beschränkt, so ist doch die Zuspitzung auf die Erlösungsdimension deutlich. Allerdings setzt Luther das ›extra nos‹ immer voraus; seine Theologie geht nicht in Existenzvollzügen auf. Das wird auch daran deutlich, dass mitten in der Auslegung ein für den Heidelberger Katechismus viel prominenterer Satz

---

[9]   Ebd.

[10] ALBRECHT PETERS, Kommentar Bd. 1 (siehe Anm. 7), S. 46.

[11] KLAUS SCHWARZWÄLLER, Fülle des Lebens. Luthers Kleiner Katechismus: ein Kommentar, Münster ²2009, S. 48.

vielleicht auch die Mitte des Kleinen Katechismus darstellen könnte. Luther formuliert nämlich: »damit ich sein eigen sei«.

Wer den Heidelberger Katechismus auch nur ein bisschen kennt, wird den Anfang vielleicht sogar mitsprechen können:

»Was ist dein einziger Trost im Leben und im Sterben? Dass ich mit Leib und Seele, im Leben und im Sterben, nicht mir, sondern meinem getreuen Heiland Jesus Christus gehöre.«

So formuliert die neuere Ausgabe; die Urfassung lautete: *»dass ich nicht mein, sondern meines getreuen Heilands Jesu Christi eigen bin.«*[12] Erkennbar ist, dass der Heidelberger hier auf Luther Bezug nimmt. Dieser Satz, dass wir Jesu Christi eigen sind, ist nun aber auch Zentrum des Heidelberger Katechismus.

Karl Barth hat in seiner Auslegung zur ersten Frage des Heidelberger Katechismus formuliert: »Das entscheidende Sätzlein in diesem langen Satz lautet: Ich bin Jesu Christi eigen. Alles Übrige ist nur Explikation dieser Worte.«[13]

Dass in Luthers Kleinem Katechismus das genau in der Mitte steht, gleichsam also als Achse des Katechismus zu sehen ist, ist schon ein Hinweis darauf, dass bei Luther die existenzielle Zuspitzung gebrochen ist. Immer wieder ist wahrzunehmen, dass vor allem im Neuprotestantismus und Teilen der liberalen Theologie ein formales Freiheitsverständnis als entscheidende Aussage der Rechtfertigungslehre Luthers angesehen werden kann: Freiheit als Negativaussage, Freiheit von aller äußeren Bevormundung. Etwa zugespitzt könnte hier das wohl unechte Wormser Diktum »Hier stehe ich, ich kann nicht anders, Gott helfe mir, Amen« als Zentrum der Theologie Luthers gelten. Aber dieses Votum ist doch bestenfalls die Außenseite der geschenkten Freiheit, die mit dem Satz »Ich bin Jesu Christi eigen« ausgedrückt wird.

Natürlich sind hier wiederum auch Unterschiede zwischen beiden Katechismen zu benennen. Die Auslegung des zweiten Artikels hat bei

---

[12] Matthias FREUDENBERG / ALEIDA SILLER, Was ist dein einiger Trost?, Der Heidelberger Katechismus in der Urfassung, Neukirchen 2012, S. 18.

[13] KARL BARTH, Die christliche Lehre nach dem Heidelberger Katechismus, München 1949, S. 24.

Luther wenige Zeilen, im Heidelberger sind es Frage und Antwort 29-52, also 24 Abschnitte, wobei noch einige Fragen zum Erlösungsgeschehen hinzuzunehmen wären. Der Heidelberger Katechismus hat also ein noch größeres Interesse an der Person Jesu Christi; hier wird u.a. die später auch in der lutherischen Theologie rezipierte Lehre vom dreifachen Amt Jesu Christi profiliert und so christologisch Altes und Neues Testament zusammen gehalten. Aber trotz der Unterschiede ist in der Sache hier eher ein Konsens zu betonen, wie aus Frage und Antwort 60 ersichtlich ist:

»Wie bist du gerecht vor Gott?

Allein durch wahren Glauben an Jesus Christus. Zwar klagt mich mein Gewissen an, dass ich gegen alle Gebote Gottes schwer gesündigt und keines je gehalten habe und noch immer zu allem Bösen geneigt bin. Gott aber schenkt mir ganz ohne mein Verdienst aus lauter Gnade die vollkommene Genugtuung, Gerechtigkeit und Heiligkeit Christi. Er rechnet sie mir an, als hätte ich nie eine Sünde begangen noch gehabt und selbst den ganzen Gehorsam vollbracht, den Christus für mich geleistet hat, wenn ich allein diese Wohltat mit gläubigem Herzen annehme.«[14]

4. Früchte der Dankbarkeit

Wenn heute nach den Differenzen zwischen lutherischer und reformierter Theologie gefragt wird, so fällt häufig dabei das unterschiedliche Verständnis des Gesetzes. Nach lutherischer Auffassung soll der usus elenchticus alleine zu lehren sein, und nach reformierter Auffassung ginge es um das zu befolgende Gesetz, um die Ethik. Natürlich hat diese holzschnittartige Zuspitzung ihre theologische und theologiegeschichtliche Berechtigung. Wir sollten aber aufpassen, die Barth'sche Formulierung von ›Evangelium und Gesetz‹ erstens als immer schon reformiert zu verstehen und zweitens auch als nicht lutherisch. Beides wäre zu einfach. Und um Barths Argumentation zu verstehen, ist es nötig, Auswüchse bestimmter theologischer Konzeptionen vor allem in den aus-

---

[14] Heidelberger Katechismus Frage 60, in: GEORG PLASGER / MATTHIAS FREUDENBERG (Hg.), Reformierte Bekenntnisschriften (siehe Anm. 2), S. 167.

gehenden zwanziger und dann auch dreißiger Jahren des 20. Jahrhunderts zu berücksichtigen – und hier vor allem die Vorstellungen einer Eigengesetzlichkeit[15].

Der Heidelberger Katechismus beginnt seinen ersten Abschnitt *Von des Menschen Elend* mit der Frage, woher denn der Mensch um diese seine Gottesentfremdung wissen könne. Die knappe Antwortet: »*Aus dem Gesetz Gottes*«[16]. Knapper kann man den usus elenchticus nicht formulieren: Das Gesetz überführt mich der Selbstliebe. Es gibt immer wieder Reformierte, die von solchen klaren Aussagen überrascht sind.

Und andererseits findet sich im Kleinen Katechismus explizit der usus elenchticus nicht. Man kann ihn an einigen Stellen durchaus herein- oder herauslesen; dem Wortlaut nach fehlt er. Es gibt allerdings auch die These Albrecht Beutels, dass in Luthers »Gott fürchten und lieben« die Grundunterscheidung von Gesetz und Evangelium präsent ist[17].

Nun aber weiter, denn der Hauptdissens soll ja im unterschiedlichen Gebrauch des Gesetzes liegen: im positiven Verständnis, im sogenannten usus in renatis.

Fangen wir mit Luthers Kleinem Katechismus an. Er beginnt bekanntlich mit der Dekalogauslegung, es folgt das Credo und dann das UnserVater. Gemäß der immer wieder behaupteten Systematik und der Reihenfolge Gesetz – Evangelium müsste der erste Teil, die Dekalogauslegung, dem Aufweis menschlicher Schuld dienen. Es gibt bei Luther (ich habe vor einiger Zeit ein Seminar zu Gal 5 und 6 gegeben) durchaus Schriften, in denen er sich einer positiven Deutung der Gebote prinzipiell widersetzt. Und es gibt auch Ausleger des Kleinen Katechismus, die das Schema in der Reihenfolge aufweisen wollen[18].

---

[15] Vgl. dazu WOLFGANG HUBER, ›Eigengesetzlichkeit‹ und ›Lehre von den zwei Reichen‹, in: DERS., Folgen christlicher Freiheit. Ethik und Theorie der Kirche im Horizont der Barmer Theologischen Erklärung, Neukirchen-Vluyn ²1985, S. 53-70.

[16] Heidelberger Katechismus Frage 3, in: GEORG PLASGER / MATTHIAS FREUDENBERG (Hg.), Reformierte Bekenntnisschriften (siehe Anm. 2), S. 154.

[17] ALBRECHT BEUTEL, Gott fürchten und lieben. Luthers Katechismusformel – Genese und Gehalt, in: ThLZ 121 (1996), S. 511-524.

[18] Vgl. die Diskussion bei ALBRECHT PETERS, Kommentar Bd. 1 (siehe Anm. 7), S. 38-49.

Was aber tut Luther, wenn er die Gebote des Dekalogs auslegt? Zehn Mal bietet er eine positive Auslegung der Gebote, indem er die Christenmenschen auffordert, sie zu befolgen. Als Sündenspiegel fungieren sie, wenn überhaupt, nur sehr indirekt. Ja, es stellt sich mir sogar die Frage, ob der Schluss der Dekalogauslegung nicht hinter Luthers rechtfertigungstheologischen Grundaussagen zurückbleibt, wenn er formuliert:

»Gott droht zu strafen alle, die diese Gebote übertreten; darum sollen wir uns fürchten vor seinem Zorn und nicht gegen seine Gebote handeln. Er verheißt aber Gnade und alles Gute allen, die diese Gebote halten; darum sollen wir ihn auch lieben und vertrauen und gerne tun nach seinen Geboten.«[19]

Für sich genommen sind hier Sätze zu hören, die auch für reformierte Ohren merkwürdig klingen: »Gott verheißt Gnade und alles Gute allen denen, die diese Gebote halten; darum sollen wir die Gebote befolgen.« Das klingt doch nach Lohn als Motivation zur Gebotserfüllung.

Aber darum geht es mir jetzt gar nicht. Allen Auslegungen der Gebote ist gemeinsam, dass sie den biblischen Wortlaut der Negation positiv umformulieren: Den Namen Gottes nicht missbrauchen bedeutet letztlich, ihn in allen Nöten anzurufen; »Du sollst nicht ehebrechen« zielt auf die gegenseitige Liebe von Mann und Frau usw. – oder noch einmal anders gesagt: Die Gebote werden bei Luther im Lichte des Doppelgebots der Liebe ausgelegt.

Der Kommentar von Albrecht Peters hat in Luthers Dekalogauslegung das immer schon menschliche ›Wissen um Gut und Böse‹[20] lesen wollen. Aber hier sehe ich ihn doch im Zusammenhang des Katechismus eher unnötige Gedanken eintragen: Von einem allgemeinen Vernunftgesetz spricht Luther meines Erachtens auch indirekt hier nicht.

Jetzt aber zum Heidelberger Katechismus. Auf die Frage 64 *»Macht aber diese Lehre die Menschen nicht leichtfertig und gewissenlos?«* – und gemeint ist hier die Lehre von der Rechtfertigung sola gratia – antwortet der Katechismus: *»Nein; denn es ist unmöglich, dass Menschen, die Christus durch*

---

[19]   BSLK 510 = WA 30/1, 247,2-9
[20]   ALBRECHT PETERS, Kommentar Bd. 1 (siehe Anm. 7), S. 75.

wahren Glauben eingepflanzt sind, nicht Frucht der Dankbarkeit bringen.«[21] Nicht selten habe ich, auch im Studium noch, gehört, dass der Gedanke, dass der gute Baum gute Früchte bringt, für Luther reserviert sei, wohingegen die reformierte Lesart die der Predigt des Gesetzes sei. Und nun hören wir auch hier von den Früchten. Gibt es also hier keinen prinzipiellen Gegensatz zwischen Luther und dem Heidelberger? So würde ich es in der Tat mit Blick auf unsere beiden Texte sagen.

Was passiert im Heidelberger Katechismus? Er spricht davon, dass die Rechtfertigung sola gratia sola fide stattfindet. Und dass auf Grund der geschenkten Gerechtigkeit die Christen Früchte bringen. Anders als Luther vermeidet der Katechismus den Begriff der guten Werke nicht. Aber wenn der Heidelberger davon spricht, dass die Christenmenschen *»herzliche Freude in Gott durch Christus haben und Lust und Liebe, nach dem Willen Gottes in allen guten Werken zu leben«*[22], dann ist das eine intrinsische Motivation, nach Gottes Geboten und in Einklang mit dem Willen Gottes leben zu wollen. Und um jeder von Luther andernorts immer wieder zu recht gewitterten Gefahr der Selbstrechtfertigung zu entgehen, formuliert der Heidelberger Katechismus in Abschnitt 114, dass *»auch die frömmsten Menschen in diesem Leben über einen geringen Anfang dieses Gehorsams nicht hinaus«*[23] kommen.

Und wie legt der Heidelberger Katechismus die zehn Gebote aus? Im Prinzip nicht anders, als Luther es tut – nur eben ausführlicher. Ich will Ihnen das an einem Beispiel kurz erläutern. Abschnitt 107 ist die dritte Frage zum Tötungsverbot. Hier lautet die Frage: *»Haben wir das Gebot schon erfüllt, wenn wir unseren Nächsten nicht töten?«* Reicht das schon? Habe ich genug getan? Diese Frage kenne ich von meinen Kindern, wenn sie etwa ihr Zimmer aufräumen sollen – und das natürlich selber nicht einsehen, sondern nur, weil ihre Eltern es wollen. Die Frage als solche zeigt eine extrinische Dimension. Und jetzt die Antwort des Katechismus:

---

[21] GEORG PLASGER / MATTHIAS FREUDENBERG (Hg.), Reformierte Bekenntnisschriften (siehe Anm. 2), S. 168.

[22] Heidelberger Katechismus Frage 90, in: GEORG PLASGER / MATTHIAS FREUDENBERG (Hg.), Reformierte Bekenntnisschriften (siehe Anm. 2), S. 175.

[23] GEORG PLASGER / MATTHIAS FREUDENBERG (Hg.), Reformierte Bekenntnisschriften (siehe Anm. 2), S. 182.

»Nein. Indem Gott Neid, Hass und Zorn verdammt, will er, dass wir unseren Nächsten lieben wie uns selbst, ihm Geduld, Frieden, Sanftmut, Barmherzigkeit und Freundlichkeit erweisen, Schaden, so viel uns möglich, von ihm abwenden und auch unseren Feinden Gutes tun.«[24]

Wir sehen hier genau wie bei Luther eine in Richtung des Doppelgebots der Liebe ausgehende Interpretation, die die Kreativität der Christenmenschen fordert und deshalb auch nie von außen gemessen werden kann: Sanftmut etwa kann man nicht einfordern. Kurz gesagt: Im Vollzug unterscheiden sich die Auslegungen der Gebote bei Luther und im Heidelberger so gut wie gar nicht.

5. Alter und neuer Mensch

Ich beginne jetzt mit dem Heidelberger Katechismus. Typisch für den Heidelberger Katechismus ist die Vorstellung vom alten und vom neuen Menschen. Der alte Mensch ist der der Sünde verfallene und der neue Mensch ist der Gerechtfertigte. Der Aufbau des Heidelbergers ist deutlich: Der erste Teil spricht von des Menschen Elend, von des Menschen Gottesentfremdung. Elend heißt nämlich ›Ausland‹. Und der Mensch der Sünde lebt Gott entfremdet, ja ist selbst Teil der Gottesentfremdung geworden; hier ist also kein äußerliches Sündenverständnis zu vermuten, wie es manchmal zu Unrecht Zwingli unterstellt wurde. Es folgt dann der größte Teil *Von des Menschen Erlösung*. Mit Bezugnahme auf Anselm von Canterbury wird deutlich gemacht, dass – mit Luthers Worten – ein fröhlicher Wechsel stattfindet, weil die Sünde ganz auf Christus liegt; der neue Mensch ist totus iustus. Ich habe vorhin schon Frage 60 zitiert: »*als hätte ich nie eine Sünde begangen noch gehabt*«, d.h. der Christenmensch ist kein Sünder mehr.

Aber müsste jetzt ein Einwand kommen: Ich bin doch nach wie vor Sünder! Nein, so der Heidelberger Katechismus: Du bist kein Sünder mehr. Auch wenn du weiterhin die Gebote nicht befolgst und dein Gewis-

---

24 Heidelberger Katechismus Frage 107, in: Georg Plasger / Matthias Freudenberg (Hg.), Reformierte Bekenntnisschriften (siehe Anm. 2), S. 180.

sen dir das auch deutlich macht: Dein Gewissen gilt letztlich nicht, sondern der Freispruch Gottes. Du warst ein Sünder, und jetzt bist du gerecht. Das aber ist nicht abzulesen im Leben der Menschen, weil weder die Sünde noch die Gerechtigkeit empirisch ablesbar sind. Es gibt im Heidelberger Katechismus eine missverständliche Formulierung, nach der »wir bei uns selbst unsers Glaubens aus seinen Früchten gewiss werden«. Man nennt diesen Rückschluss syllogismus practicus.

Für sich genommen hat diese Formulierung eine durchaus problematische Wirkungsgeschichte gehabt; der Katechismus selber steht aber auch hier in einer Tradition Luthers, die er in der Adventspostille 1522 formuliert hat: Von den guten Werken, die man tut, gilt,

> *das solche werck eyn gewiß zeychen sind des glawbens [...] darumb erkennet der mensch auß seynen fruchten, was er fur eyn bawm ist, und an der liebe und wercken wirt er gewiß, das Christus ynn yhm ist unnd er an yhn glawbt. Wie auch sanct Petrus sagt. 2. Pet. 1: [2. Petri 1, 10] Lieben bruder, thut vleyß, das yhr durch gutte werck ewren beruff und erwelung gewiß machet, das ist: wenn yhr euch frisch ubet ynn guten wercken, ßo werdet yhr gewiß und kundt nit tzweyfelln, das euch gott beruffen und erwelet hatt.«*[25]

Zurück zum Heidelberger Katechismus: Er redet vom alten und vom neuen Menschen: Der alte Mensch war einmal, der neue Mensch ist jetzt Wirklichkeit. Das ist theologische Wirklichkeit. Allerdings – obwohl der alte Mensch nicht mehr da ist – beeinflusst er den neuen immer noch. Hält der neue Mensch die Gebote nicht, obwohl er ganz gerecht ist. Der Heidelberger Katechismus denkt darum das ›simul‹, das für Luther wichtig ist, anders. Es ist nicht so, als wäre der Mensch in sich beides, sondern theologisch ist er totus iustus und eigentlich nicht mehr totus peccator; das war er einmal, auch wenn er sich immer noch so verhält. Der Katechismus spricht hier nun – übrigens nicht ganz konsequent – auch nicht mehr von Sünde.

---

[25] MARTIN LUTHER, Ein Missive an Hartmut von Cronberg, in: WA 10/2, 44 (1522). Den Hinweis verdanke ich DIETER SCHELLONG, Calvinismus und Kapitalismus. Anmerkungen zur Prädestinationslehre Calvins, in: HANS SCHOLL (Hg.), Karl Barth und Johannes Calvin. Karl Barths Göttinger Calvin-Vorlesung von 1922, Neukirchen-Vluyn 1995, S. 74-101, hier: S. 91.

Und wie ist das in Luthers Kleinem Katechismus? Auch hier ist die Rede vom simul iustus et peccator allenfalls sehr indirekt zu sehen. Luther geht beispielsweise in der Auslegung des UnserVaters wie selbstverständlich davon aus, dass Christenmenschen danach leben, was sie glauben. In der Auslegung der zweiten Bitte heißt es: »*Wenn der himmlische Vater uns seinen Heiligen Geist gibt, dass wir seinem heiligen Wort durch seine Gnade glauben und danach leben, hier zeitlich und dort ewiglich.*«[26] Luther geht hier vom neuen Menschen, vom gerechtfertigten Menschen aus, der dem Gebot Gottes entsprechend leben soll. Natürlich gehen Luther wie der Heidelberger gemeinsam davon aus, dass erst im Eschaton Empirie und Wirklichkeit übereinstimmen werden, weil wir in der noch nicht erlösten Welt leben. Und doch sehe ich im Kleinen Katechismus Luther nicht auf dem simul beharren, das letztlich den Wechsel in die Person hineinlegt.

6. Gewissheit

Beiden Katechismen geht es um die Gewissheit im Glauben. Auch deshalb ähnelt sich der Schluss der Auslegung des UnserVaters auch so sehr. Und hier zitiere ich jetzt nur. Luther schreibt:

»*Was heißt Amen? Dass ich soll gewiss sein, solche Bitten sind dem Vater im Himmel angenehm und werden erhört. Denn er selbst hat uns geboten, so zu beten, und verheißen, dass er unser hören will. Amen, Amen, das heißt: Ja, ja, so soll es geschehen.*«[27]

Und der Heidelberger Katechismus formuliert:

»*Was bedeutet das Wort: ›Amen‹? Amen heißt: Das ist wahr und gewiss! Denn mein Gebet ist von Gott viel gewisser erhört, als ich in meinem Herzen fühle, dass ich dies alles von ihm begehre.*«[28]

Beide formulieren hier im gleichen Duktus. Das Gebet drückt die Erwartung aus, dass der Glaube gewiss gemacht wird.

---

[26]   BSLK 513,11-14 = WA 30/1, 251,23-252,3.

[27]   Vgl. BSLK 515,11-18 = WA 30/1, 255,7-14.

[28]   Heidelberger Katechismus Frage 129, in: GEORG PLASGER / MATTHIAS FREUDENBERG (Hg.), Reformierte Bekenntnisschriften (siehe Anm. 2), S. 186.

III. Divergenzen

Ich komme jetzt zu den Divergenzen zwischen Luthers Kleinem Katechismus und dem Heidelberger Katechismus. Ich werde hier deutlich kürzer sein. Das liegt nicht daran, dass viel weniger dieser Differenzen aufzuzeigen sind, sondern eher daran, dass aus meiner Sicht die genannten Punkte fundamentaler sind als die Unterschiede, die zudem nicht alle dogmatischer Natur sind.

1. Formale Unterschiede

Der Heidelberger Katechismus ist deutlich länger als Luthers Kleiner Katechismus – mit allen Vor- und Nachteilen, die das jeweils bedeutet. Der Heidelberger Katechismus argumentiert deutlich differenzierter und ausführlicher, ist aber natürlich auch im Unterricht besonderen Schwierigkeiten ausgesetzt. In der Praxis wird in vielen Gemeinden in Deutschland, in denen der Heidelberger Katechismus in Gebrauch ist, auch nur eine Auswahl der Fragen im Unterricht besprochen. Dadurch kommt aber oft die Systematik seiner Struktur nicht ausreichend zum Ausdruck. Wenn man beispielsweise den Satz, dass der Mensch von Natur aus geneigt ist, Gott und seinen Nächsten zu hassen, für sich nimmt, kommt ein düsteres Menschenbild heraus. Und es gibt Bereiche in Deutschland, wo die Rede von Lust und Liebe zu den guten Werken nicht gekannt wird. Luthers Katechismus ist – insbesondere in der Dekalogauslegung und in der des Credo – ausgesprochen präzise und immer wieder gut für alle Lebensstufen vermittelbar; andere Teile im Kleinen Katechismus werden viel weniger gekannt, etwa die Haustafeln. Die Auslegung des UnserVaters ist nach meinem Dafürhalten nicht ganz so genial wie die ersten beiden Teile. Der Heidelberger Katechismus hat eine Kirchenordnung nicht inkludiert. Sie ist etwa in der Kurpfalz auch 1563 separat erschienen. Nur am Rande: Indem die Kirchenordnung Teil des Kleinen Katechismus ist und diese 1580 lutherische Bekenntnisschrift geworden ist, ist die Aussage, dass Kirchenordnungen keinen Bekenntnisrang in der lutherischen Kirche haben, in dieser Pauschalität auch schon nicht ganz richtig.

Drei inhaltliche Unterschiede seien jetzt noch benannt.

2. Unterschied im Sakramentsverständnis in den beiden Katechismen

Die sachlich deutlichste Differenz ist sicherlich im Sakramentsverständnis zu finden. Der Kleine Katechismus geht von der Wirkmächtigkeit der Sakramente aus: Die Taufe wirkt Vergebung der Sünden und erlöst vom Tod und Teufel und gibt Seligkeit allen, die es glauben[29]. Im Abendmahl wird Vergebung der Sünden, Leben und Seligkeit gegeben[30]. Der Heidelberger Katechismus denkt hier ganz anders. Die Taufe erinnert und vergewissert, dass die am Kreuz geschehene Lebenshingabe Jesu Christi auch für mich geschehen ist. Auch im Abendmahl sind die Begriffe ›Erinnerung‹ und ›Vergewisserung‹ entscheidend. Das bedeutet, dass – anders als häufig den Reformierten unterstellt wird – das Abendmahl kein reines Erinnerungsmahl ist. Übrigens ist auch hier Zwingli nicht mit seinen Interpreten des 19. Jahrhunderts zu identifizieren[31]. Der Heidelberger Katechismus geht nicht davon aus, als wären die Sakramente reine Menschenhandlungen, in denen Gott letztlich nicht präsent ist. Nein, der Heidelberger Katechismus geht – etwa beim Abendmahl – auch von einer Realpräsenz aus. Er nennt sie Gegenwart des Heiligen Geistes.

Es kann jetzt nicht darum gehen, in diese Differenzen tief einzutauchen; das würde den Vortrag völlig überfordern. Aber diese Differenzen haben sicherlich auch philosophiegeschichtliche Hintergründe, die wiederum mit einem unterschiedlichen Wirklichkeitsverständnis zusammenhängen.

---

[29] Vgl. BSLK 515,36-516,2 = WA 30/1, 256,5-11.
[30] Vgl. BSLK 520,23-30 = WA 30/1, 316,13-20.
[31] Vgl. etwa JOHANNES VOIGTLÄNDER, Ein Fest der Befreiung. Huldrych Zwinglis Abendmahlslehre, Neukirchen-Vluyn 2013.

3. Differenz im Verständnis des Heiligen Geistes

Eine weitere sachliche Differenz ist im Verständnis des Heiligen Geistes zu sehen. Bei Luther ist die Aufgabe des Heiligen Geistes, den Glauben zu wecken – das ist der Tenor. Immerhin geht Luther in der Auslegung des dritten Artikels noch etwas weiter, wenn er »die ganze Christenheit auf Erden beruft, sammelt, erleuchtet, heiligt und bei Jesus Christus erhält im rechten, einigen Glauben.«[32] Das bleibt aber sehr vage.

Der Heidelberger Katechismus ist zunächst mit Luther ganz einig darin, dass der Heilige Geist den Glauben weckt. Aber ihm werden, etwa auch beim Abendmahl, besondere Aufgaben zugeschrieben, die deutlich über Luthers Angaben hinausgehen. Ich zitiere einmal aus einer Frage zum Abendmahl:

»Was heißt, den gekreuzigten Leib Christi essen und sein vergossenes Blut trinken? Es heißt nicht allein, mit gläubigem Herzen das ganze Leiden und Sterben Christi annehmen und dadurch Vergebung der Sünde und ewiges Leben empfangen, sondern auch, durch den Heiligen Geist, der zugleich in Christus und in uns wohnt, mit seinem verherrlichten Leib mehr und mehr vereinigt werden, so dass, obgleich er im Himmel ist und wir auf Erden sind, wir doch ein Leib mit ihm sind und von einem Geist ewig leben und regiert werden.«[33]

Diese Differenz kann man theologisch durchaus vertiefen. Luther vertrat auch auf Grund seiner Einschätzung der sogenannten Schwärmer eine sehr enge Bindung des Geistes an das Wort des Evangeliums. Im Heidelberger Katechismus wird der Geist nicht nur explizit häufiger genannt, sondern ist deutlich stärker trinitarisch verortet: Christus ist auch mit den Heiligen Geist gesalbt – und im Blick auf das Abendmahl ist die Anrufung des Geistes, ja sogar eine Epiklese, wenn auch nicht auf die Elemente, naheliegend.

Auf eines ist jedoch hinzuweisen: Für den Heidelberger Katechismus ist es der Geist Jesu Christi, der auch nicht losgelöst von ihm zu verstehen oder zu erkennen ist. Es gibt im reformierten Bereich andere Konzeptionen

---

[32] Vgl. BSLK 512,5-8 = WA 30/1, 299,2-5.

[33] Heidelberger Katechismus Frage 76, in: GEORG PLASGER / MATTHIAS FREUDENBERG (Hg.), Reformierte Bekenntnisschriften (siehe Anm. 2), S. 171.

(und ich verweise einmal auf Jürgen Moltmann und Michael Welker), die die Rede vom Geist Jesu Christi als eine theologische Verengung empfinden und vehement etwa auch Karl Barth kritisieren, der ihnen zu einseitig argumentiert. Der Heidelberger Katechismus ist tendenziell eher bei Barth als bei Moltmann anzusiedeln.

4. Unterschied im Verständnis der Ekklesiologie

Ein letzter Unterschied ist in der Ekklesiologie zu sehen. Zwar hat der Heidelberger Katechismus im Unterschied zu anderen reformierten Bekenntnissen eine eher sparsam zu nennende Lehre von der Kirche. Sie ist aber in den Abschnitten 54 und 55 prominent vorhanden.

»Ich glaube, dass der Sohn Gottes aus dem ganzen Menschengeschlecht sich eine auserwählte Gemeinde zum ewigen Leben durch seinen Geist und Wort in Einigkeit des wahren Glaubens von Anbeginn der Welt bis ans Ende versammelt, schützt und erhält und dass auch ich ein lebendiges Glied dieser Gemeinde bin und ewig bleiben werde.«[34]

Gottes erwählendes Handeln ist hier als ein Ineinander von Gemeinschaft und Einzelnem beschrieben. Die Kirche als Gemeinschaft wird als von Gott erwähltes Subjekt genannt, an dem die einzelnen Christen Glieder sind. Die Gemeinde ist also den einzelnen Christen theologisch vorgeordnet. Die Kirche ist nicht allein ein Zusammenkommen, sondern der Leib Jesu Christi. Damit hat die Ekklesiologie in reformierter Hinsicht eine hohe Bedeutung und ist deshalb auch zu gestalten. Die sich anschließende Frage 55 geht deshalb auch von einer Gabenvielfalt aus.

»Alle Glaubenden haben als Glieder Gemeinschaft an dem Herrn Christus und an allen seinen Schätzen und Gaben« und sollen diese *»willig und mit Freuden zum Wohl und Heil der anderen gebrauchen.«*[35]

Mit dieser Betonung ist kein Gegensatz zu Luthers Ekklesiologie zu entwerfen. Auf die Tatsache, dass explizit die Ekklesiologie in Luthers

---

[34] Heidelberger Katechismus Frage 54, in: GEORG PLASGER / MATTHIAS FREUDENBERG (Hg.), Reformierte Bekenntnisschriften (siehe Anm. 2), S. 165 f.

[35] Heidelberger Katechismus Frage 55, in: GEORG PLASGER / MATTHIAS FREUDENBERG (Hg.), Reformierte Bekenntnisschriften (siehe Anm. 2), S. 166.

Kleinem Katechismus so nicht thematisiert wird, wollte ich nur hinweisen. Mögliche Schlüsse dürfen Sie selber ziehen.

IV. Zum Schluss

Der Vergleich zwischen beiden Texten zeigt, dass deutlich mehr Konvergenzen als Divergenzen wahrzunehmen sind. Vielleicht habe ich dies anders wahrgenommen, als Sie es tun. Dann können wir darüber ins Gespräch kommen. Denn das Ziel der Beschäftigung mit konfessionellen Bekenntnissen muss sein, dass es uns heute hilft, als Christ, als Kirche zu leben – als Reformierte und als Lutheraner und als Unierte: eben als evangelische Christenmenschen, die gemeinsam davon leben: *Domini sumus* – wir gehören dem Herrn.

TORLEIV AUSTAD:
Lutherische Identität. Eine systematische Stellungnahme

I.   Die Frage nach der lutherischen Identität

Was heißt lutherische Identität? Ich bin nicht gebeten worden, diese Frage im Sinne eines historischen Rückblicks auf Martin Luthers Theologie zu beantworten. In diesem Vortrag geht es also nicht um eine Übersicht über die neueste Luther-Forschung. Es handelt sich auch nicht um eine kurze historische Zusammenfassung der Theologie der evangelisch-lutherischen Bekenntnisschriften. Meine Aufgabe ist, die lutherische Identitätsfrage im Sinne einer systematisch-theologischen Stellungnahme zu beantworten.

Ich habe jedenfalls den Auftrag so verstanden, dass darin vier Leitmotive liegen:

Erstens geht es um *lutherische Identität*. Die Frage soll in erster Linie im Lichte der lutherischen Theologie und der lutherischen Kirche erörtert werden. Es geht um die Überlieferung (*traditio*) des lutherischen Erbes.

Zweitens erwartet man eine *Stellungnahme*. Ich soll nicht nur erzählen, referieren und beschreiben. Eine Stellungnahme setzt voraus, dass man für mögliche Lösungen argumentiert.

Drittens möchte ich unterstreichen, dass *systematische Theologie* ein Gegenwartsfach ist. Die Fragen, die zur Diskussion stehen, sind in die heutige theologische, kirchliche, kulturelle und politische Situation auf verschiedene Weisen eingebettet.

Viertens bin ich gefragt, *eine* Stellungnahme – das heißt *meine* Stellungnahme – hervorzubringen. Eine rechte oder autoritative Stellungnahme ist nicht zu erwarten. Das wäre auch nicht wünschenswert.

Die Frage nach lutherischer Identität heutzutage ist eine Suche nach der *Eigenart* des christlichen Glaubens in der lutherischen Perspektive[1].

Es geht um die Kennzeichen der lutherischen Kirche. Warum stellen wir diese Frage? Was wollen wir dadurch erreichen? Geht es einfach um lutherische Prahlerei auf dem Weg zum Reformationsjubiläum im Jahre 2017? Oder steht unsere Tradition, das reformatorische Erbe, in Gefahr ausradiert zu werden? Ist es einfach notwendig, das lutherische Profil zu putzen und aufzupolieren, damit das Luthertum im ökumenischen und konfessionskritischen Zeitalter weiterleben kann? Die lutherische Kirche hat jedenfalls eine besondere Verpflichtung, das theologische Merkmal der Reformation dauernd hervorzuheben und zu erneuern.

---

[1]   Zum Verständnis des Identitätsbegriffes siehe GERHARD EBELING, Dogmatik des christlichen Glaubens, Bd. 3, Tübingen 1979, S. 413-416.

II. Die Vielfalt des Luthertums

Innerhalb von fünf Jahrhunderten ist das Luthertum auf allen Kontinenten verbreitet worden. Insgesamt soll es etwa 70 Millionen Lutheraner geben. Die lutherischen Kirchen haben sich nicht einheitlich entwickelt. Die Überlieferung des lutherischen Erbes ist von den unterschiedlichen Kontexten geprägt. Deshalb ist die lutherische Familie heute ziemlich vielfältig. Kann man immer noch von einem lutherischen Glauben sprechen? Inwieweit ist das Weltluthertum immer noch eine einheitliche Größe? Haben sich die reformatorischen Akzente der lutherischen Kirche mindestens in einigen Teilen der Welt verflüchtigt? Wie vielseitig kann eine Konfession hervortreten, ohne dass sie sich selbst auflöst?

Zunächst möchte ich betonen, dass lutherische Theologie nicht in reiner Form vorliegt. Die Überlieferungsgeschichte des Luthertums spiegelt Schwingungen und Änderungen in der Theologie, in der Kirche, im kulturellen Leben und in der politischen Lage wieder. Wie unterschiedlich das weltweite Luthertum im dogmatischen Bereich sein kann, sieht man in den Reaktionen der verschiedenen lutherischen Kirchen zum ökumenischen Konvergenz-Dokument *Taufe, Abendmahl und Amt* (das sogenannte Lima-Dokument, 1982) der Kommission für Glauben und Kirchenverfassung[2].

Die Antworten der lutherischen Kirchen gehen nicht in dieselbe Richtung. Das Luthertum scheint mehrstimmig. Gibt es trotzdem einen theologischen Kern, der die lutherischen Kirchen zusammenhält und der das Fundament der lutherischen Kirchengemeinschaft ausmacht? Als Testfrage könnte man z.B. untersuchen, inwieweit das eigene Kirchenverständnis mit den Kennzeichen der Kirche (*notae ecclesiae*) in Luthers Schrift *Von den Konzilien und Kirchen* (1539)[3] übereinstimmt. In dieser Schrift nennt Luther nicht nur die drei Hauptkennzeichen der wahren Kirche: *Predigt, Taufe* und *Abendmahl*, sondern auch vier andere, die aus den Haupt-

---

[2] Vgl. Churches Respond to BEM: Official Responses to the "Baptism, Eucharist and Ministry" Text, Vol. I-VI, ed. by MAX THURIAN, Faith and Order Papers No. 129, Geneva 1986-1988.

[3] MARTIN LUTHER, Von Konziliis und Kirchen, in: WA 50, 488-653.

kennzeichen erwachsen sind, nämlich: *Beichte* und *Absolution*, *Amt*, *Gebet* und schließlich *Kreuz und Leiden*[4].

Erlauben Sie mir in diesem Zusammenhang, ein Beispiel aus meiner Heimatkirche zu erwähnen. In der Zeit des Staatspietismus im Königreich Dänemark/Norwegen im 18. Jahrhundert wurde der dänische Hofprediger Erik Pontoppidan beauftragt, eine Erklärung zu Luthers *Kleinen Katechismus* anlässlich der Einführung der allgemeinen Konfirmation im Jahre 1736 zu verfassen. Die Katechismus-Erklärung unter dem Titel *Wahrheit zur Gottseligkeit* wurde als Lehrbuch im Konfirmandenunterricht festgelegt. Das Anliegen der Erklärung ist zu zeigen, »was derjenige, der selig werden will, wissen und tun muss«[5]. Wenn man daran denkt, dass diese Katechismus-Erklärung in der Kirche und in der Schule in Norwegen über 150 Jahre (also über fünf Generationen hinweg) in Gebrauch war, versteht man, wie stark der Pietismus das norwegische Luthertum geprägt hat.

Zwischen den lutherischen Bekenntnisschriften und der pietistisch geprägten Katechismus-Erklärung besteht zweifellos eine theologische Spannung. Sie kommt zum Ausdruck in der Anthropologie, in der Heilsordnung, in der Sakramentslehre und im Kirchenverständnis. Pontoppidan entwickelte die Heilsordnung, die *ordo salutis*, in der Hinsicht, den Gefallenen aufzuwecken und zur Bekehrung zu rufen. In der Volkskirche waren damals alle getauft, auch diejenigen, die später Gefallene genannt wurden. Die Bekehrung, die den Pietisten auf dem Herzen lag, wurde als eine neue Geburt durch das verkündigte Wort verstanden. Die Taufe wurde als Mittel zur Wiedergeburt für Kinder gesehen; das Wort war Wiedergeburtsmittel für die Erwachsenen, die vom Glauben gefallen waren. Da die Bekehrung der Gefallenen die Leidenschaft der pietistischen Verkündigung war, spielte in dieser Frömmigkeitsbewegung die Taufe eigentlich keine Rolle[6].

---

[4] Vgl. OSWALD BAYER, Martin Luthers Theologie. Eine Vergegenwärtigung, Tübingen 2003, S. 235-236.

[5] Untertitel der Katechismus-Erklärung.

[6] TORLEIV AUSTAD, Taufe und Bekehrung in Erik Pontoppidans Erklärung zu Luthers Kleinem Katechismus (1737), in: JOHANNES VON LÜPKE / EDGAR THAIDIGSMANN (Hg.), Denkraum Katechismus. Festgabe für Oswald Bayer zum 70. Geburtstag, Tübingen 2009, S. 359-374.

Bei Pontoppidan wird die greifbare und sichtbare Wiedergeburt so stark betont, dass die Rechtfertigung nur als ›die allererste Frucht der Wiedergeburt‹ (Frage 503) zu verstehen ist. Das bedeutet, dass der Mensch erst nach seiner Bekehrung und Verwandlung gerechtfertigt wird. Dann ist es unmöglich, die Rechtfertigung primär in forensischer Perspektive zu verstehen. Nach meiner Meinung lässt sich Pontoppidans Auffassung nicht mit Art. 4 der Augsburgischen Konfession in Einklang bringen.

Die systematisch-theologische Frage ist: Ist die pietistische Erweckungsbewegung theologisch gesehen eine Abweichung von der lutherischen Identität? Oder gibt es gute Gründe dafür, den Identitätsbegriff im Luthertum so stark auszuweiten, dass sich auch die Lehre des *ordo salutis* einordnen lässt? Meiner Meinung nach können wir nicht die ganze Heilslehre des Pietismus als heutige lutherische Lehre übernehmen. Aber wir dürfen nicht den legitimen lutherischen Ansatz im Pietismus übersehen. Vor allem geht es hier um die Notwendigkeit der täglichen Buße.

III. Gesellschaftliche Veränderungen

Die moderne *religiöse Pluralität*, auch innerhalb der lutherischen Kirche, ist heutzutage eine besondere Herausforderung und stellt eine Bedrohung für die konfessionelle Gleichartigkeit in den Volkskirchen dar. In der Reformationszeit war es ein Problem, wie die verschiedenen konfessionellen Gemeinschaften miteinander umgehen sollten. Das Problem wurde mit dem Friedensschluss in Augsburg im Jahre 1555 politisch gelöst. Nach der Regel *cuius regio – eius religio* hat man die Konfessionen auf verschiedene Territorien verlegt. Aber diese politische Lösung hatte ihre begrenzte Zeit. Schon im 17. Jahrhundert mussten verschiedene Konfessionen miteinander im selben Land weiterleben. Später ist es dazu gekommen, dass jede Person in konfessioneller und religiöser Hinsicht freigestellt wurde. Die Religionsfreiheit ist heute ein allgemeines Menschenrecht. Es setzt einen Individualismus voraus, der sich von der Kultur und der Gesellschaft der Reformationszeit gänzlich unterscheidet.

Mit der modernen *Demokratie* ist die personelle Obrigkeit zu einem Staat geworden, die in Europa heute in den meisten Fällen auf dem Prinzip der *Volkssouveränität* aufbaut. Wenn eine Regierung durch Wahlen zurücktreten muss und neugewählte Politiker die Macht übernehmen, geschieht tatsächlich eine demokratische Revolution. Viele Lutheraner waren gegenüber der demokratischen Entwicklung zurückhaltend. Ja, einige haben sogar die Demokratie bekämpft. Seit meiner eigenen Studienzeit hat sich die lutherische Staatsethik auf diesem Gebiet geändert.

In vielen lutherischen Kirchen lässt sich auch eine gewisse demokratische Struktur wiederfinden, unter anderem bei Kirchenwahlen und Ordnungsfragen in der Kirche. Aber die kirchliche Demokratie ist in gewisser Hinsicht eine andere als die politische Demokratie. Die Kirche ist eine Glaubensgemeinschaft, die ihre eigenen Kennzeichen hat. Die Lehre der Kirche kann nicht bei allgemeinen Stimmabgaben beschlossen werden. Lehrentscheidungen sind Herausforderungen des Priestertums der Gläubigen.

Die *totalitären Ideologien* im 20. Jahrhundert, beispielsweise der Marxismus-Leninismus, der Faschismus und der Nationalsozialismus, haben die lutherische Theologie und Kirche erschüttert. In lutherischen Kreisen war es eine verbreitete romantische Auffassung, dass Staat und Gesellschaft sich durch ihre eigenen ethischen Gesetze regulieren, und dass die politischen Beschlüsse außerhalb der kirchlichen Verantwortung lägen. Lutherische Theologen und Kirchenleiter traten als Fürsprecher für die Theorie der *Eigengesetzlichkeit* der politischen und wirtschaftlichen Gebiete in der Öffentlichkeit auf[7]. Diesem Denken lag eine Interpretation der *Zwei-Reiche-Lehre* zugrunde, die zu einer Trennung zwischen der Ideologie des Staates und der Theologie der Kirche geführt hat. Gegenüber einer totalitären Ideologie war die lutherische Kirche teilweise gelähmt. Sie hatte wenig Kraft, sich mit der nationalsozialistischen Ideologie auseinander zu setzen. Die Möglichkeit einer theologisch fundierten Kritik an Unrecht, Unterdrückung, Antisemitismus, Verfolgung von Minderheiten, Krieg und

---

[7] AHTI HAKAMIES, ›Eigengesetzlichkeit‹ der natürlichen Ordnungen als Grundproblem der neueren Lutherdeutung. Studien zur Gerschichte und Problematik der Zwei-Reiche-Lehre Luthers (Untersuchungen zur Kirchengeschichte Bd. 7), Witten 1971.

totalitären Ideologien war gehemmt. In den dreißiger Jahren des 20. Jahr-hunderts war es in der Luther-Akademie einfach nicht erlaubt, solche Fragen aufzunehmen und zu diskutieren[8]. Die Erfahrungen aus dem Dritten Reich haben uns gelernt, dass wir als Kirche für Staat und Gesellschaft eine sozialethische und gesellschaftskritische Aufgabe haben.

Hoffentlich hat das Luthertum von seiner eigenen Geschichte gelernt, dass Römer 13 nicht als Beleg für eine unkritische Obrigkeitsloyalität – oder schärfer formuliert: Obrigkeitskriecherei – benutzt werden kann. Der norwegische Bischof Eivind Berggrav hat dazu beigetragen. In seinem Buch *Der Staat und der Mensch* (1946) und in seinem Vortrag *Staat und Kirche heute nach lutherischer Sicht* auf der Vollversammlung des Luthe-rischen Weltbundes in Hannover 1952 stellte er fest, dass das Recht immer für Paulus zwischen der Obrigkeit und dem Bürger steht. Wo der Apostel das Wort Obrigkeit benutzt, müssten wir oft das Wort Recht einsetzen, behauptete Berggrav. Er sagte also, dass jedermann dem Recht untertan sei. Einem Unrechtsstaat gegenüber hat man Recht und Pflicht zur Gehorsamsverweigerung[9]. Unter den Lutheranern heute ist es glücklicher Weise eine verbreitete Auffassung, dass Gehorsam gegenüber dem Staat von dem Recht und den Menschenrechten bedingt und begrenzt ist.

IV. Luther und die Bekenntnisschriften

Die lutherische Kirche ist nicht Luthers Kirche. Aber durch seine Wiederentdeckung der Rechtfertigungslehre des Apostels Paulus hat er zur theologischen Grundlegung dieser Kirche entscheidend beigetragen. Vor allem hat er die biblische Theologie im Hinblick auf das *Heilsver-*

---

[8] TORLEIV AUSTAD, 75 Jahre Luther-Akademie. Geschichte und Aufgaben, Wohlfahrt und langes Leben. Luthers Auslegung des 4. Gebots in ihrer aktuellen Bedeutung, Veröffentlichungen der Luther-Akademie Sondershausen-Ratzeburg e.V., Bd. 5, Erlangen 2008, S. 26-44.

[9] Vgl. HEINRICH FÖRSTER (Hg.), Die öffentliche Verantwortung der Evangelisch-lutherischen Kirche in einer Bekenntnissituation. Das Paradigma des norwe-gischen Kirchenkampfes, Veröffentlichungen der Luther-Akademie e.V. Ratze-burg, Bd. 7, Erlangen 1984.

ständnis erneuert. Luther selbst wollte keine eigene Kirche gründen. Er ist kein Kirchengründer. Er ist auch kein Heiliger. Seine umfassende Verfasserschaft gilt nicht als Lehrgrundlage in der lutherischen Kirche. Mündlich und schriftlich hat er viel gesagt, was sehr gut ist. Er war ein wahrer Reformator der Kirche. Aber von ihm stammen auch Äußerungen, die wir heute nicht gern zitieren. Sie gehören zum Verständnis von Luthers Theologie, aber nicht zur lutherischen Identität.

Am Anfang wollte Luther die Juden mit Vertrauen und Freundschaft empfangen[10]. Er sah sie als das ausgewählte Volk Gottes und lud sie zum christlichen Gottesdienst ein. Im Widerspruch zum Papst, der die Juden wie Hunde behandelte, wollte Luther brüderlich mit ihnen handeln und hoffte dadurch, etliche zum christlichen Glauben bekehren zu können. Seine Schrift *Dass Jesus Christus ein geborener Jude sei* (1523)[11] war eine Missionsschrift. Aber die christliche Judenmission war nicht erfolgreich. Auch die Religionsgespräche zwischen den Christen und den Juden brachten nicht die gewünschte Abklärung. Schrittweise wurde Luther mehr und mehr judenkritisch. Das kommt sehr deutlich zum Ausdruck in seiner späten antijüdischen Schrift *Von den Juden und ihren Lügen* (1543)[12]. Diese Schrift zeigt eine Schattenseite bei Luther, für die wir uns schämen. Er behauptet, dass die jüdischen Synagogen niederzubrennen sind, und was nicht brennt, soll mit Erde gedeckt werden. Den Juden sollten ihre Bücher entzogen werden. Luther möchte die Juden in eigene Einzäunungen, Ghettos, haben, so wie es mit den Zigeunern gemacht wurde. Er schreibt an die Fürsten und an den Adel und drückt die Hoffnung aus, dass man von dieser unverträglichen, teuflischen Last, d.h. den Juden, befreit wird[13]. Auch seine Ausfälle gegen Papisten, Türken und aufständische Bauern sind später teilweise kritisiert worden. Im Hinblick auf das Reformationsjubiläum 2017 ist zu hoffen, dass auch die Schatten der Reformation und die niederträchtigen Äußerungen Luthers bedacht werden. Es

---

[10] Vgl. THOMAS KAUFMANN, Luthers Judenschriften. Ein Beitrag zu ihrer Kontextualisierung, Tübingen 2011.

[11] WA 11, 314-336.485 f.

[12] WA 53, 417-552.

[13] TROND BERG ERIKSEN / HÅKON HARKET / EINHART LORENZ, Jødehat, Antisemittismens historie fra antikken til i dag, Oslo 2009, S. 103-113.

muss deutlich gesagt werden, dass nicht alles, was Luther geschrieben hat, zur lutherischen Identität gehört. Die theologische Eigenart des Luthertums liegt in der Wiederentdeckung des Evangeliums. Sie liegt nicht in unwürdigen Aussagen über einzelne ethnische Gruppen und in zeitabhängigen kirchenpolitischen und gesellschaftlichen Maßnahmen.

Die Frage, mit der wir uns hier befassen, lautet: Worin gründet das Luthertum seine Identität? Auf den ersten Blick scheint die Antwort klar zu sein: Die Identität der lutherischen Interpretation des christlichen Glaubens ist in den evangelisch-lutherischen Bekenntnisschriften zu suchen. Das bedeutet eine Untersuchung altkirchlicher und reformatorischer Bekenntnisse. Aber eine einseitige historische Haltung reicht nicht. Im systematischen Ringen um die Frage der lutherischen Identität müssen wir auch die Entwicklung und die Verheimlichungen des Luthertums in Betracht nehmen. Und vor allem ist es notwendig, den lutherischen Glauben in Bezug auf das ökumenische Gespräch und im Kontakt mit der einheimischen Kultur zu durchdenken. Obwohl die Luther-Forschung und die Erforschung der lutherischen Bekenntnisse selbstverständlich die Hauptquellen zum Verständnis des lutherischen Glaubens bleiben müssen, bringt es nichts, auf eine Theologie der Repristination oder Restauration abzuzielen. Die Identitätsfrage des Luthertums muss in unserer Zeit und in verschiedenen Teilen der Welt beantwortet werden. In einer globalen Perspektive ist es nicht schwer zu verstehen, dass man sich etwas von den deutschen und europäischen Besonderheiten losreißen muss. Das zeigt sich z.B. bei der Übersetzung von Luthers zwei Katechismen in andere Sprachen, Kulturen und Gesellschaften.

Die Hermeneutik der Bekenntnisschriften hat sich durch die Jahrhunderte geändert. Als Beispiel kann man die heutige Haltung zu den Verdammungssätzen der reformatorischen Bekenntnisse erwähnen. Die meisten der Artikel dieser Bekenntnisse haben zwei Teile. Der erste Teil besteht normalerweise aus positiven Bejahungen (*affirmationes*) und wird oft mit der Formel ›Wir bekennen‹ (*confessimus*) eingeleitet. Im zweiten Teil folgen die Abgrenzungen gegen falsche Lehren, also gegen Irrlehren. Sie sind in manchen Fällen mit der Formel ›Wir verwerfen‹ oder ›Wir verdammen‹ (*damnamus*) versehen. Können wir dieses Schema heute aufrechterhalten? Zu dieser Frage würde ich sagen: In zugespitzten Bekenntnissituationen kann man auch heute die lutherische Identität in dieser Form ausdrücken. Aber normalerweise sind die Abgrenzungen in ökumenischen Dokumenten nicht so scharf formuliert. Das hängt damit zusammen, dass die theologischen und konfessionellen Haltungen in vielen Gemeinden und Kirchen, und auch in Familien und unter Freunden, weit auseinander gehen. In manchen Fällen treffen die *damnationes* der Reformationszeit nicht ohne weiteres auf die heutigen Positionen der Gesprächspartner zu. In Gesprächen mit Baptisten ist es heute z. B. von vornherein nicht zu empfehlen, mit den Verwerfungen der Wiedertäufer im Augsburgischen Bekenntnis anzufangen. Das gilt auch für Gespräche mit den Katholiken über die Rechtfertigungslehre. Die alten Verwerfungen beider Seiten treffen nicht immer zu. Es lohnt sich oft mit den positiven Lehraussagen, die man gemeinsamen aussprechen kann, anzufangen. Das darf aber nicht die Klarheit und Deutlichkeit des lutherischen Glaubensverständnisses verwischen.

V. Ein lutherisches Proprium?

Jede Kirche hat eine Erzählung ihrer Geschichte. Normalerweise geht es um Hintergründe und die Anfangsphase, um Kirchenverfassung und Kirchenleitung, um Eigenart und Verhältnis zu Nachbarkirchen, und um Mission und Hauptaufgaben. Aber die Frage nach der theologischen Eigenart der Kirche wird nicht immer eindeutig formuliert. Als Lutheraner müssen wir uns selbst aufs Neue fragen, was das Proprium des lutherischen Glaubens ist. Hat die lutherische Kirche ein theologisches Herzensanliegen, das für ihre Existenzberechtigung grundlegend und für die Ökumene von entscheidender Bedeutung ist?

Für Luther und die anderen lutherischen Väter war es ein Hauptanliegen, die katholische Kirche im Lichte der altkirchlichen Bekenntnisse zu erneuern. Sie übernahmen die altkirchliche Lehre von Gott, wie sie in der Dreieinigkeitslehre zum Ausdruck gekommen ist. Art. 1 der Augsburgischen Konfession beruft sich auf das Nizäno-Konstantinopolitanische Glaubensbekenntnis von 381 und stellt fest, »dass ein göttliches Wesen sei, das Gott genannt wird und wahrhaftig Gott ist, und dass doch drei Personen in diesem einen göttlichen Wesen sind, alle drei gleich mächtig, gleich ewig: Gott Vater, Gott Sohn, Gott Heiliger Geist.«[14] Auch die Christologie von Nicäa ist in der Augsburgischen Tradition übernommen. Luther hat sich später ausdrücklich zu dem Begriff *homousios* bekannt, weil er in diesem Begriff die Meinung der Schrift kurz und summarisch zusammengefasst fand[15]. Aber weder die Trinitätslehre noch die altkirchlichen Christologie waren für die Reformatoren tote Tradition oder statische Dogmen. In Streitigkeiten mit den antitrinitarischen Schwärmern hat Luther die Lehre vom dreieinigen Gott interpretiert und angewandt, und in der Auseinandersetzung um die Rechtfertigungslehre spielt das Verständnis der altkirchlichen Christologie eine sehr wichtige Rolle.

Es scheint mir offensichtlich, dass die Erneuerung der Kirche in der lutherischen Reformation in der *Soteriologie* zu finden ist. Der Hauptstreitpunkt mit der römisch-katholischen Kirche im 16. Jahrhundert war die Heilstheologie. Ausgangspunkt war Luthers Frage nach der Heilsgewissheit. Er kämpfte mit der Frage: Wie bekomme ich einen gnädigen Gott? Wenn man sich mit der Augsburgischen Konfession von 1530 befasst, wird deutlich, dass die wichtigste neue Erkenntnis der Reformatoren die Rechtfertigungslehre war. Für die ersten Artikel der Konfession, die von der Trinitätslehre, der Lehre von der Sünde und der Christologie handeln, ist die im Art. 4 behandelte Rechtfertigung *propter Christum per fidem* das Ziel. Die folgenden Artikel über das Predigtamt, das Kirchenverständnis und die Sakramentslehre drehen sich um die Vermittlung und Annahme der Heilsbotschaft. Es kann darüber kein Zweifel sein, dass das Proprium der lutherischen Kirche das Folgende ist: *die Rechtfertigung des Sünders*, allein aus Gnade, nicht durch Werke. In der Rechtfertigungslehre steckt auch die Unterscheidung zwischen Gesetz und Evangelium.

---

[14] Text in: HORST GEORG PÖHLMANN (Hg.), Unser Glaube. Die Bekenntnisschriften der evangelisch-lutherischen Kirche, Ausgabe für die Gemeinde, Gütersloh 1986, S. 58.
[15] Confessio Augustana: Bekenntnis des einen Glaubens. Gemeinsame Untersuchung lutherischer und katholischer Theologen, Paderborn / Frankfurt am Main 1980, S. 52.

Nun ist aber behauptet worden, dass das spezifisch lutherische Erbe in der Betonung vom Werk Christi für mich (*pro me*) und für uns (*pro nobis*) liegt. Im Artikel von der Rechtfertigung in der *Confessio Augustana* heißt es, dass wir die Vergebung der Sünden und die Gerechtigkeit vor Gott allein um Christi willen erlangen können, wenn wir glauben, dass Christus *für uns* gelitten hat. Die Hervorhebung von *pro me / pro nobis* in der reformatorischen Theologie war aber keine neue Entdeckung. Es liegt im Nizänischen Glaubensbekenntnis vor. Im zweiten Artikel bekennen wir, dass Jesus Christus *für uns* Menschen und zu *unserem* Heil vom Himmel herabgestiegen ist. Er wurde auch *für uns* gekreuzigt. Noch einmal sehen wir, dass die lutherische Reformation in wichtigen Punkten auf den altkirchlichen Bekenntnissen beruht.

VI. Anfechtung

Die lutherische Spiritualität wird oft durch einen berühmten Satz von Luther charakterisiert. Er sagt: »Niemand kann ein wahrer Theologe werden, ohne *oratio*, *meditatio* und *tentatio*.«[16] Dieser zugespitzte Satz stammt aus Luthers Erfahrung von der Erziehung im Kloster. Beten, das Nachdenken (oder Textmeditation) und Anfechtung gehören zum Studium der Theologie in Hinblick auf den Dienst in der Kirche. Ein Theologe, der von Gott redet, muss lernen, mit ihm im Gebet in Beziehung zu treten. Luther hat aber auch Anfechtungen erlebt.

Wie erklärt Luther die *Anfechtung*? Die These 20 in seiner *Heidelberger Disputation* von 1518 lautet so: »Der heißt mit Recht ein Theologe, der das, was von Gottes Wesen sichtbar und der Welt zugewandt (*posteriora Dei*) ist, als in Leiden und im Kreuz dargestellt, begreift.« Das der Welt Zugewandte, Sichtbare am Wesen Gottes ist dem Unsichtbaren entgegengesetzt: seine Menschheit, Schwachheit, Torheit, wie 1. Kor 1,25 von der göttlichen Schwachheit und Torheit handelt. Diese These zeigt, wie Luther vom Ersten Korintherbrief geprägt ist. Ein Hauptgedanke dieses Briefes ist, dass Gott in seiner Schwachheit zu erkennen ist. Er ist im Leiden ver-

---

[16] Vgl. OSWALD BAYER, Luthers Theologie (siehe Anm. 4), S. 27-40.

borgen, wie es in 1. Kor 1,21 heißt: »Denn weil die Welt, umgeben von der Weisheit Gottes, Gott durch ihre Weisheit nicht erkannte, gefiel es Gott wohl, durch die Torheit der Predigt selig zu machen, die daran glauben.« Nach Luther hilft es uns nicht, Gott in seiner Herrlichkeit und Majestät zu erkennen, wenn man ihn »nicht zugleich in der Niedrigkeit und Schmach seines Kreuzes erkennt.«[17]

In der These 21 sind die Kreuzestheologie und die Herrlichkeitstheologie als Gegensätze dargestellt. »Der Theologe der Herrlichkeit (*theologus gloriae*) nennt das Schlechte gut und das Gute schlecht; der Theologe des Kreuzes (*theologus crucis*) nennt die Dinge mit richtigen Namen.«[18] Der Theologe der Herrlichkeit zieht die Werke dem Leiden, die Herrlichkeit dem Kreuze, die Kraft der Schwachheit, die Weisheit der Torheit und überhaupt das Gute dem Bösen vor. Solche Theologen sind ›Feinde des Kreuzes Christi‹ (Phil 3,18), denn sie hassen Kreuz und Leiden, sagt Luther. Gott lässt sich in dem gekreuzigten Christus finden, nicht anderswo. Auf diesem Grund ist die Kreuzestheologie anfechtend für diejenigen, die Gott durch ihre Weisheit suchen. Luther hat deutlich einen Gedanken von Augustinus aufgegriffen: »Zu Gott kommt man nicht mit Pferd und Wagen.«

Auch im Vorwort zum *Magnificat* von 1520/21 reflektiert Luther über die Anfechtung. Maria war vom niedrigen Rang. Luther beschreibt sie als armselig, sanftmütig und verachtet. Das entspricht der Schöpfung, indem Gott die Welt aus Nichts schuf. Mit seinen Augen sieht Gott in die Tiefe. Die Welt und die Kinder der Welt sind aber stolz in ihrem Blick. Bei Gott ist es anders. Er »steht gegen die Stolzen, aber den Demütigen gibt er Gnade« (1. Petr 5,5). Maria ist eine schlichte Jungfrau, die das Vieh weidet und die Hausarbeit macht. Dennoch hat Gott sie erwählt, Christus zu gebären[19].

---

[17] MARTIN LUTHER, in: HANS HEINRICH BORCHERDT und GEORG MERZ (Hg.), Ausgewählte Werke, Dritte Auflage. Erster Band, München 1951, S. 133.
[18] AaO, S. 134.
[19] OTTO CLEMEN (Hg.), Das Magnificat verdeutschet und ausgelegt 1520 und 1521, in: Luthers Werke in Auswahl, Zweiter Band, Berlin 1934, S. 133-187.

Wir sehen hier, wie Gott das Unterste zuoberst kehrt. Das kann den Glauben anfechten. So ist es auch mit der Kreuzestheologie. Sie kann kaum vermeiden, in Konflikt mit modernen Strömungen unserer Kultur zu kommen. Viele von uns wollen Gott nach unseren Idealen und Bedürfnissen anpassen. Paulus stimmt dem nicht zu, wenn er schreibt: »Sondern was töricht ist vor der Welt, das hat Gott erwählt, damit er die Weisen zuschanden mache.« (1. Kor 1,27)

VII.   Gottesdienstliche Theologie

Die lutherische Identität kommt zum Ausdruck im Gottesdienst, vor allem durch die Verkündigung des Wortes und die Feier des Abendmahls. Wenn die Gemeinde sich im Gottesdienst versammelt, erweist es sich, wie der auferstandene Jesus Christus geglaubt und bezeugt wird. Für die lutherische Kirche ist es von entscheidender Bedeutung zu bekennen, dass er heute derselbe ist, der gestern war und in Ewigkeit bleibt (vgl. Hebr 13,8).

In der lutherischen Tradition ist der Gottesdienst ein bedeutender Treffpunkt zwischen Theologie und Kirche. Sie stehen in einer engen Beziehung zueinander und können nicht voneinander getrennt werden. Die Kirche – mit ihrem Kristallisationspunkt im Gottesdienst – ist der Sitz im Leben der Theologie. Auf der anderen Seite muss man aber aufpassen, dass der Unterschied zwischen Theologie und Kirche nicht übergangen wird. Die Theologie kann das Gewissen der Kirche sein. Wenn wir nach der Identität des Luthertums fragen, ist die theologische Aufgabe eng mit der kirchlichen Lage verbunden, und die kirchliche Besinnung ist von den theologischen Erwägungen geprägt. Es gibt also eine gegenseitige Abhängigkeit von Theologie und Kirche. Die systematische Theologie, vor allem die Dogmatik, gehört in die Kirche hinein, und die Kirche braucht frische Theologie, um nicht in ihren bürokratischen Traditionen zu erstarren.

Die lutherische Kirche ist beschuldigt worden, einen Schwerpunkt im dogmatischen Unterricht zu haben. Es wird behauptet, dass diese Kirche eine Professoren-Kirche ist, und dass alles an der rechten Lehre hängt. Ist es wirklich so? Inwieweit kann man sagen, dass das emotionale Erlebnis des Glaubens in der lutherischen Predigttradition unterschätzt wird? Es gibt jedenfalls Gemeindeglieder in lutherischen Kirchen, die behaupten, dass die Spiritualität in den meisten Gottesdiensten und im übrigen Gemeindeleben in den lutherischen Kirchen zu trocken ist. Deshalb kommt es nicht von ungefähr, dass es in der pietistischen Erweckungsbewegung jedenfalls in den skandinavischen Ländern eine verbreitete Auffassung war, dass die lutherische Reformation nur eine Erneuerung der Lehre war. Was man aber später im 17. und 18. Jahrhundert brauchte, war eine Reformation im Leben. Auf diesem Hintergrund wurde die Heilslehre – vor allem die Verkündigung zu einer neuen Bekehrung – teilweise in psychologischer und gefühlsmäßiger Sprache dargestellt. Daraus entstand eine Erfahrungstheologie, die einen lebendigen Glauben ausstrahlte, aber in einigen Punkten dogmatisch fragwürdig war.

Aber ist es treffend, die lutherische Kirche als eine dürre dogmatische Bewegung ohne geistvolle Kraft darzustellen? Meine Antwort ist: Nein! Wenn man die Lieder Martin Luthers, seine Erneuerung der deutschen Messe, seine Predigten, seine Katechismen und seine Erfahrungsweisheit betrachtet, sieht man eine kraftvolle Erneuerung der Theologie und der Kirche, die mit den beiden Teilen des menschlichen Gehirns kommuniziert. Es geht sowohl um intellektuelle Erkenntnisse als auch um geistliche Erlebnisse. Deshalb ist es so wichtig, dass man in den letzten Jahren auch Forschung zum Verständnis der lutherischen Spiritualität gefördert hat. Ohne Zweifel holen wir heute geistige Inspiration von verschiedenen Quellen, auch von den Vätern der Wüste in der alten Kirche und aus der Tradition von Ignatius von Loyola. Aber als Lutheraner haben wir auch einen Beitrag zur Erneuerung der Spiritualität zu leisten. Das liegt vor allem im dankbaren Halleluja zur Vergebung der Sünde um Christi willen durch den Glauben allein.

Was bedeutet das für die lutherische Identität? Zunächst möchte ich unterstreichen, dass der Identitätsbegriff im religiösen Bereich kein rein rationaler Begriff ist. Es geht nicht nur um vernünftige und logische Überlegungen. Eine religiöse Überzeugung schließt *emotionales Engagement* ein. So ist es auch im christlichen Glauben. Eine christliche und kirchliche Identität ist eine Kombination von intellektuellen Erkenntnissen und tiefgreifender Empfindung. Das gilt auch für die theologische Identität. Ich stimme aber nicht Friedrich Schleiermacher zu, wenn er behauptet, dass der christliche Glaube ›schlichthinniges Abhängigkeitsgefühl‹ ist. Das ist ein Glaubensverständnis, das zu einseitig auf religiösem Gefühl gegründet ist. Dasselbe Ungleichgewicht haben wir auch in dem individualistischen Postmodernismus und in der Schleiermacher-Renaissance in den letzten zwanzig Jahren gesehen. Für Luther war das intellektuelle Erkenntnis und die gefühlsmäßige Hingabe in der Theologie miteinander verbunden.

Die Formula *lex orandi – lex credendi* hebt den Zusammenhang zwischen Gebet und Glaube hervor. Wie man betet, so glaubt man. Wie man glaubt, so betet man. Hier geht es nicht primär um das individuelle Gebet, sondern um das liturgische Gebet in der Kirche, vor allem im Gottesdienst. Was die Kirche glaubt, wird in gottesdienstlichen Bekenntnissen ausgedrückt. Deshalb sind das Apostolische und das Nicänische Glaubensbekenntnis, die gottesdienstliche Bekenntnisse sind, auch in der lutherischen Kirche so wichtig.

Von Gerhard Ebeling – vor allem durch seine *Dogmatik des christlichen Glaubens* – habe ich Anregungen zum Verständnis des Gebets bekommen. Er versteht das Gebet als einen hermeneutischen Schlüssel zur Gotteslehre. »Von da aus öffnet sich das Verständnis für das Gott zugesprochene Sein und für die Gott zugesprochenen Attribute« schreibt Ebeling[20]. Er hebt hervor, dass die Gebetssituation die menschliche Grundsituation zur Sprache bringt. Diese Situation ist das Sündersein vor Gott. Hier redet Gott uns an. Unsere Antwort ist die Haltung der Anbetung. Sie kommt durch Anrede, Dank und Bitte zum Ausdruck. Das führt zur Erkenntnis und zur Erfahrung von Gott als dem heiligen Gott. »Wer Gott erkennt, der muß ihn auch anerkennen, der betet ihn auch an.« So stellt Ebeling fest[21]. Ich stimme Ebeling zu.

---

[20] GERHARD EBELING, Dogmatik des christlichen Glaubens, Bd. 1, Tübingen 1979, S. 193.

[21] AaO, S. 192.

VIII. In der Ökumene

Im ökumenischen Gespräch mit anderen Konfessionen und kirchlichen Traditionen taucht die Frage auf, was in der Interpretation des christlichen Glaubens spezifisch lutherisch ist. Die Ökumene bewegt sich, aber langsam, in Richtung der Einheit der weltweiten Kirche. Letztlich geht es um die Möglichkeiten, ein gemeinsames Bekenntnis zum dreieinigen Gott ablegen zu können. In dieser Perspektive scheint es klar, dass die Hauptaufgabe der lutherischen Konfession nicht Isolation und Selbsterhaltung ist. Als Lutheraner sind wir verpflichtet, Gespräche mit anderen Kirchen und kirchlichen Traditionen in der Hoffnung zu führen, dass wir auf dem Weg zu einem gemeinsamen Zeugnis von Jesus Christus in aller Offenheit weiterkommen können.

Art. 7 der Confessio Augustana (De Ecclesia) ist als eine ausgestreckte ökumenische Hand zu verstehen. Dieser Artikel hebt hervor, dass es zur wahren Einheit der christlichen Kirchen genug ist – *satis est* – der Lehre des Evangeliums und der Verwaltung der Sakramente zuzustimmen. Hier geht es also darum, Übereinstimmung in der Heilsfrage zu erreichen. Das bedeutet, dass die Einheit der Kirche auf der *Soteriologie* gegründet ist und die Soteriologie ist in der Christologie verankert. Die Einheit der Kirche beruht auf der Einigkeit über die Predigt des Evangeliums und auf der Einigkeit über die Verwaltung der Sakramente. Es geht also um das, was für das Heil des Menschen unbedingt notwendig ist. Damit ist die Wahrheitsfrage der Rechtfertigung *solo Christo* und *sola fide* konkret gestellt. Das ist nicht eine Art Minimalismus der Ekklesiologie, sondern eine Konzentration auf das entscheidende Anliegen der lutherischen Reformatoren: Wie erhalte ich einen gnädigen Gott?

Mit diesem soteriologischen und selbstverständlich auch christologischen Schwerpunkt ist die ökumenische Haltung der lutherischen Kirche gekennzeichnet. Der Beitrag der Lutheraner zu Einheitsbestrebungen der Kirche besteht also darin, immer noch auf das Heilsverständnis hinzuweisen. Es gehört zur Identität dieser Kirche, sich für Wort und Sakrament zum Heil der Menschen einzusetzen. In dieser Perspektive ist es eine ökumenische Notwendigkeit, das Verständnis und die Aneignung der heilsbringenden Gnade zu vermitteln.

Innerhalb der lutherischen Familie gibt es Strömungen, die in Annäherungen zu andern Konfessionen zurückhaltend gewesen sind. Das war z.B. der Fall in gewissen konfessionalistischen Kreisen, besonders im Neuluthertum im 19. Jahrhundert und am Anfang des 20. Jahrhunderts. Nach dem Zweiten Weltkrieg aber hat man die ökumenische Orientierung der lutherischen Reformation und der Augsburgischen Konfession neu entdeckt. Für Luther galt es, die Kontinuität mit der apostolischen Kirche aufrecht zu erhalten und zu erneuern.

In der lutherischen Kirche gilt die Lehre der Rechtfertigung immer noch als *articulus stantis et cadentis ecclesiae*. Wenn aus der lutherischen Kirche kommende Theologen an ökumenischen Gesprächen teilnehmen, stehen sie vor der Frage, inwieweit es möglich ist, eine gemeinsame Erkenntnis der Sündenvergebung aus der Gnade um Christi willen durch den Glauben in ekklesiologischer Perspektive zu erzielen. Verschiedene gemeinsame römisch-katholische und evangelisch-lutherische Kommissionen haben diesen Kernpunkt in der zweiten Hälfte des 20. Jahrhunderts diskutiert. Im Schlussbericht der internationalen Kommission *Kirche und Rechtfertigung* (1994) heißt es: »Katholiken und Lutheraner bezeugen gemeinsam das allein in Christus und allein aus Gnade geschenkte, empfangene Heil.« Die Kommission unterstreicht die nahe Verbindung zwischen der Kirche und der Rechtfertigung und sagt: »Ein Konsensus in der Rechtfertigungslehre – auch wenn er differenziert ist – muß sich ekklesiologisch bewähren. Alles, was über das Wesen der Kirche, über die Heilsmittel und über das in der Kirche eingestiftete Amt geglaubt und gelehrt wird, muß im Heilsgeschehen selbst begründet und vom Rechtfertigungsglauben als Empfang und Aneignung des Heilsgeschehens geprägt sein. Entsprechend muß auch alles, was über Wesen und Wirkung der Rechtfertigung geglaubt und gelehrt wird, im Gesamtkontext der Aussagen über die Kirche, die Heilsmittel und das der Kirche eingestiftete Amt gesehen werden (§ 2).«[22]

Das bedeutet aber nicht, dass die kontroverstheologische Frage über die Rechtfertigungslehre zwischen Katholiken und Lutheranern in diesem

---

[22] PEDER NÖRGAARD-HØJEN, Økumenisk Teologi. En introduktion, København 2013, S. 201 (Note 265).

Kommissionsbericht überwunden ist. In der Ekklesiologie und im Amtsverständnis verbergen sich immer noch ungelöste Probleme. Das zeigt sich auch in der *Gemeinsamen Erklärung zur Rechtfertigung* vom 31. Oktober 1999. Damals herrschte eine optimistische ökumenische Stimmung im *Lutherischen Weltbund* und im *Vatikan*. Aber die Diskussion im Nachhinein in den beiden Kirchen hat gezeigt, dass die beinahe 500 Jahre alte Streitfrage nicht mit dieser Erklärung gelöst ist. Sowohl innerhalb des Luthertums als auch innerhalb der katholischen Kirche sind Streitigkeiten über den Inhalt und die Konsequenzen der Erklärung ausgebrochen[23]. In einer Stellungnahme zur Erklärung polemisiert die katholische Kirche gegen Paragraph 17, der betont, dass die Rechtfertigungslehre nicht nur ein Teilstück im Ganzen des christlichen Glaubens ist. Sie hat zugleich »eine umfassende kritische und normative Funktion, sofern sie die gesamte Lehre und Praxis der Kirche unablässig auf die Mitte des biblischen Christuszeugnisses hin orientiert.«[24] Die katholische Kirche hebt hervor, dass es auch andere Fragen gibt, die wesentlicher als die der Rechtfertigungslehre sind, so wie das Kirchenverständnis, die Sakramentslehre, das kirchliche Amt und das Papsttum. Man hat den Eindruck, dass die Konvergenz in der Rechtfertigungslehre für die katholische Kirche keine aktuellen ekklesiologischen Konsequenzen hat. Wieder zeigt es sich, dass die Katholiken und die Lutheraner sich nicht über die Kriterien der kirchlichen Einheit einigen können.

Die ›Allein-Prinzipien‹ der lutherischen Kirche – *solus Christus, sola gratia, sola fide* und *sola scriptura* – sind wichtige Richtlinien im ökumenischen Gespräch. Sie können aber nicht ganz allein stehen.

Das Prinzip *sola scriptura* ist nicht eine Alternative zu jeder Form der Tradition. Die lutherische Kirche schließt nicht alle Traditionen aus. Das sieht man deutlich in der hohen Schätzung der altkirchlichen Väter und der altkirchlichen Symbole, die als nachkanonische Tradition verstanden werden. Luther hat sich der altkirchlichen Bekenntnisbildung angeschlos-

---

[23] Vgl. FRIEDRICH HAUSCHILDT (Hg.), Die Gemeinsame Erklärung zur Rechtfertigungslehre. Dokumentation des Entstehungs- und Rezeptionsprozesses, Göttingen, 2009.

[24] NØRGAARD-HØJEN, Ökumenisk Teologi (siehe Anm. 22), S. 205.

sen, weil sie nach seiner Meinung mit der Heiligen Schrift übereinstimmt. Für ihn und für andere Reformatoren konnte die altkirchliche Lehrbildung als ein Wegweiser zur kirchlichen Auslegung der Bibel dienen, aber unter der Voraussetzung, dass sie den Sinn der Bibel wiedergab. Deshalb betonte Luther immer die Notwendigkeit, zur Bibel zurückzukehren. Als Quelle und Norm hatte die Bibel eine kritische Funktion in der Beurteilung der kirchlichen Tradition. Die Absicht des *sola scriptura*-Prinzips war und ist es immer noch, Traditionen, die offensichtlich unvereinbar mit den biblischen Texten sind, abzulehnen. Die katholische Kirche begründet die Maria-Dogmen von 1854 und 1950 in der kirchlichen Tradition. Für die lutherische Kirche reicht das nicht, weil die kirchlichen Traditionen in diesen Fragen keine biblische Verankerung haben.

Heute wird behauptet, dass die ungelöste Spannung zwischen Schrift und Tradition bei weitem überwunden ist. Man weist oft zur Unterscheidung auf die drei englischen Wörter *Tradition* (mit großem T), *tradition* (mit kleinem t) und *traditions* (pluralis) von der Weltkonferenz der *Kommission von Glauben und Kirchenverfassung* in Montreal 1963 hin. Mit *Tradition* (mit großem T) ist Gottes Offenbarung in Christus durch den Heiligen Geist gemeint, also das Evangelium, "the Gospel itself, transmitted from generation to generation in and by the Church, Christ himself present in the life of the Church". Der Begriff *tradition* (mit kleinem t) ist die Bezeichnung der Wiedergabe des Evangeliums, in Englisch "*the traditionary process*", während *traditions* (pluralis) die Mannigfaltigkeit der kirchlichen und konfessionellen Traditionen wiederspiegelt, "*both the diversity of forms of expression and also what we call confessional traditions.*"[25]

Ich gebe zu, dass diese sprachlichen Distinktionen festgefahrene Positionen lösen können. Aber das reicht nicht, um die Spannung zwischen Schrift und Tradition zu überwinden. Im Gespräch mit der römisch-katholischen Kirche ist diese Spannung immer da. Das Problem liegt im unterschiedlichen Verständnis, welche Quellen normative Autorität haben. Obwohl das reformatorische Prinzip *sola scriptura* nicht vollständig von der theologiegeschichtlichen und kirchlichen Tradition losgerissen werden

---

[25] NÖRGAARD-HØJEN, Økumenisk Teologi (siehe Anm. 22), S. 74, siehe auch S. 195-196 und S. 301-305.

kann, ist es eine sehr wichtige Erinnerung daran, dass die Antworten auf schwierige theologische Fragen nur in der Bibel zu finden sind. In den ökumenischen Gesprächen ist es die Berufung der lutherischen Theologie und Kirche, ständig darauf zu pochen, dass der Fortschritt in der Annäherung zwischen den Kirchen und den Konfessionen in der gemeinsamen biblischen Theologie liegt.

IX. Freiheit und Verantwortung

Von Paulus hat Luther gelernt, über die Freiheit eines Christenmenschen zu reflektieren. Am Anfang seiner Schrift *Von der Freiheit eines Christenmenschen* (1520) formuliert er die zweifache These: »Ein Christenmensch ist ein freier Herr über alle Dinge und niemand untertan. Ein Christenmensch ist ein dienstbarer Knecht aller Dinge und jedermann untertan.«[26]

Mit Hinweis auf Paulus belegt Luther die widersprüchliche These von Freiheit und Dienstbarkeit. Auf der einen Seite hat Christus dem Christenmenschen die Freiheit erworben und gegeben. Auf der anderen Seite ist der Christenmensch zur Nächstenliebe aufgerufen. »Seid niemand etwas schuldig, außer dass ihr euch untereinander liebt.« (Röm 13,8) Diese *Dualität* gehört zur lutherischen Identität. Es ist der Klang des Evangeliums, der mit der Herrschaft Christi zu uns gekommen ist. In der Welt sind wir aber nicht untertan wie Sklaven, sondern wie Diener für den Nächsten. »So wie Christus arm wurde und Knechtsgestalt annahm, so sind wir mit den Nöten und Lasten der Welt verbunden.«[27] Hier liegt der Ansatz zur ethischen Besinnung und Verantwortung.

Wenn es um die ewige Seligkeit der Menschen geht, kann die lutherische Theologie und Kirche nie eine Rechtfertigung aus Ethik und Kultur akzeptieren. Heute gibt es wieder Tendenzen in der Theologie, das

---

[26] Martin Luther. Ausgewählte Werke, Herausgegeben von HANS HEINRICH BORCHERDT und GEORG MERZ. Dritte Auflage. Zweiter Band, München 1948, S. 269, auch in: WA 6, 20-38 bzw. die etwas modifizierte und längere lateinische Fassung ebd., 49-73.

[27] AaO, S. 414 (Erläuterungen).

Evangelium als eine soziale Botschaft zu verstehen. In Büchern, Zeitungen, Predigten und Diskussionen merkt man ab und zu einen Hang zur Verherrlichung eines persönlichen und kollektiven Aktivismus, der den Menschen in schweren Situationen tröstet und hilft. Im lutherischen Denken kann das als ethische Folge des Evangeliums verstanden werden, aber nicht als reines Evangelium. Heute kommt es vor, dass man von der Kanzel her hören kann, dass der Mensch durch Nächstenliebe vor Gott gerecht gesprochen wird. Das ist die moderne Ausgabe von Rechtfertigung aus den Werken. Es ist wahr, dass wir zum Dienen und zum Leiden in der Welt gerufen sind, aber nicht um das ewige Heil zu erreichen. Für gute Werke im ethischen und politischen Bereich sollen wir in Christo Gott die Ehre geben[28].

Zur lutherischen Identität gehört ein ständiges Pochen auf die Rechtfertigung allein aus Gnade um Christi willen durch den Glauben. Das ist genau dieselbe Aufgabe wie die Ermahnung des Apostels Paulus an die Galater, wenn er schreibt: »O ihr unverständigen Galater! Wer hat euch bezaubert, denen doch Jesus Christus vor die Augen gemalt war als der Gekreuzigte? Das allein will ich von euch erfahren: Habt ihr den Geist empfangen durch des Gesetzes Werke oder durch die Predigt vom Glauben?« (Gal 3,1-3)

Angesichts der heute herrschenden Korrelationen zwischen Leistung und Gewinn, zwischen Einsatz und Ausbeute, scheint die paulinische und lutherische Ermahnung für viele Menschen in unserem Kulturkreis nicht einfach zu begreifen zu sein. Desto wichtiger ist es ›die fremde Gerechtigkeit‹ (*aliena iustitia*) zu unterstreichen, die uns in Christo geschenkt wird – allein aus Gnade.

---

[28] Vgl. OSWALD BAYER, Notwendige Umformung? Reformatorisches und neuzeitliches Freiheitsverständnis im (Konflikt-)Gespräch, in: HANS CHRISTIAN KNUTH / RAINER RAUSCH (Hg.), Welche Freiheit? Reformation und Neuzeit im Gespräch, Dokumentationen der Luther-Akademie Sondershausen-Ratzeburg e.V., Tagungsband 9 (Herbsttagung der Luther-Akademie 2011), Hannover 2013, S. 123-146.

X. Ergebnis

In der lutherischen Tradition sollte es möglich sein, tragende und entscheidende Einsichten in der Theologie und in der Kirche in einigen kurzen Sätzen zu erörtern. Geht dies heute? Es ist natürlich ein Wagnis. Meine Überlegungen weisen auf vier Grundsätze hin:

1. auf den Glauben an Gott den Schöpfer, an Jesus Christus den Erlöser und an den Heiligen Geist den Erneuerer,
2. auf die Rechtfertigung des Sünders um Christi willen durch den Glauben,
3. auf die gottesdienstliche Gemeinschaft um Wort und Sakrament,
4. auf die Freiheit und Verantwortung der Christen.

In diesen vier Grunderkenntnissen liegen die Herausforderungen, die lutherische Kirche im Lichte des Neuen Testaments zu erneuern. Hierbei geht es um die Wahrheit des Evangeliums. Das ist die entscheidende Frage der lutherischen Theologie.

Sabine Blaszcyk:

Martin Luther – ein Bild von einem Mann. Meinungsäußerungen von Jugendlichen aus Sachsen-Anhalt zu Martin Luther

I. Einleitende Bemerkungen

Die hier vorgestellte Studie wurde im Rahmen der Forschungsprojekte der Forschungsstelle für religiöse Kommunikations- und Lernprozesse erarbeitet. Diese Forschungsstelle gibt es seit April 2012 an der Theologischen Fakultät der Martin-Luther-Universität Halle-Wittenberg. Sie ist ein Gemeinschaftsprojekt des religionspädagogischen Instituts der Fakultät, der Evangelischen Kirche in Mitteldeutschland und der Evangelischen Landeskirche Anhalts. Unsere Arbeit ist vorwiegend auf die empirische Untersuchung religionspädagogischer Prozesse im Kontext von Konfessionslosigkeit ausgerichtet. Ein kleines Projekt, mit dem ich betraut wurde, stelle ich hier in Auszügen vor. Ich selbst habe 12 Jahre lang als Religionslehrerin und Pfarrerin gearbeitet und sowohl mit Grundschülern als auch mit Jugendlichen das Thema ›Martin Luther‹ behandelt.

Zum Zeitpunkt der Untersuchung befanden wir uns in der Halbzeit der Reformationsdekade. Die EKD verbindet mit dieser Dekade und ihren Themenjahren auch pädagogische Interessen. Doch nicht nur durch kirchliche Impulse ist die Person Martin Luthers in der derzeitigen Geschichtskultur[1] in Sachsen-Anhalt hoch präsent. Diese Geschichtskultur ist alltagsweltlich gegenwärtig und produziert Sinnbildungsangebote, die vom individuellen Geschichtsbewusstsein verarbeitet werden müssen. Jugendliche in Sachsen-Anhalt können Luther an verschiedenen Lernorten (Schule, Kirchengemeinde, Medien, Familie) kennen lernen. Der Reformator tritt ihnen aber auch anderen Ortes (mehr oder weniger förderlich) entgegen: Die Bandbreite reicht von Lutherstätten mit hohem museumspädagogischem Niveau bis zur touristischen Vermarktung des Reformators als Lutherkeks oder Lutherbier. Welches Bild formiert sich bei Jugendlichen angesichts der recht hohen Wahrscheinlichkeit, dem Reformator alltagsweltlich zu begegnen?

Dieser Frage ist die Forschung schon einmal nachgegangen. In den Jahren 1997/1998 beschäftigte sich eine quantitative Studie mit der Thematik, was Schüler über den Reformator wissen. Unter dem Titel *Luthers Bild in Luthers Land*[2] wurden 1368 Schüler und Schülerinnen bzw. Auszubil-

---

[1]   Nach HANS-JOACHIM PANDEL, Geschichtsunterricht nach PISA, Schwabach/Taunus 2005, S. 128, ist Geschichtskultur »die Art und Weise, wie eine Gesellschaft mit ihrer Vergangenheit und ihrer Geschichte umgeht […]. Es ist nicht mehr allein die Geschichtswissenschaft mit ihren Produkten, die in der Öffentlichkeit dominiert, sondern eine eigenständige Geschichtskultur hat ihr den Rang abgelaufen. Geschichtskultur meint deshalb nicht die Anwesenheit wissenschaftsförmigen Wissens in der Lebenswelt. Das Wissen, das in ihr präsent wird, hält der wissenschaftlichen Rationalität oft nicht stand. Es ist aber sinnlicher, ästhetischer und vor allem kreativer als das der Geschichtswissenschaft.«

[2]   Diese Studie wurde durch die *Luther in Sachsen-Anhalt GmbH* (LUISA) initiiert und durch das Zentrum für Schulforschung und Fragen der Lehrerbildung an der Martin-Luther-Universität Halle-Wittenberg durchgeführt. Die Autoren waren DETLEF HAUPT, RONALD HIRSCHFELD, RALF KUHNKE, HANS-JOACHIM PANDEL und RAIMUND HOENEN. Die Studie ist in der Universitätsbibliothek der Martin-Luther-Universität Halle-Wittenberg einsehbar.

dende mit einem Fragebogen zu Martin Luther befragt. Ergebnis war unter anderem eine Diskrepanz zwischen hoher positiver Beurteilung des Wirkens des Reformators und niedriger Gegenwartsbedeutung für die Schüler. 83% der Befragten haben Luthers Wirken insgesamt ›irgendwie‹ positiv beurteilt, »aber eine Aktualität für heutige Vorgänge und heutige Entscheidungen billigen nur 27% Luther zu. Hierbei ist interessant, dass von evangelischen Jugendlichen nur 39% meinen, dass Luther uns in der heutigen Zeit ›noch etwas zu sagen‹ hat.«[3] Diese deprimierende Einschätzung irritiert heute, denn aktuell ist man eher geneigt zu sagen: Immerhin haben damals mehr als ein Viertel aller Befragten Luther eine gegenwärtige Bedeutung zugebilligt. Dieses Phänomen sowie der Wunsch nach einer religionspädagogischen Auseinandersetzung im Land der Reformation inmitten der Lutherdekade gaben den Impuls für die aktuelle Untersuchung: Zum einen sollte 16 Jahre nach der Studie *Luthers Bild in Luthers Land* durch eine erneute, jetzt aber qualitative, Studie erhoben werden, welches Bild sich Jugendliche heute vom Reformator machen. Zum anderen – und damit den Kern des Forschungsprojektes bildend – sollten eventuelle subjektive Relevanzen näher ausgeleuchtet werden. Nach der Studie von 1997/98 ist davon auszugehen, dass es auch heute noch Jugendliche gibt, die durchaus Luther eine gegenwärtige Bedeutung zugestehen. Gibt es unter diesen Heranwachsenden eventuell sogar Schüler und Schülerinnen, die eine *persönliche* Bedeutsamkeit, eine *subjektive* Relevanz erkennen lassen?

Dieses Forschungsinteresse erfordert einen qualitativen und deskriptiven Ansatz, denn nur in Einzelinterviews kann erhoben werden, welche individuellen Sichtweisen Heranwachsende entwickeln. Es geht demnach zunächst und vor allem um eine differenziertere Wahrnehmung der Schülerperspektiven auf ein geschichtskulturell hoch aktuelles und kirchengeschichtlich unverzichtbares Themengebiet des Religionsunterrichts. Es geht nicht um Kritik an bestehender Unterrichtsführung, auch wenn die Auswertung der Schülerinterviews diesbezügliche Gedanken provoziert.

Die vorliegende Untersuchung hat einen entscheidenden Impulsgeber in der konstruktivistischen Prämisse der qualitativen Evaluationsforschung.

---

[3]   Siehe vorherige Anmerkung.

Diese besagt, dass Menschen nicht Objekte von Maßnahmen sind und lediglich auf Interventionen reagieren, sondern Subjekte, »die Interventionen in ihrer Umwelt in ihre Alltagstheorien inkorporieren, sie in bestimmter Weise deuten und sinnhafte Strategien (schöpferische Uminterpretationen, Widerstand, ironisches Unterlaufen, Gegenentwürfe usw.) im Umgang mit ihnen entwickeln.«[4] In dieser konstruktivistischen Grundannahme wurzelt eine gewisse Entlastung aller Unterrichtenden: Das, was die Jugendlichen in den Interviews spiegeln, ist auch das Ergebnis aus einem unverfügbaren, subjektiven Prozess. Oder mit anderen Worten: Wenn Inhalte in den Interviews vermisst werden, heißt das nicht, dass sie im Unterricht nicht vorkamen. Aus der Orientierung am einzelnen Subjekt resultiert, dass die hier präsentierte Studie spezifische Befunde erhebt, also nicht auf Generalisierbarkeit zielt und ihre Ergebnisse reflexivorientierend versteht[5]. Natürlich ist von acht Interviews keine Repräsentativität zu erwarten. Dennoch geben die Interviews wertvolle Einblicke in die sehr individuellen Prozesse, historische Inhalte zu rekonstruieren, zu vergessen und zu transferieren.

In dieser Studie wurde die Form des Leitfadeninterviews gewählt, das nach den Vorgaben der beiden Sozialforscherinnen Monika Wohlrab-Sahr und Aglaja Przyborski entworfen worden ist. Beide Autorinnen fordern, dass zu Beginn eines jeden Leitfadeninterviews ein offener Impuls gewählt wird, der eine selbstläufige Erzählung provoziert[6]. Deshalb begann jedes Interview zunächst mit einem Gesprächsimpuls zu den Unterrichtsthemen des Religionsunterrichts der achten Jahrgangsstufe (offener Impuls und immanenter Frageteil). In einem zweiten Gesprächsgang (exmanenter Frageteil) drehte sich dann alles um Martin Luther. Dies zeigt der Auszug des Leitfadens:

---

[4] ERNST VON KARDORFF, Qualitative Evaluationsforschung, in: UWE FLICK / ERNST VON KARDORFF / INES STEINKE (Hg.), Qualitative Forschung. Ein Handbuch, Reinbeck [8]2010, S. 243 f.

[5] Siehe vorherige Anmerkung.

[6] AGLAJA PRZYBORSKI / MONIKA WOHLRAB-SAHR, Qualitative Sozialforschung. Ein Arbeitsbuch, München [3]2010, S. 138-145.

Exmanente Fragen:

1. Kannst du sagen, wie es dir mit dem Thema ›Martin Luther‹ ging?
2. Was denkst du, was war Martin Luther für ein Mensch?
3. Welche Bedeutung hat Martin Luther für dich?
4. Wenn du eine Homepage erstellen müsstest, welche Angaben zu Luther müssten da unbedingt deiner Meinung nach auftauchen?
5. Ist dir das Thema ›Martin Luther‹ auch schon mal außerhalb des Religionsunterrichts irgendwo begegnet?
6. Was denkst du, welches Bild zeigt Luther am ehesten so, wie du ihn dir vorstellst? Oder würdest du ihn dir ganz anders vorstellen? (13 Bilder zur Wahl)
7. Für manche Menschen ist Luther so eine Art ›Vorbild‹. Kannst du dir vorstellen, warum?
8. Was denkst du, woher nahm Luther die Kraft, so zu leben?

Die Fragen 2 und 3 stellten den Zielpunkt der Untersuchung dar. Mittels dieser Fragen sollte das Meinungsbild der Jugendlichen zu Martin Luther erhellt werden[7]. Die Untersuchung wurde auf Religionsschüler und Reli-

---

[7] Diese Erhebung wurde bewusst vor die Ermittlung der Wissensbestände gesetzt, um zu verhindern, dass die Interviewpartner sich examiniert fühlen und durch den entstehenden Druck nicht mehr bereit sind, ein Meinungsbild frei zu formulieren. Wissensstände wurden durch die spielerische Aufgabe, eine fiktive Homepage zu erstellen, sichtbar. Das Angebot, aus Bildern auszuwählen, war ein weiterer, methodisch etwas anders gearteter Schritt, die Aussagen der Jugendlichen zu erheben. Es gab auch die ausdrückliche Möglichkeit, sich von allen Bildern zu distanzieren und eigene Ideen zu formulieren. Es wurden zum einen verschiedene Bilder aus Lehrbüchern verwendet, auch um die Möglichkeit zu bieten, sich auf Grund der Darstellungen vielleicht noch mehr zu erinnern. Zum anderen wurden Bilder bereitgestellt, die Luther in unterschiedlicher, auch nicht ›heldenhafter‹, Verfassung darstellten. Die vorletzte Frage ist auf Grund des religionspädagogisch gesehen schwierigen Begriffs des Vorbilds nicht unproblematisch. Hier sollte aber eine eventuelle allgemeine Gegenwartsbeimessung Luthers erfragt werden. Man hätte – wie die Studie 1997/98 – auch direkt nach einer Gegenwartsbedeutung fragen können, aber damit wäre vermutlich nur eine Aktivierung des ›Geschichts-Ichs‹ oder des ›RU-Ichs‹ (›Religionsunterrichts-Ich‹) gelungen. Denn zu verneinen, *dass* der Reformator *irgendeine* Bedeutung für die Gegenwart hat, wird den Heranwachsenden angesichts der allgemeinen Präsenz Luthers in der Geschichtskultur schwer fallen. Durch die Übernahme der Perspektive eines

gionsschülerinnen der fast vollendeten achten Jahrgangsstufe eingegrenzt (Sampling), weil sich zum einen aus der Studie von 1997/98 ergeben hat, dass subjektive Relevanzen unter Jugendlichen, die den Religionsunterricht besuchten, wahrscheinlicher sind und zum anderen – zumindest laut Lehrplänen von Sachsen-Anhalt – eine Auseinandersetzung mit der Reformation in der siebten bzw. achten Jahrgangsstufe stattzufinden hat.

Da die Interviews außerhalb der Unterrichtszeiten stattfinden mussten, war es sehr schwer, Freiwillige zu gewinnen. Unter den insgesamt 16 kontaktierten Schulen fanden sich dann acht Jugendliche, die Interesse bekundeten und deren Eltern auch zustimmten. Es waren vier Jungen und vier Mädchen: drei evangelische sowie fünf konfessionslose Schüler und Schülerinnen, wobei zwei das Gymnasium besuchten, zwei weitere eine freie Gesamtschule und vier die Sekundarschule. Die Schulstandorte befinden sich in Zerbst, Leuna, Dessau und Köthen. Die Interviews dauerten durchschnittlich 25 Minuten und wurden mit einem kleinen Audiogerät aufgenommen, anschließend transkribiert, anonymisiert und nach den methodischen Vorgaben von Christiane Schmidt[8] ausgewertet. An dieser Stelle kann nicht ausführlicher auf die Auswertungsmethodik eingegangen werden, aber anhand der folgenden Ausführungen wird ein kleiner Einblick gegeben, was mit Auswertungskategorien gemeint ist.

---

derzeitig lebenden Menschens, der Luther zum Vorbild hat, wird vermutlich die persönliche Sicht auf die Gegenwartsbedeutung sichtbarer.

[8] CHRISTIANE SCHMIDT, Auswertungstechniken für Leitfadeninterviews, in: BARBARA FRIEBERTSHÄUSER / ANTJE LANGER / ANNEDORE PRENGEL (Hg.), Handbuch Qualitative Forschungsmethoden in der Erziehungswissenschaft, Weinheim ³2010, S. 447 ff.
Diese inhaltsanalytische Auswertung vollzieht sich in fünf Schritten:
1. Materialorientierte Bildung von Auswertungskategorien,
2. Zusammenstellung der Auswertungskategorien zu einem Kodierleitfaden,
3. Kodierung des Materials,
4. Quantifizierende Materialübersicht und
5. vertiefende Fallinterpretationen.

II. Präsentation einiger Forschungsergebnisse

1. Luther war nicht langweilig

Zunächst war für mich – angesichts oft beschriebender abwehrender Haltung von Schülern und Schülerinnen gegenüber kirchengeschichtlichen Inhalten[9] – die Erhebung überraschend, dass keiner der Jugendlichen die Unterrichtseinheit ›Martin Luther‹ als langweilig deklariert hat. Für drei der Jugendlichen war es eine interessante Auseinandersetzung und für fünf immerhin noch ›teilweise interessant‹.

Nun zeige ich Ihnen die Beschreibungen der Jugendlichen auf die Frage »Was denkst du, was war Luther für ein Mensch?« im Original: Luther als Mensch wird durch die Jugendlichen beschrieben mit folgenden Worten: ›gut‹, ›gerecht‹, ›glücklich‹, ›fröhlich‹, ›freundlich‹, ›mutig‹, ›selbstbewusst‹, ›schlau‹, ›vernünftig‹, ›fleißig‹, ›rebellisch‹. Luther war ein Mensch, der ›nicht langweilig‹ war, der ›alles erreicht hat‹, sein ›Leben genossen hat‹, ›kein langweiliger Typ war‹, ›alle angesprochen hat‹, sich ›für Arme interessiert‹ hat.

---

[9] Vgl. u.a. HANS MENDL, Lernen an (außer)gewöhnlichen Biografien, Donauwörth 2005, S. 151 ff.; MICHAEL DOMSGEN / FRANK M. LÜTZE, Schülerperspektiven zum Religionsunterricht, Eine empirische Untersuchung in Sachsen-Anhalt, Leipzig 2010, S. 136 ff.; KONSTANTIN LINDNER, In Kirchengeschichte verstrickt, Göttingen 2007, S. 154, benennt das empirisch erhobene, geringe Interesse der Schülerschaft an historischen Themen. LINDNER macht allerdings auch auf ein gewachsenes Interesse von Jugendlichen an Biographien aufmerksam, S. 35 ff., ebenso FOLKERT RICKERS, „Kritisch gebrochene Vorbilder" in der religiösen Erziehung, in: CHRISTOPH BIZER (Hg.), Sehnsucht nach Orientierung. Vorbilder im Religionsunterricht, JRP 24 (2008), S. 214.

Nachfragen ergaben dann genauere Einsichten in die Ursachen für diese Meinungen. Kategorisiert ergab sich folgendes Bild:

Luther, ein…	Anna (o. K.)	Elisabeth (ev.)	Katharina (ev.)	Susanne (o. K.)	Friedrich (o. K.)	Martin (o. K.)	Philipp (o. K.)	Richard (ev.)
verantwortungs-voller Mensch	X	X	X	X	X	X	X	X
fröhlicher Mensch	X	X		X	X		X	
standhafter Mensch	X				X	X	X	X
intelligenter Mensch	X						X	

2. Luther war ein verantwortungsvoller Mensch

Zunächst fällt durch die Quantifizierung auf, dass die Ausprägung ›verantwortungsvoller Mensch‹ mit acht Aussagen am häufigsten auftaucht. Für alle Jugendlichen ist Luther ein Mensch gewesen, der sich für andere interessiert bzw. etwas für andere getan hat, Verantwortung übernommen hat. Für Katharina, Richard, Friedrich und Martin bezieht sich das verantwortungsvolle Handeln Luthers auf das Nahebringen von richtigen Glaubensinhalten. Luther ist unter anderem ein ›guter‹ bzw. ›großer‹ Mensch auf Grund der Bibelübersetzung und der damit einhergehenden Möglichkeit, die Bibel zu lesen und so zu einem eigenen Urteil im Glauben gelangen zu können. Dies – so die Schüler – schützte vor Lügen, die der Papst bzw. die Kirche behauptet haben. Etwas anderes ausgerichtet als diese Aussagen, die sich vorwiegend auf die Verantwortung Luthers hinsichtlich der Vermittlung von Glaubensinhalten beziehen, sind die Meinungen von Susanne und Philipp. Beide spiegeln Luther als einen, der sich darum bemüht hat, schlechte Verhältnisse (soziale bzw. kirchliche) zu verbessern. Für Susanne ist Luther jemand, der sich für arme Menschen interessiert hat. Besonders Philipps Meinung ist aufschlussreich:

> P: Pfff, na ja ich mein, ich denk mal, er war eigentlich ein sehr guter Mensch, weil, er wollte halt die Kirche verbessern, so dass die Menschen halt nen besseres Leben mit der Kirche haben, weil so hat eigentlich die Kirche überkontrolliert und die Menschen mussten halt folgen und er wollte halt es so machen, dass die Menschen auch selber entscheiden konnten und nicht immer mit der Kirche und alles, ich denke, er war schon ein ganz vernünftiger Mensch, und ich denk mal, dass das nen Sinn macht, was er gemacht hat.

Luther sorgte für ein ›besseres Leben‹ mit der Kirche. Philipps eigene distanzierte Stellung zur Kirche kommt in dem Halbsatz »dass die Menschen auch selber entscheiden konnten und nicht immer mit der Kirche und alles« (auch) hier zur Sprache. Für diesen Schüler ist dieses Anliegen Luthers vernünftig und sinnvoll. Diese Aussage ist umso beachtlicher, wenn man bedenkt, dass Philipp ein konfessionsloser Schüler ist, der dem (derzeitigen) Religionsunterricht und dem Glauben ablehnend gegenübersteht. Philipp sieht in Luther einen Befreier vom Zwang zum Glauben und deshalb kann er ihm Respekt zollen (ähnlich votiert auch Martin).

Die zweithäufigsten Ausprägungen zum Thema *Luther als Mensch* sind *Luther, ein standfester Mensch* und *Luther, ein fröhlicher Mensch* mit je fünf Äußerungen. Unter der Ausprägung *Luther, ein standfester Mensch* sind alle Äußerungen (›selbstbewusst‹, ›ehrlich‹, ›rebellisch‹, »er hat trotzdem wietergemacht«) versammelt, die um Luthers Eigenschaft, zu seinen Positionen zu stehen, kreisen. Vor allem Martin weist differenzierte Kenntnisse auf:

> M: Äh, eines Nachts, nee eines, also da kam so nen Blitz, ist einschlagen ((lacht)) und dann hat er denn geschw also geschworen zu Gott, nee zur Heiligen äh (.). Ja, dann hat er ja das auch gemacht, was er versprochen hatte, da hat er vorher auch noch mal den Jurastudenten gefragt, seinen Kollegen so, ob er wirklich das einhalten soll und so (2). Ja und denn war er noch in einer Kirche und hat da auch nachgefragt und denn, also die Jurakollegen, die ham ja denn gesagt, der braucht das nicht, aber der hat trotzdem denn in der Kirche, hat er denn so angefangen, äh er hat ja dann auch angefangen, Theologie zu studieren.

Für Martin hat der junge Luther seine Entscheidung nicht völlig allein getroffen, sondern ein ›Netzwerk‹ verwendet, Meinungen eingeholt, abgewogen. Für diesen Jugendlichen war diese kleine, biographische Episode aus Luthers Leben erinnerungswürdig, vermutlich weil es für einen Heranwachsenden der heutigen Zeit auch wichtig ist, Netzwerke zu nutzen, wenn schwierige Entscheidungen anstehen.

3. Luther war ein fröhlicher Mensch

Unter der Ausprägung *Luther, ein fröhlicher Mensch* sind alle Aussagen zuzuordnen, die den Blick mehr auf den Charakter Martin Luthers und weniger auf sein Werk richten. Anhand dessen, was Schüler und Schülerinnen über Luther erfahren hatten, schätzten sie ihn als ›fröhlich‹ bzw. sogar ›sehr fröhlich‹ ein bzw. dachten sich, dass er ›sein Leben genießt‹. Diese Sicht der Jugendlichen wurzelt vor allem im *Erfolg* Luthers, der durch eine gewisse ›Konfliktfähigkeit‹ Luthers errungen wurde. So schließt beispielsweise Friedrich aus der ›rebellischen‹ Aktion der Verbrennung der Bannandrohungsbulle, dass Luther sein Leben genossen hat. Rebellion und Lebensgenuss – das ist ein Zusammenhang, der in der Pubertät Sinn macht. Die durch die Jugendlichen gewählten Bilder (vgl. Frage 6 im Interview) untermauerten durchweg die positiven Voten zu Martin Luther, wobei hervorsticht, dass insgesamt sechs von acht Jugendlichen eine Darstellung Luthers vor dem Reichstag in Worms wählen. Dies entspricht der starken Präsenz dieser historischen Begebenheit sowohl in Lehrbüchern als auch in den zuvor im Interview erwähnten Erinnerungen der Jugendlichen. Auffällig ist zudem, dass sich die in den Interviews geäußerten Wissensstände fast ausschließlich auf das Wirken Luthers im Zeitraum von 1517 bis 1521 beziehen. Alle Heranwachsenden erwähnten die 95 Thesen und erinnerten mehr oder weniger genau, dass Luther Konflikte mit der Obrigkeit hatte. Sieben Schüler und Schülerinnen skizzierten die Reformation als eine Veränderung der Kirche zum Besseren, erzählten von Flucht und Entführung sowie von der Bibelübersetzung. Sechs Jugendliche wussten, dass Luther widerrufen sollte. Fünf Heranwachsende identifizierten Luther als Thesenanschläger und Vogelfreien und wussten von der Wartburg als Versteck. Vier Schüler und Schülerinnen definierten Ablassbriefe als Freikaufmöglichkeit von Sünden und drei Interviewpartner qualifizierten die Ereignisse in Stotternheim als Lebens-wende, erwähnten Wittenberg, Katharina von Bora, Kinder und allgemein ›Freunde und Kollegen‹. Luthers Glaubenskonflikte werden von keinem Interviewpartner erwähnt. ›Rechtfertigungslehre‹ bzw. die ›Rechtferti-gung des Sünders‹ tauchen als Begrifflichkeiten nicht auf, sind aber even-tuell in den Voten von Anna und Susanne, die Luther als einen gerechten Menschen bzw. einen Menschen, der sich um Arme gekümmert hat, an-satzweise zu finden. Auch Elisabeths subjektive Relevanz, die im Folgen-den noch besprochen wird, lässt eine Kenntnis der Rechtfertigungslehre vermuten. Vorreformatoren und andere Reformatoren wie Melanchthon oder Zwingli werden gar nicht benannt. Die Entwicklungen nach 1521, be-sonders der Bauernkrieg und Luthers schwerwiegende Äußerungen dazu, werden nicht gekannt (bzw. in einem Fall historisch problematisch, indem Luther als Kämpfer für die Bauern identifiziert wird). Die Werke *Großer und Kleiner Katechismus*, Luthers pädagogisches Wirken, die konfessionel-len Entwicklungen sowie problematische antijüdische Schriften Luthers werden nicht benannt. Das sind Inhalte, die durchaus in Lehrbüchern der achten Klasse zu finden sind (z.B. im bayerischen Lehrwerk ›Ortswech-sel‹[10]), aber leider – wie eine Lehrbuchrecheche ergab – nicht in allen[11].

4. Zur subjektiven Relevanz Luthers für die Befragten: Welche Bedeutung hat Luther für dich?

Von besonderem Interesse innerhalb dieser Untersuchung waren die Antworten auf die Frage »Welche Bedeutung hat Martin Luther für dich?«. Überraschend war zunächst die Beobachtung, dass es den meisten Jugend-lichen schwer fiel, auf diese Frage zu antworten. Diese Transferfrage wa-ren die Interviewpartner offensichtlich nicht gewöhnt. Das kann als Chan-

---

[10]   INGRID GRILL-AHOLLINGER / SEBASTIAN GÖRNITZ-RÜCKERT / PETER SAMHAMMER / ANDREA RÜCKERT: Ortswechsel 8 - Standpunkte, München 2010, S. 42 ff.

[11]   Der Fokus auf die Zeit 1517-1521 ist auch in einigen Lehrbüchern Sachsen-Anhalts zu finden. Zum Beispiel in: WOLFRAM EILERTS / HEINZ GÜNTER KÜBLER (Hg.), Kursbuch Religion elementar 7/8, Calw 2007, S. 158 ff. oder ULRICH GRÄBIG / LEONIE GETTA / ANJA GRAF (Hg.), Mitten ins Leben 2, Berlin 2009, S. 134 ff.

ce gewertet werden, dass hier die Antworten weniger durch ein ›RU-Ich‹ geprägt sind. Antworten, die auf Grund der vermuteten sozialen Erwünschtheit erfolgen, sind aber nie gänzlich auszuschließen. Allerdings ist auch ein ›RU-Ich‹ ein ›Ich‹ und deshalb nicht uninteressant. Die Frage nach der persönlichen Lebensrelevanz beantworten Susanne, Friedrich, Philipp und Richard verneinend. Drei der vier ablehnenden Haltungen kommen von konfessionslosen Jugendlichen. Das ablehnende Votum des evangelischen Richard zeigt, dass sich auch unter evangelischen Schülern nicht automatisch eine Lebensrelevanz einstellt, nur weil man evangelisch ist. Dass drei konfessionslose Jugendliche sich ablehnend äußern, wundert nicht sehr. Zum einen ist die evangelische Kirche für alle drei keine erfahrene Größe und Luther als ein Vertreter dieser Kirche von daher auch nicht wichtig. Zum anderen ist auch der historische Graben von 500 Jahren nicht einfach zu überspringen. Luther ist ein so fernes Vorbild mit befremdlichen Glaubenskonflikten, die aus »einer Welt, die wir verloren haben«[12] stammen. Überraschend ist es daher, dass die konfessionslose Anna einen lebensweltlichen Bezug für sich herstellen kann. Auch Elisabeth (evangelisch) kann dies. Beide sind die einzigen unter den acht Interviewpartnern, die ein ›Ich‹ verwenden und damit Luther erkennbar eine (partielle) Lebensrelevanz zugestehen. Zwei weitere Jugendliche, Martin und Katharina, räumen Luther mit einem distanzierten ›man‹ eine gegenwärtige Bedeutung ein, sei es, dass man halt immer das machen soll, »wo man auch von sich überzeugt ist, dass man das machen kann.« (Martin) oder sei es, dass ohne Luther die Bibel nicht im Deutschen zu lesen wäre: »Weil er halt auch die Bibel ins Deutsche übersetzt hat. Hätte er das nicht gemacht, dann wüsste man ja nicht, wer es sonst gemacht hätte.« (Katharina) Für Katharina und auch Martin ist eine persönliche Relevanz nicht gänzlich ausgeschlossen. Sie kann aber auch nicht mit Sicherheit anhand der Aussagen aufgewiesen werden.

Gemäß des eingangs dargelegten Forschungsinteresses sind die Antworten von Anna und Elisabeth von besonderer Bedeutung, weil beide Schülerinnen Luther eine subjektive Relevanz beimessen. Ihre Äußerungen sollen hier noch etwas ausführlicher dargestellt werden.

---

[12] HEINZ SCHILLING, Martin Luther, München 2012, S. 15.

Anna zeigte sich im Interview als außerordentlich aussagefähig und reflektiert. Als konfessionslose Gymnasialschülerin besucht sie den Religionsunterricht seit acht Jahren. In ihrem Interview kristallisieren sich vor allem drei individuelle Meinungen und Wertorientierungen heraus:

1. Menschen sollen in religiösen Belangen nicht unter Druck gesetzt werden.
2. Ohne historische Beweise ist der Glaube an Gott/Jesus eine unsichere Angelegenheit.
3. Unserer Welt mangelt es an Zuwendung zum anderen.

Anna erweist sich im Interview als eine Jugendliche, die auf der religiösen Suche ist, sich jedoch relativ allein gelassen fühlt von Eltern und Religionslehrern mit ihren religiösen Fragen und Zweifeln. Diese Offenheit für religiöse Reflexionen hat meines Erachtens nicht wenig damit zu tun, dass Anna im weiteren Interviewverlauf Martin Luther eine persönliche Bedeutung zumisst. Anna beschreibt Luther zunächst als ›gerecht‹, weil er vor allem mit der Bibelübersetzung dafür gesorgt hat, dass Menschen die Wahrheit erfahren und nicht ›schamlos ausgenutzt‹ werden durch die Kirche. Diese Auffassung von Gerechtigkeit in der Form, Verantwortung für andere wahrzunehmen, schlägt sich auch in ihrer subjektiven Bedeutungszumessung nieder:

A: (5) Also mir hat gefallen, dass er nicht so an sich gedacht hat. Und als wir jetzt im Urlaub waren in Amerika, war's auch so, ich weiß nicht, das wirkte auf mich alles so, als würden die Leute auch nicht ständig nur so, ich weiß nur, und sei es nur im Einkaufszentrum nicht nur so an sich denken und da waren auch Verkäufer, die waren, die würden in Deutschland wahrscheinlich gar nicht arbeiten gehen, die hatten irgendwelche Behinderungen und es war nicht immer ganz leicht und ich glaube, die dürften in Deutschland gar nicht arbeiten. Und ich finde es halt gut, wenn jeder das Recht hat, und ich glaube, auch Martin Luther wollte, dass jeder Mensch ein vernünftiges Leben hat und nicht sein ganzes Geld an die Kirche gibt und das fand ich dann halt auch gut, wenn man nicht nur an sich denkt. Öhm, ich mag das nicht, wenn die ganzen Leute immer nur an sich denken und »Hauptsache Ich-krieg-meins-ab« und das fand ich gut, wenn er dann an die Armen gedacht hat.

I: Also, das ist so eine Sache, wo du sagst, das find ich gut an ihm.

A: Ja.

I: Das will ich auch selber so in meinem Leben?

A: Also, so ich würd's versuchen, also ich versuch's auch, aber es fällt dolle schwer, wenn man in einer Umgebung aufwächst, wo alle nur immer an sich denken.

Diese Interviewpassage zeigt eindrücklich, wie es Anna gelingt, Luther mit subjektiven Erlebnissen zu verknüpfen und so eine subjektive Bedeutung herzustellen. In Amerika (einem Land mit großen lutherischen Einflüssen) findet sie etwas von dem, was sie bei Luther auch gesehen hat: Jeder Mensch hat das Recht auf ein vernünftiges Leben, Inklusion statt Isolation. Es ist nach Annas Sicht auch im Interesse Luthers, sein ganzes Geld nicht an die Kirche zu geben. Hier spiegelt sich wiederum eine distanzierte, kirchenkritische Sicht, die auch in der Beurteilung der Lehrkraft der 8. Klasse zum Tragen kam. Kirche oder auch kirchliche Mitarbeiter sind ihr suspekt. Luther ist für Anna auf der anderen Seite dieser Kirche angesiedelt, wenn nicht sogar außerhalb. Er ist für sie der Träger von Kirchenkritik, Freiheit, Toleranz und Gerechtigkeit. Bisweilen erinnert dieses Meinungsbild eher an den biblischen Jesus als an (den historischen) Luther. Anna markiert selbst das Problem dieser ›Hagiographisierung‹, indem sie sich neben dieses Vorbild nicht stellen will und zu erkennen gibt, dass Luther ein zu großes Idealbild ist. Anna kommt unter Druck. Sie will anders als die anderen sein, aber der Druck ist hoch, so sein zu können. Anna will sich um andere kümmern (siehe Luther). Die Umwelt macht es ihr jedoch schwer. Dass auch Luther in diesem Kampf nicht immer richtige Entscheidungen traf bzw. Annas Gerechtigkeitsideal so nicht entsprach, scheint der Schülerin nicht bekannt zu sein. Exemplarisch hätten hierfür die Reflexion des Verhaltens Luthers im Bauernkrieg oder auch seiner antisemitischen Schriften im Unterricht sein können. Bei Anna scheint die Gefahr groß zu sein, dass die weiteren, nicht wenigen (kulturellen, medialen oder schulisch bedingten) Begegnungen mit dem Reformator immer auch mulmige Gefühle auslösen: Es sind immer auch Begegnungen mit ihrem Ideal und ihrem eigenen Anspruch, nicht immer nur an sich zu denken. Annas positives Meinungsbild von Martin Luther hat leider auch das Potential, Druck oder Minderwertigkeitsgefühle zu erzeugen.

In dieser Gefahr steht Elisabeth – soweit man dies aus dem Interview schließen kann – weniger. Elisabeth ist eine leistungsstarke Sekundarschülerin und evangelisch. In dem Interview mit ihr taucht an verschiedenen Stellen die Familie als Bezugsrahmen auf. Sie äußert unter anderem die Ansicht, dass vertrauensvolle Beziehungen in der Familie vor der Gefahr einer Sekte zum Opfer zu fallen, schützen. Weiter erwähnt sie einen Familienausflug zur Wartburg samt Führung. Elisabeths eigene Familienbeziehungen scheinen stabil und vertrauensvoll zu sein. Auch in ihrer Bewertung Martin Luthers als Mensch spielt die Familie eine Rolle. Außerdem misst Elisabeth dem Reformator eine persönliche Bedeutung insofern zu, dass sie Luthers Kampf gegen ein falsches Sündenverständnis gut heißt. Auch hier spiegelt sich eine subjektive Wertorientierung.

I:[…] was denkst du denn, was Martin Luther für'n Mensch war?

E: (2) Na ja, ich denke, er war glücklich und, na ja weil ((leise:)) er sechs Kinder hatte und Frau, da muss man ja eigentlich glücklich sein, und na ja vielleicht …

I: Warte mal ganz kurz, da hab ich dich richtig verstanden, da muss man ja glücklich sein, wenn man sechs Kinder und 'ne Frau hat?

E: Also ich denke, er ist glücklich, weil er hatte dann eigentlich alles so, was er so haben wollte, er hat's ja zur Reformation dann geschafft, hat die Kirche ja reformiert und na ja. …

I: Mhm. Okay, also du weißt ja 'ne Menge, du weißt, dass er sechs Kinder hatte und 'ne Frau. Das ist ja super. Also denkst du, das ist 'nen Grund, glücklich zu sein?

E: Ja.

I: Okay, und wenn du nun sagst, das Thema war dir wichtig, hat dir Spaß gemacht, hat Martin Luther für dich irgend 'ne Bedeutung?

E: Na, dass er die Kirche, die Reformation ein (eingeleitet hat?), dass er sich gegen die Kirche aufgelehnt hat mit den 95 Thesen.

I: Weißt du auch, wie das mit den 95 Thesen war, mit den 95 Thesen fing's an, und das findest du wichtig für dich, dass du an Martin Luther siehst, man kann sich gegen die Kirche auflehnen?

E: Mh na ja wenn, ich fand, ich finde, man kann sich nicht von Schuld frei kaufen und davon hat er ja / dagegen war er ja und deswegen fand ich das schon richtig, dass er das gemacht hat.

I: Super! (.) Respekt (lacht)! Tolle Antwort! (lacht). Ja, die Sache mit der Schuld, das hat, sagst du, das ist wichtig, dass man sich von Schuld nicht frei kaufen kann.

E: Mhm, das war ja zur Bereicherung der Kirche, damit die die Kirche neu machen können oder die Päpste ham sich 'nen Bunten gemacht oder sonst irgendwas.

Die Antwort, dass Luther ein ›glücklicher‹ Mensch war, hat mich wirklich überrascht. Auch Elisabeth scheint sich nicht so ganz sicher zu sein, ob sie so etwas sagen darf, denn die Begründung kommt sehr leise: »na ja, weil er sechs Kinder hatte und Frau, da muss man ja eigentlich glücklich sein.« Hier kommt Elisabeths Wertschätzung der Familie zum Ausdruck: Viele Kinder und eine Frau: das muss einen Mann glücklich machen! Kinder, Ehe, Familie – das sind für Elisabeth Grundpfeiler eines glücklichen Lebens. Vermutlich weiß sie nicht, dass Luther auch zwei Kinder zu Grabe tragen musste, aber das ändert auch nichts an der Glückskonzeption, dass Familie und Glück zusammengehören. Die zweite Begründung, die auf Grund meiner Nachfrage erfolgte, könnte ein ›RU-Ich‹ spiegeln: Hat Elisabeth sich nicht getraut, die Familie weiterhin als Wert an sich für Glück zu behaupten? Fügt sie deshalb an, dass Luther »alles hatte, wie er es haben wollte«, indem er die Reformation erfolgreich durchgezogen hat? Abgesehen davon, dass Luther hier als erfolgreicher Einzelkämpfer gespiegelt wird, scheint Elisabeth dieses ›historische‹ Argument für Glück nachzureichen. Aber auch ein ›RU-Ich‹ ist ein ›Ich‹: Es ist nicht ausgeschlossen, dass Elisabeth tatsächlich auch für ihren Glücksbegriff einen gewissen Erfolg im Leben braucht. Familie und Erfolg haben, im Sinne von ›Ziele erreichen‹, das können durchaus Konfigurationen sein, die Elisabeths Glücksbegriff bestimmen. Nochmals angesprochen auf die Familie, bejaht Elisabeth den Zusammenhang von Familie und Glück. Interessanterweise will sie dies jedoch in ihrer Homepage später nicht in die Öffentlichkeit transportieren. Da macht sie wiederum die Kirchenreform stark und würde höchstens die Familie ›unten‹ erwähnen: Zweifelsohne bestimmt Elisabeths subjektive Wertschätzung der Familie und die Erfahrung zusammen mit der Familie an einem Lutherort ihre Antwort nach einer persönlichen Bedeutung Luthers mit. Sie kann ihm eine *persönliche* Bedeutung zugestehen[13]. Auf die Frage »Hat Martin Luther eine

---

[13] Damit bestätigt Elisabeth die von HANS-JOACHIM PANDEL, »Luthers Bild in Luthers Land« (siehe Anm. 2) formulierte Beobachtung des Zusammenhanges von Wahrnehmung von Geschichtskultur und Zubilligung einer persönlichen Bedeutung.

Bedeutung für dich?« bringt sie zunächst wieder ein kirchenhistorisches Argument, konkretisiert aber dann auf Nachfrage ihre Antwort in ethischer Perspektive: »Mh na ja wenn, ich fand, ich finde man kann sich nicht von Schuld frei kaufen und davon hat er ja, dagegen war er ja und deswegen fand ich das schon richtig, dass er das gemacht hat.« Für Elisabeth ist es persönlich bedeutsam, dass Luther etwas gegen einen zu laxen Umgang mit der eigenen Schuld getan hat. Natürlich gibt es für sie keinen Ablass mehr und der Ablass kommt in ihrer Lebenswirklichkeit gar nicht als Alternative in Betracht. Dass Elisabeth hier ›Ich‹ sagt, deutet vielmehr darauf hin, dass es mit ihren Wertorientierungen nicht vereinbar ist, dass jemand sich um die Verantwortung für sein Tun drückt. So einfach ›freikaufen‹ geht für sie nicht, auch wenn das ›Freikaufen‹ heute anders aussieht. Es ist weniger das Rebellische an Luther, was sie gut findet; gegen diesen Impuls durch die Interviewerin verwahrt sie sich. Es geht ihr um Ehrlichkeit und Verantwortung. Für Elisabeth hat Luther dies klargestellt und das findet sie persönlich gut. Außerdem sieht sie in Luther auch einen mutigen Menschen, wie spätere Interviewpassagen zeigen. Bei Elisabeth spiegelt sich ein sehr positives Lutherbild, das sich aus persönlichen Wertorientierungen und der Wertschätzung historischer Leistungen speist. Martin Luther ist für sie ein glücklicher und erfolgreicher (Familien) Mensch und ein verantwortungsbewusster Reformator. Mit diesen Motiven ›Familie‹, ›Erfolg‹ und ›Verantwortungsbewusstsein‹ kann Elisabeth selbst etwas anfangen und deshalb kann sie Luther auch subjektive Relevanzen einräumen. Umgekehrt stabilisiert das bei Luther entdeckte Verhalten und Leben Elisabeths Wertorientierungen.

III. Fazit

Auch wenn hier nur holzschnittartig einige Interviewpassagen und deren Interpretation ausgeführt werden konnten, lässt sich das Meinungsbild der Jugendlichen wie folgt zusammenfassen:
1. Das Unterrichtsthema ›Martin Luther‹ stößt auf Interesse.
2. Alle Jugendliche würdigen Martin Luther als wichtige historische Per-

sönlichkeit.

3. Martin Luther kann durchaus auch heute noch Bedeutung für Menschen haben.

4. Die persönlichen Wertorientierungen ›Verantwortung‹ und ›Familie‹ befördern die Ausbildung subjektiver Relevanzen und werden wiederum durch die Auseinandersetzung mit dem Thema ›Martin Luther‹ gestützt.

5. Wiederholte unterrichtliche, aber auch außerschulische Begegnungen mit dem Reformator können Kenntnisse stabilisieren und das Interesse am Thema fördern.

6. Das Wissensspektrum bleibt (leider) auf die Anfänge der Reformation beschränkt.

7. Die Jugendlichen nehmen Martin Luther mit neuzeitlichem Blick wahr.

8. Die Schüler und Schülerinnen zeigen ein euphemistisches Meinungsbild von Martin Luther.

9. Die Meinungsbilder der Jugendlichen über Martin Luther machen auf weitere Lernchancen aufmerksam.

Die Interviews ermutigen, sich mit dem vorliegenden Befund nicht zufrieden zu geben. Besonders das euphemistische Lutherbild muss nachdenklich stimmen. Die Diskrepanz zwischen positivem Meinungsbild und der geringen Ausbildung subjektiver Relevanzen kann man deprimiert (so die Autoren der Studie von 1997/98) hinnehmen oder auch sachlich nüchterner als pubertätsbedingt einordnen. Spannender ist es meines Erachtens darüber nachzudenken, ob diese Diskrepanz nicht die beiden Seiten ein- und derselben Medaille markiert: Der Befund, dass alle Interviewten eine sehr positive Meinung von Martin Luther haben, die meisten ihm jedoch keine subjektive Relevanz einräumen, bestätigt die Erkenntnisse der religionspädagogischen Diskussion der letzten Jahre um das Vorbildlernen bzw. das Lernen am Modell. Die Ansicht, dass Jugendliche gewinnbringender lernen, wenn sie nicht mit überhöhten Idealen, die zudem immer die Gefahr des Haloeffektes[14] mit sich bringen, konfrontiert wer-

---

[14] Der von Ernst Thorndike beschriebene Effekt besagt, dass uns ein hervorstechendes Merkmal eines Menschen so blendet, dass wir diesem Menschen nur noch positive Eigenschaften zuordnen. So werden schönen oder erfolgreichen

den, sondern mit einer realistischen Sicht auf Menschen in Geschichte und
Gegenwart vertraut gemacht werden, wird u.a. von Hans Mendl und Folkert Rickers vertreten[15]. Mendl verweist darauf, dass es in der Behandlung
fremder Biografien entscheidend darauf ankommt, dass Jugendliche sich
mit ihren *eigenen Wertvorstellungen* einklinken können. Die Arbeitsschritte
des Modell-Lernens sind demnach *immer zweipolig,* zum einen bezogen auf
die vorbildhafte Gestalt, zum anderen bezogen auf die Lebensthemen der
Jugendlichen: »Die zentralen Fragen im Rahmen eines Modell-Lernens
lauten also: Welche Hoffnungen, Ziele, Entscheidungssituationen lassen
sich im Leben vorbildhafter Gestalten ermitteln? Wo ergeben sich inhaltliche Parallelen zu eigenen Lebensthemen und Impulse für deren Bewälti-
gung?«[16] Nimmt man die in der vorliegenden Studie interviewten Schüler
und Schülerinnen ernst, eröffnen sich hier einige Möglichkeiten für Dis-
kurse und alltagsweltliche Transfers. Beispielsweise ermutigt Annas Interview, die Gottesfrage zu thematisieren. Der Impuls für einen unterricht-
lichen Diskurs könnte lauten: Luther fragte nach dem gnädigen Gott. Wir
fragen, ob es Gott überhaupt gibt. Bedenkt man, wie Luther auch von
Zweifeln geplagt bzw. welche Bedeutung er dem Glaubenszweifel beige-
messen hat, dann wäre dies vermutlich auch ein lebensrelevanter Zugang
für Anna gewesen. Selbst das Sichtbarmachen des Problems, dass Luther
ein Repräsentant einer ganz anderen, verlorenen Welt war, in der zunächst
mal fast jeder sich als gläubig betrachtete, könnte hier fruchtbar gemacht
werden. Die Differenz zwischen der damaligen Frage »Wie bekomme ich
einen gnädigen Gott?« und der modernen Frage »Wie bekomme ich überhaupt einen Gott(esglauben)?« kann einen spannenden Diskurs initiieren.
Vielleicht ist eine theologische Anbindung über einen Diskurs, der die
›verlorene Welt‹ Luthers mit seiner Frage nach einem gnädigen Gott kor-
reliert, zu einer ostdeutschen, mehrheitlich konfessionslosen Welt, die den
Gottesglauben als verloren gegangen und unwichtig präsentiert, auch

---

Menschen auch oft nur schöne Eigenschaften zugesprochen. Das positive
Meinungsbild der Jugendlichen über Luther speist sich vermutlich auch aus
diesem Effekt. Vgl. dazu PHIL ROSENZWEIG, Der Haloeffekt, Offenbach 2008,
S. 72 ff.

[15] Siehe Anm. 9.

[16] HANS MENDL (siehe Anm. 9), S. 62.

chancenreich? Die (kirchen)kritischen Haltungen einiger Jugendlicher verweisen zudem darauf, dass Jugendliche keine ›glatten Vorbilder‹ brauchen. Vielmehr ziehen sie Gewinn daraus, wenn die Wirklichkeit des Glaubens *spannungsvoll* benannt wird. Dies ermutigt, Differenzen und kritikwürdige Entscheidungen im Leben Luthers nicht auszusparen, denn gerade hier sind Jugendliche neugierig bzw. lernoffen. Was wäre passiert, wenn Anna differenziertere Kenntnisse von Luther im Unterricht angeboten bekommen hätte (beispielsweise Luthers Bauernkriegspublizistik, die »ein moralischer und theologischer Tiefpunkt seines Wirkens war«[17])? Vermutlich wäre sie enttäuscht und verunsichert gewesen. Aber: »Solche Verunsicherungen sind aber notwendig, weil die Entdeckung der Differenz zwischen Anspruch und Wirklichkeit, Idealbild und Realbild gerade im Jugendalter nie eine Frage ›an Fremden‹ ist, sondern immer als für sich selbst ›bedeutsam‹ erachtet wird.«[18] Die Schülerin könnte anhand der Differenz von Realbild und Idealbild besser mit eigenen Grenzen umgehen lernen. Luther wäre nicht mehr das überdimensionale Ideal und statt Wertübertragung könnte der Weg über die Werterhellung zur Werteentwicklung und Wertekommunikation gehen. Folkert Rickers betont außerdem, dass es allgemeingültige Vorbilder nicht geben kann. Vorbilder werden subjektiv gewählt[19]. Diesen Hinweis bezieht er direkt auf die Person Martin Luthers: »Aus evangelischer, katholischer, freikirchlicher, marxistischer oder sozialgeschichtlicher Sicht erscheint die Persönlichkeit Martin Luthers derart disparat, dass man ihn nur mit äußerster Zurückhaltung als vorbildhaft für pädagogische Zwecke empfehlen möchte. Ist es für den Religionsunterricht noch länger zu rechtfertigen, ihn – wie weithin üblich – als den ersten Protestanten vorbildhaft zu präsentieren, ohne ihn auch aus den sozialen Bedingungen und politischen Veränderungen der Zeit, aber auch aus seinen Schwächen (Bauernkrieg, Schriften gegen die Juden) verstehbar zu machen […]. Solche Vorbilder dienen auch dazu, die Mitglieder einer Gruppe im kollektiven Selbstverständnis zu integrieren und zu bestärken. Wird dieser Zusammenhang nicht kritisch reflektiert, wer-

---

[17] THOMAS KAUFMANN, Martin Luther, München ²2010, S. 93.
[18] HANS MENDL (siehe Anm. 9), S. 152.
[19] FOLKERT RICKERS (siehe Anm. 9), S. 217.

den solche Vorbilder zu Idealen hochstilisiert, die mehr über das Selbstverständnis der Institution aussagen als über jenes ungewöhnliche Handeln. Die Berufung auf kirchliche Vorbilder ist jedenfalls ambivalent. Einerseits vermitteln sie eine überzeugende Praxis christlicher Lebensführung; andererseits verengen sie die Sicht auf das Vorbild durch das kirchliche Interesse. Das Ideal tritt in den Vordergrund bzw. beherrscht die Szene, während die Realität des angeblichen Vorbilds immer mehr aus dem Blick gerät. Es entstehen auf diese Weise Vorbilder ohne Fehl und Tadel […]. Vorbilder stehen also in einem hermeneutischen Zirkel mit der Institution, durch die sie vertreten werden.«[20] Diese institutionskritische Sicht wird durch die eigene Erfahrung der Verfasserin unterstützt, dass es im konfessionslosen Ostdeutschland auch unter Religionslehrerinnen und -lehrern eine unterschwellige Hoffnung gibt, anhand eines positiven Lutherimages zugleich für ein positives Kirchen- und/oder Glaubensimage zu sorgen. Für Folkert Rickers sind nur noch ›kritisch gebrochene Vorbilder‹ im Religionsunterricht denkbar, was sich allerdings nicht in einer weitgehenden Ausblendung aller biografischer Züge realisieren lässt, sondern gerade mit der »Revitalisierung von Lebensbildern im sozialbiografischen Sinne«[21] gelingt.

Dies bestätigt auch dieser religionspädagogische Impuls über Martin Luther – ein Bild von einem Mann.

---

[20]   FOLKERT RICKERS (siehe Anm. 9), S. 218 f.
[21]   FOLKERT RICKERS (siehe Anm. 9), S. 227.

JOCHEN ARNOLD:
Lutherische Identität im Blick auf den Gottesdienst

I.   Was ist Identität und wo kommt sie her?

Um eine Idee davon zu bekommen, was eigentlich *Identität* sei, habe ich mir die Frage gestellt, wie man denn nach Identität fragt.

1. Bin ich ich?

»Nichts ist selbstverständlicher als die Identität des eigenen Ich in allen Metamorphosen des Lebens«[1] schreibt Gerhard Ebeling in seiner Dogmatik. Doch stimmt das? Die Wise Guys halten singend dagegen: »Es ist nicht immer leicht, Ich zu sein…«[2] Die Selbstverständlichkeit, die Gerhard Ebeling markiert, ist demnach heute nicht mehr allen Menschen plausibel.

---

[1]   GERHARD EBELING, Dogmatik des christlichen Glaubens Bd. 3, § 38, Tübingen 1979, S. 414.

[2]   www.wiseguys.de/songtexte/details/es_ist_nicht_immer_leicht.

Dies lässt uns weiterfragen: Wann bin ich eigentlich identisch? Dann, wenn ich mich als der wiedererkenne, der ich zu sein glaube? Aber wer bin ich eigentlich? Bin ich denn stets derselbe? Bin ich der, der ich vor drei, sechs oder zehn Jahren war? Woran mache ich meine Identität fest? An meinem Gedächtnis oder an anderen ›Tatbeständen‹?

Versuchen wir erste Antworten auf diese Fragen. Sie könnten lauten: »Ich bin ich und niemand Anderes. In mir wohnen keine zwei, sondern einer. Denn ich bin Jochen Arnold.« Durch diesen Namen ist meine Identität verbunden mit dem Datum und Ort der Geburt, ich bin – nicht zuletzt rechtlich – dadurch identifizierbar. Dann bin auch über persönliche Eigenschaften oder Fähigkeiten beschreibbar und für Andere erkennbar. »Ich bin 1,80 m, dunkelblond etc. Außerdem bin ich technisch völlig unbegabt, vielleicht auch einigermaßen musikalisch.« Soziale Kategorien sind wichtig. Ich bin verheiratet, habe vier Töchter. Eine bewertete Eigenschaft in einer sozialen Kategorie wäre denkbar, wenn sie Andere mir zusprechen: z. B. »Du bist ein *guter, liebevoller* Vater.« Über eine gesellschaftliche Rolle bzw. Beruf hebe ich mich aus der Menge der (Jochen) Arnolds im deutschsprachigen Raum klar heraus, wenn ich sage: »Ich bin Pfarrer, evtl. der Kirchenmusiker und Theologe o.ä.« Ein Lebensmotto könnte mir Identität geben: »Ich mach, was mir gefällt!« Oder: »Ich erfülle meine Pflicht.«

Heute in der Postmoderne hört man oft: »Wir leben in zahlreichen Systemen und haben viele Optionen.« Identität gibt es nur hier und dann, wenn wir z.B. Authentizität erfahren, also ganz bei uns selbst sind. Oder: Identität gibt es nur systemisch. Spätmoderne Identität geschähe möglicherweise dann, wenn man sich in der Multiperspektivität des Lebens und seiner Wahlmöglichkeiten (sich) selbst bewusst und verantwortungsbewusst verhält….

Versuche ich diese Punkte nun auf das Thema *christliche* oder gar *lutherische* Identität zu spiegeln, dann könnte ich sagen: »Ich bin Christ. Ich bin ein evangelischer, genauer: evangelisch-lutherischer Christ. Ich bin sogar evangelisch-lutherischer Pfarrer und Kirchenmusiker …« usw. Doch woher kommen diese Zuschreibungen? Woher kommen diese Identifikationen?

Dass ich Jochen (Michael) Arnold bin, gilt seit der Eintragung auf dem

Standesamt. Dass ich Christ bin; das gilt seit meiner Taufe am 10. März 1968. Ich bin lutherischer Pfarrer seit der Ordination 2002. Meine persönliche Identität – oder sagen wir besser: ihre Eckdaten – hat sich also immer wieder verändert, in mehreren Fällen sogar *wesentlich* verändert. Ich bin nicht mehr nur Sohn meiner Eltern, sondern auch Ehemann und vierfacher Vater usw. Einige dieser Veränderungen (Zugehörigkeit zur Kirche, Ordination usw.) haben sich in einem Gottesdienst ereignet.

So liegt die Frage nahe: Geht es bei der Frage nach Identität also um einen Prozess, eher um ein Werden als um ein Sein?

2. Ich werde ›eins mit…‹

Eine soziologische Definition von Identität lautet: »Personale Identität ist die subjektive Verarbeitung biographischer Kontinuität bzw. Diskontinuität und ökologischer Konsistenz bzw. Inkonsistenz durch eine Person vor dem Hintergrund einerseits von Selbstansprüchen und andererseits von sozialen Erwartungen«[3].

Identisch sein hieße demnach: das Verarbeiten meiner persönlichen Geschichte bzw. meiner Umwelt in Kontinuität und Diskontinuität, in den Höhen und Tiefen des Lebens. Im Anschluss an die eben gehörte Definition könnte das so lauten: *Ich bin mit mir selbst im Reinen* auf Grund meiner Lebensgeschichte (auch mit ihren Brüchen), ich lebe *mit Anderen im Einklang*, befinde mich in einer intakten Beziehung, bin ein fairer Kollege, ein ehrlicher Freund usw. Ich lebe im Einklang *mit der Welt*, lebe ökologisch bewusst, übernehme gesellschaftliche Verantwortung. Hinzu kommt über die soziologischen Dimensionen hinaus: Ich möchte mit Gott im Reinen sein, angesichts meines Scheiterns, meines Glücks und meiner Hoffnungen.

Solche Identität gibt es meines Erachtens immer nur fragmentarisch. Fragen wir deshalb weiter: Wie geschieht die immer wieder neue Gewinnung von Identität? An welchen Orten des Lebens findet sie statt?

---

[3] KARL HAUSSER, Identität, in: GÜNTER VON ENDRUWEIT / GISELA TROMMSDORFF (Hg.), Wörterbuch der Soziologie, Stuttgart 1989, S. 279.

II. Orte der Identitätsstiftung

1. Identitätsstiftung im Alltag

Wenn mir gesagt wird: »Das hast du gut gemacht! Das war ein gutes Seminar, eine schöne Predigt, ein bewegendes Konzert«, dann weiß ich, ich habe soziale Erwartungen oder gar Leistungserwartungen erfüllt. Dann werde ich meiner (beruflichen) Identität durch den Akt der Anerkennung vergewissert. Dies zu verneinen, scheint mir jedenfalls töricht. Ja, ich genieße solche Momente, in denen das geschieht. Wenn ich etwa nach dem letzten Ton in einem Konzert den Taktstock niederlege, dann schaue ich zuerst in die Gesichter der Musikerinnen und Musiker, dann entsteht – meistens jedenfalls – das Gefühl, dass wir gemeinsam etwas geschafft haben, ein Ziel miteinander erreicht haben. Da ist Dankbarkeit, Erleichterung, manchmal ein bisschen Stolz. So geschieht für mich Identitätsstiftung in einer Gemeinschaft.

Wie gewinnen Menschen heute Identität? Ganz zentral auch durch bestimmte *äußerliche* Attribute. Markenkleider gehören dazu, bestimmte (Pop)musik auf dem neuesten Smartphone, eine bestimmte Frisur. Sie symbolisieren in der Regel wesentlich mehr: ein Lebensgefühl, das Schönheit, Freiheit, Freundschaft impliziert. Der Verzicht auf solche Attribute könnte umgekehrt eine kritische Geisteshaltung manifestieren.

Ein weiteres Beispiel ist Identitätsstiftung durch Sport. Wenn die Fußball-Nationalmannschaften einlaufen und die Hymnen erklingen, pocht Millionen Menschen vor den Bildschirmen das Herz schneller. Sie solidarisieren sich mit ihrer Mannschaft. Und wenn gar nach gewonnenem Spiel oder Turnier die Siegerehrung kommt, der Pokal überreicht wird und die Hymne wieder erklingt, dann ist es da: das ganz besondere Gänsehaut-Gefühl. Nationale Identität wird durch solche Sportereignisse heute wesentlich hergestellt.

Ähnlich und doch ganz anders eine Filmszene: In Rick's Kneipe in Casablanca stimmt eine Gruppe deutscher Offiziere – es sind Besatzer im ehemals französischen Marokko – Soldatenlieder an. Die Anwesenden fühlen sich brüskiert. Was tun? Die Kapelle intoniert dagegen zunächst zaghaft die Marseillaise; immer kräftiger wird der Gesang. Am Ende schmettern sie sie alle, und die Besatzer müssen verstummen. Identität durch Abgrenzung! Sprache und Musik wirken hier zusammen, gleichsam als konfessorische Mittel.

Doch es gibt auch leisere Möglichkeiten der Identitätsstiftung.

»Ich liebe dich, ich gehe überall hin mit dir mit«. Dieser Satz (meiner Frau) macht sich nicht fest an meinem Erfolg, auch nicht an einer medialen Inszenierung. Ich kann mir diesen Satz zwar wünschen, aber keinesfalls fordern. Er ist immer wieder ein Geschenk. Er ist mehr als Anerkennung, er ist *Basis meiner Existenz als Mensch in Beziehung*, eines Menschen, der sich nicht selbst genug, sondern auf Andere angewiesen ist.

Doch was ist, wenn das alles wegbricht, wenn der berufliche Erfolg ausbleibt oder gar der Arbeitsplatz verloren geht, wenn eine Partnerschaft zerbricht, wenn also meine Identität nicht mehr selbstverständlich ist? Fragen wir daher weiter. Was trägt uns über diese Orte und Momente der Identitässtiftung hinaus? *Wo gibt es (dann) Gewissheit Gottes und meiner selbst?*

2. Identitätsstiftung am Sonntag

a) Elementare Passivität

Ja, ich meine, es gibt sie: Möglichkeiten der Vergewisserung von Identität *außerhalb* des Berufs, *außerhalb* der medialen Inszenierung, ja sogar *außerhalb* einer menschlichen Liebesbeziehung! Dort, wo mir etwas Ähnliches, aber doch wieder Anderes unmissverständlich gesagt wird: »*Du bist angenommen. Ich halte immer zu dir.«* Poetischer: »*Ich bin dein und du bist mein…«* Christoph Schwöbel schreibt mit christologischer Zuspitzung: »Der christliche Gottesdienst als Wortverkündigung und Mahlfeier ist der Ort, wo die identitätsbestimmende Beziehung zu Christus, die fortdauernde Lebensgemeinschaft mit dem auferstandenen Herrn manifest wird: ›Jesus Christus, gestern und heute und derselbe auch in Ewigkeit.‹ (Hebr 13,8)«[4]

Wie klingt das? »*Fürchte dich nicht, ich habe dich erlöst*«, sagt da ein Mensch am Taufbecken. Er ruft den Namen des dreieinigen Gottes aus (und tut das im Talar). So wird klar: Nicht er selbst ist der autorisierte Akteur. Er tut es im Auftrag. Von höchster Stelle gesandt und befähigt. Ein zweiter Name wird genannt: der Name des Täuflings. In einem Atemzug wird er gleichsam mit dem heiligen Namen des Dreieinigen ›versprochen‹. Dazu kommt das Zeichen des Kreuzes mit Wasser auf der Stirn: als Erinnerung an den Tod Jesu, als Segenszeichen, ja als schlechthinniges Plus über dem ganzen Leben, das auch dann noch gilt, wenn dieser Mensch sich von Gott abwendet und/oder die Kirche verlässt.

Doch nicht in jedem Gottesdienst gibt es eine Taufe, und ich selbst kann mich ja gar nicht mehr daran erinnern. Darum fragen wir: Wo können wir diese identitätsstiftende Kraft sonst erfahren?

»Das ist mein Leib, der für euch gegeben wird.« Man könnte auch sagen: »*Das bin ich für euch.*« In wunderbarer Weise korrespondiert das Herrenwort beim Abendmahl mit dem »*Du bist mein*« aus der Taufe. Ein Kraftwort, das uns den Himmel öffnet: Christi Leib, für dich gegeben. *Durch den sinnlichen Genuss geschieht mit diesen Worten in hohem Maß Identitätsstiftung.* Wenn ich davon esse und trinke, spüre ich: Mir gilt diese Gabe, mir gelten diese Worte, ich bin gemeint, nicht nur meine Nachbarin. Eilert Herms spricht deshalb von Eigenleibgewissheit[5].

Aber nicht genug. Hier findet zugleich auch ein soziales Ereignis statt. Die Kirche der Sünderinnen und Sünder bekommt Anteil am Heiligen. Sie wird heil als Gemeinschaft in der Welt. *Pars pro toto* nimmt sie gar stellvertretend die ganze Welt mit hinein in das Ereignis der Einheit. Es geschieht Heimholung der Schöpfung. Ist das nicht ein Akt »kosmischer Identitätsstiftung«?

---

4 Christoph Schwöbel, Was ist ein Gottesdienst? Theologische Kriterien zur Angemessenheit der gottesdienstlichen Feier, in: Hans-Joachim Eckstein / Ulrich Heckel / Birgit Weyel (Hg.), Kompendium Gottesdienst, Tübingen 2011, S. 145 f.

5 Eilert Herms, Glaube, in: Ders., Offenbarung und Glaube, Tübingen 1992, S. 464.

Eine dritte Stelle der Identitässtiftung im Gottesdienst ist zu benennen: Beichte und Absolution. Was in fast allen anderen Weltreligionen als ungewöhnlich, ja teilweise als blasphemisch empfunden wird, geschieht hier mit dem Satz: »Was gewesen ist, soll euch nicht mehr belasten. Was kommt, soll euch nicht schrecken. Gottes Gnade ist eures Lebens Freude und Kraft.«[6] Also nicht »ab in den Knast«, sondern Entlastung, Straffreiheit ist »angesagt«. Auch das gibt es nur als Geschenk. Denn wir werden schuldig. Täglich neu. Mit anderen Worten: Solche Formen der Identitässtiftung zeigen: *Der Mensch ist nicht das, was er tut, sondern das, was er durch Gottes schöpferische und vergebende Liebe empfängt.*

Alle bisherigen Beispiele ließen Identitätsstiftung als gleichsam *passive* Ereignisse in den Blick kommen. Doch fragen wir weiter: Gibt es auch *aktive Formen der Identitätsstiftung* im Gottesdienst?

b) Resonanzraum des Glaubens

Mit einem schlichten Liedruf wie *Fürchte dich nicht, gefangen in deiner Angst* (Baltruweit) singt sich die Gemeinde etwas gegenseitig zu (vgl. Kol 3,16). Es ist die Ermutigung, die sie selbst einmal in der Taufe vernommen hat. Sie trägt die Zusage nicht nur in sich weiter, sondern teilt sie mit Anderen. Aus persönlicher und gemeinsamer Gewissheit wird eine *(gesungene) Botschaft der gegenseitigen Ermutigung.*

Mit dem Vaterunser oder mit Psalm 23 kommt noch eine andere Dimension von gemeinsamer Identität zum Klingen: Die gemeinsam gesprochenen Worte »*Der Herr ist mein Hirte; mir wird nichts mangeln…*« sind nicht nur ein Konfessionen (und Religionen) übergreifendes Bekenntnis, sie sagen: Für uns ist gesorgt. Was auch passiert: Unsere Existenz hängt nicht an unserer Kraft.

Ähnliches gilt für das Credo. Vor Gott und der Welt und vor uns selbst geben wir Rechenschaft über unseren Glauben. Wir geben uns als Gemein-

---

[6] Vgl. Gottesdienstbuch für die Evangelische Landeskirche in Württemberg, Stuttgart 2004, S. 353.

schaft zu erkennen, die Jesus Christus gehört[7]. Seit dem Dritten Reich wird dieses Bekenntnis von der Gemeinde und nicht nur vom Pfarrer gesprochen. Eine solche Identität schafft ein Wir-Gefühl und gibt Widerstandskraft (Resilienz) in finsteren Zeiten…

Last not least der (Lob-)Gesang, verdeutlicht am Beispiel des Gloria oder Sanctus: Eine dreifache Identitätsstiftung geschieht hier. Ich bin ganz bei mir, ganz bei Gott und ganz bei denen, die mitsingen, den Irdischen und den Himmlischen. Dabei ist die affektive Seite mitzudenken. Denn hier kommt Freude auf. Beim Singen werden (fast immer) Glückshormone ausgeschüttet und positive Gefühle und Erinnerungen freigesetzt. Das gilt auch für das gemeinsame Singen. Gruppenidentität entsteht durch gemeinsames Atmen, gemeinsames Metrum, gemeinsame Melodie, gemeinsamen Rhythmus usw… Wir musizieren aber stets in der Welt, in bestimmten Räumen, evtl. sogar mit anderen Geschöpfen. So werden wir zum Resonanzraum der Phantasie des Dreieinigen. Wir partizipieren an seinem Beziehungsreichtum; wir werden im Klang durchlässig für die Berührung von Himmel und Erde in einer Verschränkung der Zeiten, indem wir z.B. das singen, was schon vor über 2500 Jahren im Jerusalemer Tempel erklungen ist. Wo, wenn nicht hier, wird in erhebender Weise Identität gestiftet, ja gleichsam gefeiert?

Meine Grundthese lautet daher: Wenn es überhaupt eine theologisch qualifizierte Rede von Identität bzw. Identitätsstiftung gibt, dann dürfen wir diese für das Ereignis Gottesdienst und dessen performative Sprechakte beanspruchen.

Im Gottesdienst geschieht Identitätsstiftung und -erneuerung in elementarer Passivität durch Verkündigung (auch als Musik) und Sakrament und in gemeinsamer Aktivität durch Gebet, Bekenntnis und Lobgesang.

---

[7] Vgl. dazu HANS-JOACHIM ECKSTEIN, Gottesdienst im Neuen Testament, in: Kompendium Gottesdienst (siehe Anm. 5), S. 31: »Die prägnanteste Zusammenfassung des für die christliche Identität konstitutiven Glaubens und Bekennens mag man in der Verbindung von Glaubens- und Auferweckungsformel in Röm 10,9 finden.«

Fragen wir daher nun: Was verbindet ›lutherischen Gottesdienst‹ mit anderen Konfessionen? Was ist damals und heute das lutherische Charisma in Sachen Gottesdienst?

III. Gemeinsam unterwegs – Gottesdienst in der Una sancta

1. Dialogischer Wechsel von Anrede und Antwort – Kommunikation zwischen Gott und Mensch

Beginnen wir mit dem, was (hier in Wittenberg) jedes Kind weiß: mit einer schlichten Formel. Martin Luther hat sie bei der Weihe der Torgauer Schlosskirche fast beiläufig fallen lassen: »dass unser lieber Herr mit uns rede durch sein heiliges Wort… und wir wiederum mit ihm reden in Gebet und Lobgesang.«[8]

Diese Formulierung besagt, dass der Gottesdienst sich nicht reduzieren lässt auf eine innerweltliche oder zwischenmenschliche Aktion, sondern dass es hier zu einem analogielosen Wort- und Klangwechsel kommt, in dem der lebendige Gott selbst redend und hörend am Wirken ist. Zugleich haben wir Audienz bei Gott, dürfen bei ihm ankommen, ganz gleich, wie wir gerade gestimmt sind… Er wird uns hören. Das Vatikanum II nimmt Luther fast wörtlich auf, wenn es in seiner Liturgiekonstitution SC 33 formuliert: »In der Liturgie redet Gott zu seinem Volk. Christus sagt das Evangelium an. Das Volk antwortet darauf mit Gesängen und Gebet.«[9]

Hier ist – das sollte uns nicht entgehen – übrigens auch noch eine christologische Zuspitzung vorgenommen, die uns auch auf refor-

---

[8]   WA 49, 588.

[9]   Sacrosantum Concilium 33, zitiert nach: Kompendium der Glaubensbekenntnisse und kirchlichen Lehrentscheidungen, 37. verbesserte, erweiterte und ins Deutsche übertragene Auflage, hg. von PETER HÜNERMANN / HELMUT HOPING (Mitarbeiter), Freiburg i.Br./Basel/Rom/Wien 1991 (=DH), 4033: »In Liturgia enim Deus ad populum suum loquitur; Christus adhuc Evangelium annuntiat. Populus vero Deo respondet tum cantibus tum oratione.«

matorischer Seite gut ansteht... Gerade die Bedeutung des *Wortes* für den Gottesdienst ist damit in aller Deutlichkeit festgehalten. Das gilt übrigens auch für weite Teile orthodoxer Lehre (Katechismus): »Die Göttliche Liturgie ist sowohl der in der Öffentlichkeit erbrachte Dienst Gottes in Jesus Christus an uns, wie auch unser Dienst in Jesus Christus Gott gegenüber.«[10] »Der eigentlich Handelnde und Gebende ist der Herr, dem die irdische Kirche mit Gebet und Danksagung antwortet.«[11]

Und was gilt auf reformierter Seite? Karl Barth schreibt in seiner Vorlesung über das reformierte Schottische Bekenntnis (1938): »[A]uch hier muß das vere Deus vorangehen und Alles, was über das vere homo zu sagen ist, bestimmen. Der kirchliche Gottesdienst ist zuerst, er ist primär, ursprünglich, substantiell ein göttliches – er ist dann erst sekundär, abgeleitet, akzidentiell ein menschliches Handeln. [...] Daß dieser Dienst Gottesdienst ist, das schafft nicht der Mensch, das schafft Gott allein.«[12]

Negativ gewendet: Eine (liturgische) Veranstaltung *ohne Gottes Wort* (wenigstens gelesen, in der Regel aber auch ausgelegt) bzw. *ohne Gebet oder Gesang der Gemeinde* verdient es nicht, Gottesdienst genannt zu werden. Das Wechselspiel von Wort und Antwort, das heute in der Liturgiewissenschaft (auch) mit den Begriffen Katabasis und Anabasis beschrieben wird, hat Luther übrigens schon in seiner reformatorischen Hauptschrift *De captivitate* treffend beschrieben: »Diese beiden gilt es nicht zu verwechseln: die Messe (das Abendmahl) und das Gebet, das Sakrament und das Werk, das Testament und das Opfer, denn das Eine kommt von Gott zu uns durch den Dienst des Priesters und zielt auf Glauben, das Andere

---

[10] Christus in euch, Hoffnung auf Herrlichkeit. Orthodoxes Glaubensbuch für erwachsene und heranwachsende Gläubige, hg. von SERGIUS HEITZ, Düsseldorf 1982, Frage 99, S. 124. Beachtenswert an dieser dialogischen Definition ist die doppelt explizierte Mittlerschaft Jesu Christi (vgl. 1. Tim 2,5; Gal 2,20) und der öffentliche Bekenntnischarakter des Gottesdienstes zur Welt hin.

[11] HANS-DIETER DÖPMANN, Gottesdienst im orthodoxen Kontext, in: HANS-CHRISTOPH SCHMIDT-LAUBER / KARL HEINRICH BIERITZ (Hg.), Handbuch der Liturgik, Göttingen/Leipzig 1995, S. 128-138, hier: S. 128, fast identisch mit Luthers Torgauer Formel.

[12] KARL BARTH, Gotteserkenntnis und Gottesdienst nach reformierter Lehre. Zwanzig Vorlesungen (Gifford Lectures) über das Schottische Bekenntnis (1937/38), Zollikon-Zürich 1938, S. 191.

kommt aus unserem Glauben durch den Priester zu Gott und zielt auf Erhörung. Das Eine steigt herab, das Andere steigt hinauf.«[13]

Trotz immer wieder geübter Kritik an einer »zwanghaften Aufteilung« liturgischer Stücke in die eine oder andere Richtung erscheint mir diese Unterscheidung von Sprechakten im Gottesdienst unverzichtbar! Es ist eben nicht egal, ob wir mit Gott reden und beten, oder uns von ihm anreden lassen. Die Kunst der theologisch verantworteten Inszenierung des Gottesdienstes hängt fundamental am Zu- und Miteinander des Empfangens und Gebens[14].

2. Hochschätzung des Wortes: Gottesdienst in der Volkssprache – Gemeinde feiert Gottesdienst

Zu einem lebendigen Dialog gehört auch die Verständlichkeit. Das war ein Grundanliegen der Reformation. Gottesdienst und Gemeindegesang werden in der Volkssprache gefeiert. Im römisch-katholischen Bereich ist nach dem letzten Konzil gleichsam ein Quantensprung passiert, der kaum zu hoch zu bewerten ist. 400 Jahre nach der Reformation erst ist die Idee an der Basis *und* an der Spitze angekommen, dass die Gemeinde dann erst wirklich angesprochen werden kann, wenn dies in ihrer Sprache geschieht. Damit stellt sich sofort die Frage der Beteiligung. Was auf evangelischer Seite durch die Lehre vom *Priestertum aller Gläubigen* tauftheologisch begründet wird, das tut das Konzil mit dem Begriff des Volkes Gottes und seiner liturgischen *participatio actuosa*. Auf evangelischer Seite ist dieser Aspekt zum zentralen *ersten Kriterium* des Gottesdienstes avanciert und

---

[13] MARTIN LUTHER, De captivitate Babylonica ecclesiae praeludium, in: WA 6, 526 (1520); Übersetzung JOCHEN ARNOLD.

[14] Vgl. dazu MICHAEL MEYER-BLANCK, Gottesdienstlehre, Tübingen 2011, S. 10. Nach ›lutherischer‹ Entfaltung der Sache wird freilich einiges zurückgenommen, wenn der Verfasser schreibt: »Das Handeln Gottes gibt es für uns immer nur als Deutungsleistung des Menschen in Bezug auf bestimmte Zeichen, so dass das Handeln Gottes im Medium menschlicher Zeichendeutung erscheint.«

lautet nach dem Evangelischen Gottesdienstbuch: »Der Gottesdienst wird unter Beteiligung und Verantwortung der ganzen Gemeinde gefeiert.«[15]

Dass dieses Kriterium auch für jüngere Menschen heute richtungsweisend ist, betonen auch die neuen Studien zum Thema Konfirmanden im Gottesdienst. Jugendliche kommen dann gerne wieder (zur Kirche), wenn sie ernstgenommen werden, eine Beziehung zu den Verantwortlichen entstanden ist und sie im Gottesdienst immer wieder beteiligt (aber nicht vorgeführt!) werden.

3. Der Gottesdienst als zentrale Versammlung und Ursprung der Kirche (SC 7 und Art. 7 CA)

Ein weiterer fundamentaler Punkt ist – damit unmittelbar verwandt, aber theologisch beinahe noch bedeutsamer – der Zusammenhang von Gottesdienst und Kirche. Immer wieder bezeichnet das 2. Vatikanum die Feier der Messe bzw. der Eucharistie als *culmen et fons ecclesiae*, als Höhepunkt und Quelle der Kirche[16]. *Kirche kommt also – auch katholisch gedacht – vom Gottesdienst her und geht auf ihn hin*[17]. Genauer: Kirche wird im Gottesdienst *konstituiert* und wird durch ihren Gottesdienst *als Kirche erkannt*. Das ist jedenfalls die Meinung der Confessio Augustana. In Art. 7 heißt es, dass Kirche dort zu finden sei, wo (im Kult) das Wort rein gelehrt und die Sakramente ordentlich, d.h. evangeliumsgemäß, ausgeteilt werden. Luther hat später in seiner Schrift *Von Konziliis und Kirchen* sieben ›Heiltümer‹ benannt, an denen Kirche in der Welt erkennbar ist: *Wort*,

---

15 Evangelisches Gottesdienstbuch. Agende für die Evangelische Kirche der Union und für die Vereinigte Evangelisch-Lutherische Kirche Deutschlands, hg. von der Kirchenleitung der VELKD und im Auftrag des Rates von der Kirchenkanzlei der EKU, Berlin/Hannover/Bielefeld 2000, S. 15. Gerade im Bereich alternativer Gottesdienstformen geht der Trend übrigens deutlich zurück von der ›durchinszenierten Show‹ und (wieder) hin zu mehr Partizipation.

16 Vgl. SC 10, DH 4010: »Attamen Liturgia est culmen ad quod actio Ecclesiae tendit et simul fons unde omnis eius virtus emanat.«

17 Vgl. ähnlich im Blick auf das Wechselverhältnis von Theologie und Gottesdienst: OSWALD BAYER, Theologie (HST 1), Gütersloh 1994, S. 403.

Taufe, Mahl, Schlüssel, Gesang, Gebet, Kreuz[18]. Damit verbunden bzw. darin impliziert ist auch der Aspekt der *Öffentlichkeit* des Gottesdienstes. Er war für die Reformatoren beinahe eine Selbstverständlichkeit und drückt sich darin aus, dass es im Blick auf die Beauftragung zur Leitung von Gottesdiensten (*publice docere*) in der lutherischen Kirche (und auch in anderen großen evangelischen Kirchen) eine klare Beauftragung gibt[19]. Der hohen Dignität des *öffentlichen* Gottesdienstes entspricht es, dass alle großen Kirchen, aber auch die meisten Freikirchen, einen bestimmten Gottesdienstraum dafür vorsehen. Die Ostung manifestiert die Ausrichtung auf den wiederkommenden Christus als Orientierung für die Gemeinde. Lutherische Kirchen werden geweiht, d.h. für den Gebrauch gesegnet.

Doch damit nicht genug. Wir werden kaum umhin kommen, auch noch eine weitere (unbequeme) Frage zu stellen: Sind diese Merkmale heute noch ausreichend? Genügt es, dass (lutherische) Kirche an ihren wunderbaren Sakralräumen erkennbar ist? Braucht es nicht auch Menschen, die das Christliche vorleben? Gemäß dem Motto Orthopraxie ist wichtiger als Orthodoxie!? Sind die erkennbaren Früchte (der liebenden Tat) die *notae ecclesiae* der Gegenwart? Zugespitzt: Ist der Gottesdienst wirklich (noch) der Ort, in dem gesellschaftlich Relevantes passiert? Wir tun gut daran, wenn wir diese Fragen nicht zu schnell beseite schieben. Ich würde sagen: Ja! Hier geschieht gesellschaftlich und spirituell Hochrelevantes! Denn hier werden die letzten Fragen der Menschen nach Leid und Schuld, Wohl und Heil(!) angesprochen. Sie werden im Licht der Ewigkeit betrachtet und im Gebet vor Gott gebracht!

4. Abendmahl: Selbstvergegenwärtigung des Gekreuzigten und Auferstandenen

Während in der Reformationszeit theologisch an allen Fronten um das Abendmahl gestritten wurde, ist dieser Streit in den letzten Jahren etwas

---

[18] Vgl. MARTIN LUTHER, Von Konziliis und Kirchen, in: WA 50, 488-653, hier: 639 ff. (1539).

[19] Vgl. dazu Art. 14 CA mit seinem »rite vocatus«.

ruhiger geworden... Und ja, mir scheint, dass wir in den Fragen nach der *Heilsgegenwart Jesu Christi* ein großes Stück weiter sind als im 16. und auch als in der Mitte des letzten Jahrhunderts. Auf evangelischer Seite blicken wir dankbar auf 60 Jahre theologischer Arbeit zurück: Innerevangelisch denke ich an die Arnoldshainer Thesen[20] oder die Leuenberger Konkordie[21], ökumenisch an die Dokumente Herrenmahl[22], Lima[23] und *»Lehrverurteilungen – kirchentrennend?«*[24]. Mir scheint, dass wir an dieser Stelle nicht mehr (über schwer verständliche philosophische Fragen) streiten müssen. Christus vergegenwärtigt sich als Gekreuzigter und Auferstandener, als Bruder und Herr. Als Lutheraner/innen können wir uns mit

[20] Vgl. Arnoldshainer Thesen von 1957, zitiert nach: Schlußbericht der Arnoldshainer Abendmahlskommission, LM 1 (1962), S. 132-134, These 4: »Die Worte, die unser Herr Jesus Christus beim Reichen des Brotes und des Kelchs spricht, sagen uns, was er selbst in diesem Mahle allen, die hinzutreten, gibt: Er der gekreuzigte und auferstandene Herr, lässt sich in seinem für alle in den Tod gegebenen Leib und in seinem für alle vergossenen Blut durch sein verheißendes Wort mit Brot und Wein von uns nehmen und nimmt uns kraft des Heiligen Geistes in den Sieg der Herrschaft, auf dass wir Glauben an seine Verheißung, Vergebung der Sünden, Leben und Seligkeit haben.«

[21] »Im Abendmahl schenkt sich der auferstandene Jesus Christus in seinem für alle dahingegebenen Leib und Blut durch sein verheißendes Wort mit Brot und Wein. Er gewährt uns dadurch Vergebung der Sünden und befreit uns zu einem neuen Leben aus Glauben. Er lässt uns neu erfahren, dass wir Glieder an seinem Leibe sind. Er stärkt uns zum Dienst an den Menschen. Wenn wir das Abendmahl feiern, verkündigen wir den Tod Christi, durch den Gott die Welt mit sich versöhnt hat. Wir bekennen die Gegenwart des auferstandenen Herrn unter uns. In der Freude darüber, dass der Herr zu uns gekommen ist, warten wir auf die Zukunft seiner Herrlichkeit.« (siehe Anm. 20, 15/16)

[22] Das Herrenmahl, hg. von der Gemeinsamen römisch-katholischen / evangelisch-lutherischen Kommission, Paderborn/ Frankfurt a.M. ⁵1979.

[23] Lima 1982: Taufe, Eucharistie und Amt. Konvergenzerklärungen der Kommission für Glauben und Kirchenverfassung des Ökumenischen Rates der Kirchen, Frankfurt a.M. ¹¹1987.

[24] Lehrverurteilungen – kirchentrennend?, Bd. 1: Rechtfertigung, Sakramente und Amt im Zeitalter der Reformation und heute, hg. von KARL LEHMANN / WOLFHART PANNENBERG, Dialog der Kirchen 4, Freiburg i.Br./Göttingen 1986 bzw. Lehrverurteilungen – kirchentrennend?, Bd. 4: Rechtfertigung, Sakramente und Amt im Zeitalter der Reformation und heute, hg. von WOLFHART PANNENBERG / THEODOR SCHNEIDER, Dialog der Kirchen Bd. 8, Freiburg i.Br./Göttingen 1994.

dem Begriff Personalpräsenz, verbunden mit der biblischen Figur von der *Anamnesis* als *Selbstvergegenwärtigung* Christi, durchaus identifizieren. Gemeinsam mit unseren Geschwistern vertrauen wir auf die heilvolle Gegenwart Christi[25] in der Mahlfeier und betrachten diese als Gabe. Luther hat mit seiner Denkfigur der Synekdoche (in, mit und unter, vgl. das Bild von den Beuteln) Wesentliches geleistet. Noch wichtiger als diese Denkfigur ist aber Luthers Überzeugung, dass im Abendmahl primär *Gott handelt*: Die *verba testamenti* sind »Tätelworte«, nicht »Deutelworte«! Im Abendmahl feiert die Kirche nicht sich selbst und ihre Aktion (ihr Opfer!), sondern Christus, der alle dazu einlädt.

Im Gegensatz dazu lohnt es sich um die Frage des Opfers weiter zu streiten – schon aus rechtfertigungstheologischen Gründen und natürlich auch, weil sie mit der Frage des Amts untrennbar verbunden scheint.

5. Feiergestalt des Gottesdienstes: die Messe als ökumenische Gottesdienstform – Weiterentwicklung anderer Formen

Was die liturgische Gestalt angeht, gingen Luther und Bugenhagen, aber auch die Nürnberger und Kasseler den Weg der über 1000 Jahre alten Messe weiter. Sie nahmen aus rechtfertigungstheologischen Gründen wesentliche Korrekturen im Blick auf den *Canon missae* vor. Deshalb feiern Lutheraner/innen in aller Welt auch heute noch die Messe. Dies geschieht in einer ähnlichen Weise wie bei den römisch-katholischen und orthodoxen Geschwistern. Durch ihre klaren biblischen Bezüge und in ihrer poetisch-musikalischen Schönheit ist die Messe eine wunderbare Perle des Glaubens und immer neue Inspirationsquelle für die Musik. Auch in der Reformierten Kirche wird inzwischen der Messtyp gefeiert[26]. Auf der anderen Seite gibt es mit dem Oberdeutschen Gottesdienst (Predigtgottes-

---

[25] Von der schwierigen Sonderlehre der *manducatio impiorum* und dem damit verbundenen Topos des Essens zum Gericht möchte ich unbedingt absehen. Er ist nicht auf der Linie dessen, was Paulus in 1. Kor 11 intendierte.

[26] Vgl. Reformierte Liturgie. Gebete und Ordnungen für die unter dem Wort versammelte Gemeinde, hg. von Peter Bukowski u.a., Wuppertal/Neukirchen 1999, dritte Form, S. 45-47 bzw. innerhalb des Abendmahls Form B, vgl. S. 359-370.

dienst) eine Form, die ebenfalls Eingang in unser Evangelisches Gottesdienstbuch gefunden hat und dem reformierten bzw. freikirchlichen Typus nicht ferne steht. Ich halte dies für eine gute Entwicklung.

Folgende Fragen und Desiderate lassen sich daran anschließen: Wieviel evangelische ›Wiedererkennbarkeit‹ braucht es heute in der Vielzahl der Inhalte und Formen? Meines Erachtens besteht die aktuelle Aufgabe darin, den Reichtum der Messe und ihrer Möglichkeiten immer wieder zu entdecken! Das Kyrie kann als Klage und Bitte auch in Verbindung mit dem Psalm entfaltet werden. Zwischen Kyrie und Gloria kann bisweilen (nach dem uniertem Prinzip) ein Gnadenspruch stehen.

Die musikalischen Farben im Ordinarium sind unbedingt weiter zu entwickeln. Es reicht nicht, die alten Gesänge der Reformationszeit einfach nur zu wiederholen. Wir brauchen (auch) aktuelle (z.B. popularmusikalische) Formen und somit eine poetisch-musikalische ›Mehrsprachigkeit‹ in unserer Liturgie. Nehmen wir die reichen musikalischen Impulse aus der weltweiten Ökumene auf (z.B. Lateinamerika, Afrika, Gospelmusik)!

Identität im Blick auf den Gottesdienst heißt lutherisch gesprochen *nicht:* Wir grenzen uns ab von der ›bösen Welt‹ und ihrer Kultur, oder auch von anderen Kirchen und ihrer Frömmigkeit und Theologie. Sondern vielmehr: Wir treten gemeinsam als Geschöpfe und Sünder/innen vor Gott, lassen uns von ihm anreden, feiern seine Liebe und laden andere Menschen zu diesem Fest des Lebens ein. Sinnliche Kommunikation, Beziehungsreichtum, sprachliche Verständlichkeit, mithin die *Gastfreundschaft Christi* sind Leitbilder lutherischen Gottesdienstes.

IV. Das Charisma und Proprium des lutherischen Gottesdienstes

1. Gottes Dienst als gnädiges Herabkommen und Anrede auf Augenhöhe

Im Gegensatz zu den benachbarten europäischen Sprachen kennt das deutsche Wort für die Versammlung der christlichen Gemeinde den Begriff *Gottesdienst.* Martin Luther hat ihn in seinen Schriften in einer großen Weite gebraucht und oft in zwei Worten (Gottes Dienst oder Gottis Dienst) geschrieben. Keinesfalls begegnen wir diesem Begriff nur in den einschlägigen liturgischen Schriften von 1523 und 1526[27], sondern quer durch sein ganzes Werk, besonders häufig in den Psalmenauslegungen. Namentlich seine Ethik, die Lehre von den drei Ständen, ist durchzogen von dem Gedanken, dass *Politia, Oeconomia* und *Ecclesia* füreinander und vor Gott einen Dienst tun. Das besondere Charisma des Begriffs liegt zum einen in seiner Doppelsinnigkeit als *genitivus subiectivus* und *genetivus obiectivus,* was sich leicht auf die Torgauer Formel hin auslegen lässt. Gott dient uns in Wortverkündigung und Sakramenten (inklusive Segen), wir dienen ihm in Gebet und Lobgesang. Zugleich beinhaltet der Begriff allerdings auch ein theologisches Programm:

Gottesdienst heißt lutherisch: Gott ist ein *dienender Gott.* Seinem Wesen entspricht es, dass er Gemeinschaft stiftet, dass er liebt, dass er sich hingibt. Was Gottes Dienst ist, kann man am Dienst Jesu Christi in Krippe und Kreuz ablesen (vgl. Mk 10,45). »Gottes Backofen voll Liebe« wird ge-

---

[27] MARTIN LUTHER, Von Ordnung des Gottesdiensts in der Gemeinde, in: WA 12, 35-37 (1523); Formula missae et communionis, in: WA 12, 205-220 (1523) und Deutsche Messe und Ordnung des Gottesdiensts, in: WA 19, 72-113 (1526).

rade in der Niedrigkeit des *Christus incarnatus et crucifixus* erkennbar[28]. Der Dienst des Heiligen Geistes entspricht in seiner kenotischen und schenkenden Bewegung zum Menschen dem Christusereignis. »Daß nun solcher Schatz nicht begraben bliebe, sondern angelegt und genossen würde, hat Gott das Wort ausgehen und verkünden lassen, darin den Heiligen Geist geben, uns solchen Schatz und Erlösung heimzubringen und zuzueignen.«[29] Dies führt auch der ältere Luther immer wieder aus: »Darum hat nun die Ecclesia, das heilige Christliche Volk, nicht schlichte äußerliche Worte, Sakramente oder Ämter wie der Gottesaffe Satan auch [...], sondern hat sie von Gott *geboten, gestiftet und geordnet*, also dass er selbst (kein Engel) dadurch *mit dem Heiligen Geist will wirken* und soll […] *Gottes eigenes Wort, Taufe, Sakrament oder Vergebung und Amt heißen* uns armen, schwachen, blöden Menschen zum Trost und zugute nicht durch seine bloße, erscheinende, helle Majestät. Denn wer könnte dieselbe in solch sündigem, armen Fleisch einen Augenblick ertragen? [...] Aber *er will's tun durch leidliche, säuberliche, liebliche Mittel.«[30]

Ein besonderes Charisma lutherischer Gottesdiensttheologie ist daher die Pneumatologie, man könnte auch sagen: *die Lehre von der Kondeszendenz des leiblichen Wortes.* »Denn Gott hat sich also gedemütigt und herunter gelassen, dass er sein heilig Wort dem Menschen in Mund legt, dass er gar nicht zweifeln soll, dass er selbst es sage.«[31]

Wir haben es demnach mit einem Gott zu tun, der nicht an sich, sondern gerade *durch uns* hindurch dient (*diakonein*), der nicht nur in Christus Mensch wird, sondern auch durch seinen Geist in seiner Gnade Menschen anredet und verwandelt.

Was folgt daraus für die liturgische Praxis? In pointierter Kürze: Ich denke, es ist uns nicht in erster Linie aufgetragen, das »Fremde zu

---

[28] Vgl. OSWALD BAYER, Martin Luthers Theologie, Tübingen ²2004, S. 192: »Nur durch Christus lässt sich im Heiligen Geist Gott der Vater ins Herz sehen. Nur so wird er als Liebe erfahren.«

[29] MARTIN LUTHER, Großer Katechismus zum 3. Artikel, in: WA 30/1, 125-238 (1529); vgl. BSLK 654.

[30] MARTIN LUTHER, Von Konziliis und Kirchen, in: WA 50, 647 (1539).

[31] MARTIN LUTHER, Sermon am grünen Donnerstage (2. April 1523), in: WA 12, 493 (1523).

inszenieren«, sondern in aller Ehrfurcht dem *zugewandten* Gott Raum zu geben. Der ganze Gott, Vater, Sohn und heiliger Geist, der in seinem innersten Wesen Liebe ist[32], soll im Gottesdienst erfahrbar werden.

Zugespitzt: Es geht im Gottesdienst um praktizierte Gastfreundschaft im Hier und Jetzt und nicht um das Begehen eines liturgischen Archivs. *Nota Bene!* Damit bleibt das Kreuz nicht außen vor, aber eine bestimmte (unterkühlte oder depressive) Form von Kirchlichkeit wird dezidiert verabschiedet.

2. Kyrie – Klage – Sündenbekenntnis

Bleiben damit dunkle Erfahrungen und Gefühle im Gottesdienst außen vor? Werden biblische Aussagen vom Gericht gleichsam aus Liturgie und Predigt verbannt? Gewiss nicht. Sie dürfen und sollen, gerade im Sinne unserer Ausgangsfrage nach Identität, unbedingt vorkommen! Aber es gilt sie zu bearbeiten. Gerade in Krisen und bei diffizilen Übergängen unseres Lebens spüren wir: Wir werden uns selbst nicht los, wir bringen uns, unsere persönliche und kollektive Geschichte, unsere Fragen und auch unser Scheitern in den Gottesdienst immer mit. Wir begegnen auch Gott in seiner Heiligkeit und mit seinen Rätseln! *Es gehört zum Proprium lutherischen Gottesdienstes, dass wir dafür Orte haben.* Leider sind sie vielfach auf dem Rückzug, weil z.B. die Rede von der Sünde für viele anstößig ist[33]. Doch welche Entlastung ist es, schon im Confiteor das mitgebrachte Schwere Gott hinzulegen. Im Kyrie strecken wir uns aus nach dem Erbarmen Gottes wie der Blinde vor Jericho (Mk 10) oder der Lahme am Teich Bethesda (Joh 5). Im Klagepsalm (vgl. Psalm 13; 22; 69) klagen wir Gott das Leid der Welt, seufzen gemeinsam vor ihm und warten mit Christus auf

---

[32] Vgl. dazu auch die wichtige Unterscheidung von *opus proprium* und *opus alienum* Christi nach FC V (BSLK 955, S. 27 f.), wonach nicht gesagt ist, dass Gott nur ›Liebe‹ sei, sich aber in Christus immer wieder als der wesenhaft Liebende erweist.

[33] Dies gilt besonders für das Sündenbekenntnis, das in manchen Gemeinden nur in Zusammenhang mit einer bestimmten Form der Abendmahlsfeier an Karfreitag oder Buß- und Bettag gesprochen wird.

Erhörung (vgl. Hebr 2). Auch dann, wenn es uns selbst gut geht, tun wir das, stellvertretend und gemeinsam mit den Menschen und Tieren dieser Erde[34].

3. Modus: Wort und Glaube (promissio/fides – sacramentum/ sacrificium)

Doch dies allein wäre zu wenig. Wir bleiben mit unseren Fragen und Brüchen nicht allein: Der Gottesdienst ist nicht nur eine Bußfeier, er erinnert nicht nur an das Kreuz, sondern auch an Ostern. Ich komme damit zum Kern und Stern, zur inneren Mitte des Gottesdienstes nach lutherischer Lehre. In seiner reformatorischen Hauptschrift *De captivitate* schreibt Luther im Blick auf das *Abendmahl*: »Niemals hat Gott anders mit den Menschen gehandelt als durch das Wort der Zusage. Und niemals können wir anders mit Gott handeln als durch den Glauben an das Wort der Zusage.«[35]

Mit dieser Aussage behauptet Luther, dass Gott uns im Sakrament durch das *Wort der Verheißung Sündenvergebung und neues Leben schenkt*. Dieser Zuspruch steht *pars pro toto* für den sakramentalen Charakter des ganzen Gottesdienstes. Er findet im Glauben Resonanz. Darauf erst folgt die Antwort des Lobopfers[36].

---

[34] Eine gute Möglichkeit dafür ist auch das entfaltete Kyrie, vgl. Evangelisches Gottesdienstbuch (siehe Anm. 15), S. 520-527.

[35] MARTIN LUTHER, De captivitate babylonica ecclesiae praeludium, in: WA 6, 516; vgl. DERS., Ein Sermon von dem neuen Testament, das ist von der heiligen Messe (1520); a.a.O, 364: »Nun meine ich, ... dass die Messe nichts Anderes sei, als ein Testament und Sakrament, darin sich Gott verspricht gegen uns und gibt Gnade und Barmherzigkeit.«

[36] Vgl. Apologie der CA XXIV, BSLK, S. 354: »Sacramentum est ceremonia vel opus, in quo Deus nobis exhibet hoc, quod offert annexa ceremoniae promissio, ut baptismus est opus, non quod nos Deo offerimus, sed in quo Deus nos baptizat [...] et exhibet Deus remissionem peccatorum etc., iuxta promissionem: Qui crediderit et baptizatus fuerit, salvus erit. Econtra sacrificium est ceremonia vel opus, quod nos Deo reddimus, ut eum honore afficiamus.« Vgl. auch aaO, S. 356 zum *sacrificium laudis* im Gegensatz zum einmaligen *sacrificium propitiatorium* Christi.

Ich erlaube mir, nun einige *praktischen Anfragen* zu formulieren: Geben wir im Gottesdienst zu Beginn ausreichend Raum für Formen der Klage und des Sündenbekenntnisses? Können wir mit unseren Gefühlen, auch mit unserem Scheitern wirklich ankommen? Fahren wir nicht im ICE-Tempo in Hochgeschwindigkeit durch die Eingangsliturgie? 180 Sekunden Psalm, 30 Sekunden Kyrie, 20 Sekunden Gloria. Selbst Menschen mit hohem Lebenstempo können da kaum mitkommen. Entschleunigung und emotionale Vertiefung ist angesagt, auch in Sachen Liturgie.

Wir brauchen Orte der Stille, besonders im Gebet (vgl. das z.B. in Württemberg übliche Stille Gebet). Aber auch die Akte der Zusage sind im Gottesdienst als kleine Sternstunden zu bedenken. Das ›Fürchte dich nicht‹ in der Taufe, die Einsetzungsworte und Spendeworte (!) beim Abendmahl, musikalische Formen der Zusage in kleinen Singsprüchen (»Schmecket und sehet, […]« usw.) die Absolution, der Segen und natürlich auch die Predigt. Achten wir da besonders auf die Schlüsse und die tückischen Hilfsverben: Gott *will* uns helfen, wir *dürfen* oder *sollen* ihn wirken lassen. Besser ist der Indikativ: *Gott ist bei dir, er hilft dir…*

Als Problemanzeige in Richtung lutherischer Liturgie sei allerdings auch gesagt: Die *Absolution* fehlt nach dem klassischen *Confiteor* (Vorbereitungsgebet). Wo kommt sie überhaupt noch in der lutherischen Messe im deutschsprachigen Raum vor? Demgegenüber hat die *Offene Schuld (Messe in Sachsen, Oberdeutsche Form Württemberg)* eine klare Zusage ähnlich wie der Gnadenspruch in der unierten Eingangsliturgie[37].

Zuletzt möchte ich weiterführend fragen: Wenn evangelische (lutherische) Gottesdienste in der Korrelation von Wort und Glaube ihr Herz haben, dürfen sie dann nicht doch auch missionarisch sein und *Glauben wecken*?[38]

---

[37] Vgl. dazu exemplarische Evangelisches Gottesdienstbuch (siehe Anm. 15), S. 70 bzw. S. 506.

[38] Vgl. WOLFGANG HUBER, Hauptvortrag beim EKD-Zukunftskongress in Wittenberg 2007: »Dass Gottesdienste zum Lob Gottes gefeiert werden, dass sie Glauben wecken und im Glauben stärken, soll neu zum Bewusstsein kommen.« Damit ist Schleiermachers Grundregel, wonach Gottesdienst nicht belehren noch bekehren solle, meines Erachtens deutlich widersprochen.

4. Verkündigung und Sakrament – zwei Gipfel!?

Lutherisches Charisma ist auch die Lehre und Praixs einer guten Balance von Wort und Sakrament.[39] Man könnte geradezu von einem Gleichgewicht sprechen. Dies impliziert zum einen eine Hochschätzung des Wortes: »das Wort muss im Schwang sein.«[40] Zum anderen gibt es aber auch eine Hochschätzung der Sakramente, die eben nicht nur angehängte Zeichen sind und auf das Wesentliche hinweisen, sondern das Heil selbst bringen. Wir stehen lutherisch in der Goldenen Mitte zwischen einer reinen Wortkirche und einer Kirche als sakramentaler Heilsanstalt, die sich selbst als Ursakrament versteht.

Was heißt das praktisch? Ein Argument, das vielfach überzeugt, lautet: Beide Elemente sind regelmäßig zu feiern und zwar möglichst beide zusammen. Damit ist das Desiderat einer allsonntäglichen Abendmahls-feier im Blick, die auch an vielen Orten praktiziert wird[41].

Es lässt sich aber auch anders argumentieren. Ausgehend von der gegenseitigen Durchdringung beider Elemente, die eine *sakramentale Dimension des Wortes* und die *verkündigende Dimension der Sakramente* stark macht, können wir lutherisch auch das eine im anderen erkennen und müssen nicht stets beides zusammen feiern: Das Sakrament ist *verbum*

---

[39] Vgl. dazu exemplarisch EDMUND SCHLINK, Ökumenische Dogmatik, Göttingen ²1993, S. 514-518.

[40] Vgl. MARTIN LUTHER, Von Ordnung des Gottesdiensts in der Gemeinde, in: WA 12,35-37 (1523).

[41] Vgl. dazu schon KARL BARTH, Gotteserkenntnis und Gottesdienst (siehe Anm. 12), S. 199: Er kritisiert sowohl den ›Torso‹ des reinen Sakramentsgottesdienstes (der römischen Kirche) als auch den des reinen Predigtgottesdienstes (der reformierten Kirche) und kommt zu einem gleichsam ›lutherischen‹ Plädoyer: »Würde die Predigt nicht ganz anders gehalten und gehört und würde nicht auch ganz anders gedankt werden in unseren Gottesdiensten, wenn das alles auch äußerlich sichtbar von der Taufe herkäme und dem Abendmahl entgegenginge? [...] Ich sage das darum in diesem Zusammenhang, weil zu jenem Hören des Wortes Gottes, das das eigentliche kirchliche Handeln darstellt, schließlich alles darauf ankommt, daß es in jener Mitte geschieht, die durch die beiden Sakramente bezeichnet ist.«

visibile, das Wort gleichsam *sacramentum audibile*[42]. In beiden Formen kommt der ganze Gott; sie bringen beide dasselbe Heil, nur in verschiedener Gestalt.

Daraus folgt für mich: Feiert Gottesdienst mit Variationen und setzt verschiedene Akzente! Mal eher situativ-diskursiv, dann wieder stärker rituell. Tut das in einer Vielfalt auch der kulturellen Formen und Musikstile, die unterschiedliche Menschen und Milieus erreicht!

Halten wir wieder kurz inne und fragen nach:

Welche Signale kommen aus Rom? Das letzte Konzil betrachtet Kanzel und Altar – auch architektonisch! – oft als zwei Brennpunkte einer Ellipse. Eine erstaunliche Neuerung. Durch die sorgfältige Fortbildung von Wortgottesdienstleiter/innen und die Volkssprachlichkeit der Predigt hat eine Hochschätzung der Verkündigung Raum bekommen Momentan ist freilich auch eine deutlich gegenläufige Tendenz zu beobachten. Sie lautet verkürzt: *Wo der Priester ist, gibt es Eucharistie; wo Eucharistie gefeiert wird, ist Kirche.* Dies widerspricht der lutherischen »Verschränkung« von Wort und Sakrament, die eben vorgetragen wurde.

In der evangelischen Praktischen Theologie ist schon seit über 20 Jahren ein regelrechter Liturgik›Boom‹ im Gange, der die Homiletik etwas zurückgedrängt hat. Umso respektabler ist der Entwurf von Michael Meyer-Blanck, der mit seiner Gottesdienstlehre versucht, Homiletik und Liturgik zu integrieren und damit eine uralte Trennung aufzuheben, die meines Erachtens nicht lutherisch ist. Diese Tendenz gilt es zu unterstützen[43]. Demgegenüber spricht sich Martin Nicol in seiner Liturgik für einen evangelischen Wort-Kult aus, der meines Erachtens eine gewisse Zurücknahme der Sakramentsfeier impliziert[44].

5. Hinweis oder Ereignis?

---

[42] Vgl. EDMUND SCHLINK, Ökumenische Dogmatik (siehe Anm. 38), S. 518, und kontrovers WOLFHART PANNENBERG, Systematische Theologie Bd. 3, Göttingen 1993, S. 373-404 bzw. GERHARD EBELING, Dogmatik (siehe Anm. 1), § 35.

[43] Vgl. oben Anm. 14.

[44] MARTIN NICOL, Weg im Geheimnis, Göttingen 2009.

Kommen wir nun zu einer weiteren theologischen Frage, die besonders zwischen Reformierten und Lutheranern kontrovers ist. Verweisen Predigt und Sakramente auf das Heil, gleichsam wie der Zeigefinger Johannes des Täufers am Isenheimer Altar oder Luther auf der Predella des Altars der Wittenberger Stadtkirche? Oder bringen sie das Heil? Schafft die Zusage »Für euch gegeben« ewiges Leben und Seligkeit oder informiert sie nur darüber, dass es diese Seligkeit gibt?

Karl Barth schreibt: »[D]ie von Gott eingesetzte Form ist doch nur die *Form* und nicht der Inhalt des Gottesdienstes. […] Die Form des kirchlichen Gottesdienstes ist von Gott angeordnet. Sie ist aber die kreatürliche Form und nicht der göttliche Inhalt. Sie ist nicht selbst die Offenbarung und der Glaube. Sie ist nicht als solche das Werk des Heiligen Geistes. Sondern indem das Werk des Heiligen Geistes geschieht, wird von dieser Form Gebrauch gemacht, darf diese Form dienen. Sie ist das ›sichtbare Zeichen des unsichtbaren Gegenstandes‹ (Augustin).«[45]

Demgegenüber sagt Luther: »Denn in Gottes Namen getauft werden, ist nicht von Menschen, sondern von Gott selbst getauft werden, darum ob es gleich durch des Menschen Hand geschieht, so ist es doch Gottes eigenes Werk.«[46]

---

[45] KARL BARTH, Gotteserkenntnis und Gottesdienst (siehe Anm. 12), S. 191. Er unterscheidet sich damit deutlich von dem berühmten Satz Heinrich Bullingers: »Praedicatio verbi dei est verbum dei« in der Confessio Helvetica Posterior (1562/66). Vgl. PAUL JACOBS (Hg.), Reformierte Bekenntnisschriften und Kirchenordnungen in deutscher Übersetzung, Neukirchen-Vluyn 1949, S. 175-245, hier: S. 178.

[46] MARTIN LUTHER, Großer Katechismus zur Taufe, in: WA 30/1, 125-238 (1529); vgl. BSLK 692; vgl. auch nochmals Großer Katechismus zum 3. Artikel, in: WA 30/1, 125-238 (1529); vgl. BSLK 654. OTFRIED HOFIUS, Glaube und Taufe nach dem Zeugnis des Neuen Testaments, in: DERS., Neutestamentliche Studien, Tübingen 2000, S. 271, schreibt: »Es gibt nur *eine* Taufe, nämlich die eine von Jesus Christus eingesetzte, die *er selbst* spendet und vollzieht.« Vgl. auch DERS. zum Abendmahl: »Für euch gegeben zur Vergebung der Sünden«. Vom Sinn des Heiligen Abendmahls, in: DERS., Neutestamentliche Studien, Tübingen 2000, S. 285: »In Wahrheit ist also *er selbst es,* der durch die Hände derer, die der Mahlfeier vorstehen, das Brot austeilt und den Kelch darreicht.«

Luthers Beschreibung zielt auf ein Handeln Gottes hier und jetzt. Von daher lohnt es sich, neu darüber nachzudenken und zu predigen, was im Gottesdienst – und dazu gehört die Predigt ganz prominent – geistlich geschieht: Geht es ›nur‹ um Information, ›nur‹ um Lebensdeutung? Oder doch um mehr: nämlich um Zueignung bzw. Austeilung? Fragen wir weiter!

6. Gotteswerk und Menschenwerk. Handelt Gott in jedem Gottesdienst?

Handelt Gottes Geist nur, wenn wir ihm Raum geben? Handelt Gottes Geist nur, wenn wir uns gut vorbereiten? Handelt er im Gottesdienst überhaupt nur vielleicht, vergleichbar mit dem Wehen eines Windes (vgl. Joh 3,8)? Ich halte diese Position – um die Pointe vorwegzunehmen – für eine moderne Häresie, die manchmal aus Bescheidenheit, manchmal aus theologischer Skepsis formuliert wird.

Darum ein frischer Blick auf Art. 5 der CA, den – wie ich finde – zentralen Artikel unseres Bekenntnisses. Er schafft Klarheit über diese Frage, indem er äußeres und inneres Wirkens des Geistes unterscheidet.

Zunächst das äußere Wirken: Wir könnten es auch als ›Geist I‹ bezeichnen (Oswald Bayer): Durch die ›äußerlichen‹ (leiblich-kreatürlichen) Mittel von Wort und Sakrament schenkt sich Gottes Geist (»*tamquam per verbum et sacramenta donatur spiritus sanctus*«). In, mit und unter kirchlichem Handeln wirkt er ohne Wenn und Aber, unabhängig von der Disposition des/der Ordinierten. Das klingt für manche ›katholisch‹ oder gar ›magisch‹, drückt aber einen hohen Respekt gegenüber dem leiblichen Akt (der Taufe) und gegenüber dem Amt aus. Luther schreibt dazu: »Das heißt nun der Apostel Regiment […], dass du in deinem Herzen gewiss sein kannst, wenn du von deinem Pfarrherrn oder, wo du den nicht haben kannst, von einem anderen Christen hörest, dass im Namen Christi deine

Sünde dir sollen vergeben sein, dass es also gewiss wahr sei und eben so wenig fehlen soll, als wenn Christus selbst es gesagt hätte.«[47]

Zugleich ist mit der Verkündigung durch das Predigtamt, wie Art. 7 CA zeigt, ein *normativer* Maßstab gesetzt, der für ein evangelisches Kirchen- und Gottesdienstverständnis fundamental ist. Als *notae externae ecclesiae* sind Wort und Sakrament nicht nur an die Vollmacht und Souveränität des Heiligen Geistes, sondern auch an einen bestimmten *apostolischen Lehrgehalt* gebunden, der durch das im Kanon bezeugte Evangelium vorgegeben ist.

Sodann zum Anderen: Wir könnten es als ›Geist II‹ bezeichnen: Um dem Missverständnis eines automatischen *opus operatum* entgegenzuwirken und die *Souveränität des göttlichen Geistes* festzuhalten, wurde in Art. 5 CA der wichtige Zusatz »*ubi et quando visum est Deo*« hinzugefügt (*pneumatologischer Vorbehalt*). Ebenso wie der herabkommende Geist[48] sich an die *äußeren* Mittel der Verkündigung und der Sakramente bindet, so ist es auch ganz und gar seine Sache, die Wahrheit des Evangeliums dem einzelnen Menschen ins Herz zu legen und *innerlich* zu erschließen. Insgesamt gehören aber beide Bewegungen, *verbum externum* und *internum*, zusammen.

Was folgt daraus? Ich höre *eine pastoraltheologische Ermutigung und Entlastung* zugleich: Wir sind Werkzeug *Gottes*. Was gibt es Schöneres und Größeres? Wir sind aber eben nur *Werkzeug*, mit Luther: »Rohre und Mittel«.

Eine Trennung von göttlichem und menschlichem Handeln im *verbum externum* ist nicht machbar. Darin könnte übrigens die Aktualität der christologischen Figur des *vere Deus/vere homo* (ungetrennt und unvermischt etc.)[49] für die Pneumatologie liegen. Peter Brunner spricht in

---

[47] MARTIN LUTHER, Hauspostille, Predigt zu Quasimodogeniti, Joh 20, in: WA 52, 270 (1544).

[48] Vgl. den bei JOHANN GEORG WALCH (Hg.), Martin Luthers sämtliche Schriften, Bd. 14, St. Louis / Missouri ²1880-1910, S. 1099 überlieferten Ausspruch Luthers (zu Micha 5,6), wonach der Heilige Geist, »durch das Wort des Evangelii herniedersteigt in die Herzen der Menschen und in ihnen den Glauben erweckt.«

[49] Vgl. dazu die berühmten Formulierungen des Konzils von Chalkedon (451), DH 302.

Anlehnung an die Figur der *unio personalis* in der Konkordienformel von *unio spiritualis*[50] und bezeichnet damit präzise diesen Sachverhalt.

Zuletzt: Innerhalb des *verbum externum* gilt es auch an das *Gebot* zu erinnern, das mit Verkündigung, Taufe und Mahl verbunden ist: »*Solches tut zu meinem Gedächtnis; geht hin in alle Welt, lehrt und tauft…*« Die Verkündigung und die Austeilung der Sakramente orientieren sich am Evangelium als *norma normans*. Dieses ist aber zugleich der Ort der Freiheit! Also auch hier: Gelassenheit, dass das Heil nicht in unserer Hand liegt.

7. Institutum est. Zur Frage des Amtes der Verkündigung und des Zusammenspiels der Ämter

Die Austeilung von Wort und Sakrament wird in Art. 5 CA mit antispiritualistischer und antidonatistischer Spitze an das *öffentliche Predigtamt* gebunden. Die *göttliche* Institution des *ministerium verbi*[51] stellt sicher, dass das, was hier zugesagt und gegeben wird, nicht von menschlicher Disposition abhängt, sondern vielmehr *unabhängig vom Glauben des Spenders und der Empfänger/innen* ist[52].

Der Vollzug des Predigtamtes geschieht allerdings nicht nur auf Verheißung hin, sondern auch in *gehorsamer* Ausrichtung des *munus propheticum Christi*[53]. So bleibt das Gegenüber Jesu Christi zu seiner Kirche ge-

---

[50] PETER BRUNNER, Zur Lehre vom Gottesdienst der im Namen Jesu Christi versammelten Gemeinde, in: Leiturgia I, Kassel 1954, S. 217. Vgl. Vom Abendmahl Christi, in: WA 26, 439-443 (1528).

[51] Vgl. EDMUND SCHLINK, Theologie der lutherischen Bekenntnisschriften, München ²1947, S. 330: »Das öffentliche Predigtamt ist nicht eine von dem sittlichen Grundsatz der Ordnung geforderte Schöpfung der Gemeinde, sondern unmittelbare Stiftung Gottes durch den Befehl und die Verheißung Jesu Christi. Die Bekenntnisschriften erlauben nicht, das allgemeine Priestertum als göttliche Institution dem öffentlichen Predigtamt als menschliche Institution gegenüberzustellen.«

[52] Vgl. OSWALD BAYER, Leibliches Wort, Tübingen 1992, S. 59.

[53] Vgl. KARL BARTH, Die kirchliche Dogmatik. Bd. 1: Die Lehre vom Wort Gottes, 1. Halbband, München 1932, S. 97. Hier gebraucht Karl Barth den Begriff des Vikariates Christi für das Predigtamt. Luther hat dies in einer Predigt so zugespitzt: »Das ist ein groß trefflich Ding, dass eines jeglichen rechtschaffenen

wahrt. Dennoch steht dieses Amt der Verkündigung inmitten der Gemeinde, denn »was aus der Taufe gekrochen ist, ist würdig ein Priester, Bischof und Papst zu heißen.«[54]

Hier wird der Zusammenhang von Amt und Gottesdienst erkennbar, der besonders in der römisch-katholischen und orthodoxen Kirche u.a. durch die Debatte um die apostolische bzw. episkopale Sukzession und die damit verbundene Würde des priesterlichen Amtes stets präsent ist. Gibt es eine plausible Alternative dafür im Sinne einer gemeinsamen Annäherung hin zu voller Kirchengemeinschaft? Ich sehe sie momentan nicht.

Doch auch wir lutherischen Kirchen sollten uns von den evangelischen Geschwisterkirchen fragen lassen: Ist die Konzentration auf das Pfarramt als zentrales Amt der Verkündigung eine Entscheidung, die immer weiter fortgeschrieben werden muss? Gäbe es – etwa im Anschluss der reformierten Vier-Ämter-Lehre[55] – auch andere Optionen?

Welche Antwort haben wir auf die allgegenwärtige Forderung nach Glaubwürdigkeit und Authentizität?

8. Singen und Sagen – Musik auch als Verkündigung!?

Zur lutherischen Lehre vom Gottesdienst gehört auch ein spezifisches Musikverständnis. Während die Torgauer Formel nur die Antwort auf die Wortverkündigung musikalisch beschreibt, finden sich auch prominente Äußerungen Luthers, die in eine andere Richtung weisen: »Das Euangelion ist ein gut Geschrei usw. davon man singet, saget und fröhlich ist«, schrieb der Reformator schon 1522 in seiner Vorrede zum Neuen Testa-

---

Pfarrherrns und Predigers Mund Christi Mund ist, und sein Wort und Vergebung Christi Wort und Vergebung ist.« MARTIN LUTHER, Hauspostille 1544, Am Sonntag Quasi modo geniti, in: WA 52, 269 (1544).

[54] MARTIN LUTHER, An den christlichen Adel deutscher Nation von des christlichen Standes Besserung (1520), in: WA 6, 407.

[55] Vgl. dazu PETER BUBMANN, Der gemeinsame Dienst und die vielen Ämter, in: DtPfbl 106 (2006), S. 59-81, hier: S. 60 und GOTTHARD FERMOR, Cantus Firmus und Polyphonie – der eine Dienst und die vielen Ämter. Zur Theologie kirchlicher Berufe, PastTh 101 (2012), S. 324-340.

ment, an einer Stelle also, die gar nicht nur auf die Musik bezogen ist. Luther sagt uns damit: Die frohe Botschaft muss zuerst gesungen werden, sonst fehlt etwas Wesentliches! Luthers Übersetzung von Kol 3,16 (1534) zeigt dieses kerygmatische Musikverständnis, indem er folgendermaßen übersetzt:

»Lasset das Wort Christi unter euch reichlich wohnen! In aller Weisheit lehrt und ermahnt euch selbst mit Psalmen und Lobgesängen und geistlichen, lieblichen (das ist tröstlichen, holdseligen, gnadenreichen) Liedern. Und singt Gott dankbar in euren Herzen.«[56]

Die musikalische Verkündigung des Wortes Christi ist grundsätzlich allen Christen aufgetragen. Das klingende Wort wird musikalisch Fleisch inmitten der Gemeinde. *Sie singt nicht nur über Christus, Christus selbst teilt sich durch die Musik der Gemeinde mit.* Treffend bemerkt Luther in einer Tischrede: *»So predigt Gott das Evangelium auch durch die Musik.«*[57]

Ein breiter Traditionsstrom evangelisch-lutherischer Kirchenmusik kennt diese *verkündigende Dimension.* Unter den Kirchenliedern Luthers seien exemplarisch das Weihnachtlied *Vom Himmel hoch,* das Osterlied *Christ lag in Todesbanden* und natürlich das reformatorische Hauptlied *Nun freut euch, lieben Christen g'mein* genannt.

Luther macht in seinem musiktheologischen Vermächtnis, seiner Vorrede zum Babstschen Gesangbuch (1545), die christologisch-soteriologische Begründung für unser Singen nochmals stark: »Singet dem Herrn ein neues Lied…. Denn Gott hat unser Herz und Mut *fröhlich* gemacht durch seinen lieben Sohn, welchen er für uns gegeben hat *zur Erlösung von Sünden, Tod und Teufel.* Wer solches mit Ernst glaubt, der kann's nicht

---

[56] Die Interpunktion zwischen den beiden (partizipialen) Nebensätzen ist grammatikalisch offen. Luther lehnt sich hier an die Parallele in Eph 5,19 an und versteht das Singen als ein äußerliches und inwendiges Geschehen, das sowohl Verkündigungs- als auch Lobpreischarakter hat. Demgegenüber trennen neuere Übersetzungen (z.B. Einheitsübersetzung) meist anders ab: »Das Wort Christi wohne mit seinem ganzen Reichtum bei euch. Belehrt und ermahnt einander in aller Weisheit! Singt Gott in euerem Herzen Psalmen, Hymnen und Lieder, wie sie der Geist eingibt, denn ihr seid in Gottes Gnade.« In diesem Fall ist die Musik ›nur‹ Antwort, nicht auch Verkündigung (vgl. Torgauer Formel).
[57] MARTIN LUTHER, in: WA TR 1, Nr. 1258.

lassen, er muss fröhlich und mit Lust davon *singen und sagen*, dass es andere auch hören und herzukommen [Hvh. JA].«[58]

Was folgt daraus?

Zum einen ist (pastoraltheologisch und kybernetisch) das Verhältnis der in der kirchlichen Verkündigung stehenden Ämter zu bedenken. Wird das kirchenmusikalische Amt (von innen und außen) als Amt der Verkündigung wahrgenommen und auch entsprechend wertgeschätzt? Nehmen wir die Chance, dass Menschen gerade musikalisch ansprechbar sind, ernst genug? Lassen wir dann auch Gefühle zu, die durch Musik geweckt werden?

Zum andern ist praktisch zu bedenken: Welchen Ort hat die Orgel im Kirchenraum und von wo musiziert der Chor im Gottesdienst? Als verkündigendes Gegenüber (von vorne) oder (von der Empore) als gesungenes Gebet? Daraus ergibt sich liturgiewissenschaftlich und liturgiedidaktisch das Desiderat, die Vielfalt der ›Funktionen von Musik‹ im Gottesdienst neu zu entdecken!

9. Herrenmahl oder Eucharistie?

Angesichts der oben vorgenommenen Unterscheidung der Sprechakte des Katabatischen und des Anabatischen in Luthers Auslegung des Abendmahls stellt sich die Frage, welche Auswirkungen dies in der Praxis hat. Werden die Einsetzungsworte als Gebet zum Altar oder als Zusage zur Gemeinde gesprochen? Das Evangelische Gottesdienstbuch erklärt dazu unmissverständlich: »Nach evangelischem Verständnis sind sie [die Einsetzungsworte] Evangeliumsverkündigung, Proklamation gültiger Gegenwart dessen, was sie besagen […]. In den abendländischen Kirchen wurde ihnen konsekratorische Kraft zuerkannt. Insofern sind sie aus den Abendmahlsgebeten hervorgehoben.«[59]

Stimmt es also, was Dorothea Wendebourg in ihrer Tübinger Antrittsvorlesung 1997 sagte: »Lob und Dank« seien »keine spezifischen Elemente

---

[58] MARTIN LUTHER, Luthers Lieder, Die Vorrede zum Babstschen Gesangbuch 1545, in: WA 35, 477 (1545).

[59] Evangelisches Gottesdienstbuch (siehe Anm. 15), S. 27.

der Abendmahlsfeier.«[60]? Besteht darin das lutherische Proprium gegenüber den beiden anderen großen Kirchen?

Ich meine nicht. Luther schreibt: »Wenn nun dieser Glaube recht geht,
so muss das Herz von dem Testament fröhlich werden, und in Gottes
Liebe erwarmen und zerschmelzen. Da folgt dann Lob und Dank mit
süßem Herzen, davon heißt die Mess auf griechisch *Eucharistia, das ist
Danksagung, dass wir Gott loben und danken* für dies tröstliche, reiche, selige
Testament, gleichwie der dankt, lobt und fröhlich ist, dem ein guter
Freund tausend oder mehr Gulden geschenkt hat.«[61]

Luther sieht also in der Regel beide Aspekte: Zusage und Dankbarkeit,
er sieht sie aber – und hier liegt das lutherische Proprium – in einem
klaren Gefälle. Es gibt für ihn kein *zugleich* von Lob und Zusage (siehe in
der römischen Liturgie, wo der Priester in einem großen Gebet die Einsetzungsworte rezitiert, die simultane Inszenierung auf den magischen
Moment der Wandlung hindeutet, die viel mehr ist als Gebet).

Die Einsetzungsworte sind zwar im lutherischen Gottesdienst von zahlreichen Gebeten umgeben: Präfation und Sanctus auf der einen, Vaterunser und Agnus Dei auf der anderen Seite. Eventuell gibt es auch noch
ein trinitarisches Abendmahlsgebet (mit Berakah, Anamnese und Epiklese); aber sie sind doch klar in ihrem Sprach- und Gabegestus abgesetzt.

Das lutherische Charisma, ja mehr noch die prophetische Mahnung, im
Blick auf das Abendmahl könnte also lauten: Gestaltet die Liturgie sorg-
fältig im Blick auf die Sprechakte! Sprecht die Einsetzungsworte nicht zum
Altar hin, sondern zur Gemeinde, gut vernehmbar und zugewandt![62]

---

[60] DOROTHEA WENDEBOURG, Den falschen Weg Roms zu Ende gegangen?, ZThK 94
(1997), S. 437-467, hier: S. 465. Allerdings wird diese Position 2002 etwas
modifiziert, in: DIES., Noch einmal »Den falschen Weg Roms zu Ende gegangen?«,
ZThK 99 (2002), S. 400-440, hier: S. 406.

[61] MARTIN LUTHER, Sermon von den guten Werken, in: WA 6, 231 (1520). Vgl. ähnlich
Luther in seiner Vermahnung zum Sakrament, in: WA 30/2, 614 (1530).

[62] Vgl. dazu die Ermutigung des ehemaligen Papstes, in: JOSEPH RATZINGER, Theologie der Liturgie, Freiburg i. Br. ³2014, S. 468: »Es beeindruckt mich immer wieder,
dass unsere evangelischen Brüder bei ihrer Umwandlung der mittelalterlichen Formen ein recht ausgewogenes Verhältnis zwischen Zuwendung von Vorsteher und
Gemeinde einerseits und gemeinsamer Hinwendung zum Kreuz andererseits
gefunden haben...«

10. Die ungeklärte Rede vom Opfer

Melanchthon hat in Apol 24 zwischen *sacrificium propitiatorium* und *sacrificium eucharisticon* (*laudis*) unterschieden[63]. Luther hat den Kanon der Messe gereinigt, weil für ihn hier alles auf dem Spiel stand. Eine (unblutige) Darbringung des Messopfers wurde auf lutherischer Seite stets vehement abgelehnt. Dies alles scheint heute im ökumenischen Gespräch inzwischen aufgearbeitet zu sein. Doch stimmt das? Sind wir auch einig in Sachen Opfer? Kaum. Sogar auf katholischer Seite wird – nach der Analyse des Messbuchs von 1970 und seiner Gebete – Luthers Messopferkritik bis heute als berechtigtes Anliegen gesehen. Reinhard Meßner schreibt: »In diesen Darbringungsaussagen, die den kirchlichen Opfervollzug (Darbringung von Leib und Blut Christi) vom Akt der Vergegenwärtigung des Kreuzesopfers (Konsekration) trennen, liegt die Gefahr des verderblichen Mißverständnisses eines zusätzlich zum Kreuzesopfer notwendigen versöhnenden Opfers der Kirche allzu nahe. [...] Das Handeln Christi, das allein versöhnend ist, und das Handeln der Kirche, die die versöhnende Tat Christi dankend empfängt, werden nicht unterschieden. Daraus folgt der theologisch unmögliche Gedanke, die Kirche bringe das Opfer der Versöhnung dar.«[64]

Ich meine, wir sollten sogar noch einen Schritt weitergehen. Generelle Vorsicht ist geboten, wenn es um die Rede vom Opfer geht. Denn stets stellen sich die Fragen: Wer opfert? Wer ist Empfänger? Was wird genau geopfert? Ich schlage daher – besonders im Blick auf die Mahlfeier – vor, von Hingabe Christi an uns und nicht von Opfer zu sprechen. Auch unser Lobopfer an Gott lässt sich mit den Begriffen Danksagung oder Hingabe und Nachfolge o.W. aussagen.

Zugleich – um nicht missverstanden zu werden – ist es unser Auftrag, die soteriologische, d.h. die sühnetheologische Mitte des Herrenmahls, wie

---

[63]   Vgl. BSLK 354-356.

[64]   REINHARD MESSNER, Die Meßreform Martin Luthers und die Eucharistie der Alten Kirche. Ein Beitrag zu einer systematischen Liturgiewissenschaft, Innsbruck/ Wien 1989 (IthS 25), S. 211.

sie besonders in den paulinischen Überlieferungen (vgl. Röm 3,24-28 und 2 Kor 5,17-21); deutlich ist, festzuhalten und immer wieder auszulegen.

11. Segen als Machtwort des Dreieinigen an der Schwelle

Martin Luther hielt in seiner Auslegung zu Gen 27,28 f. (Segen des Isaak für Jakob) fest: Der Segen ist keine Bitte, sondern er ist ›indikativischer, konstitutiver Art‹. In ihm wird, »das, was klingt, ausgebreitet und ausgeteilt.«[65] Damit sind wir bei der Herausforderung, den Sprechakt des Segens näher zu bestimmen: Ist er, wie es in vielen Lehrbüchern heißt, als ein ›Ineinander von Fürbitte und Zuspruch‹[66] zu beschreiben?

Im aaronitischen Segen (Num 6,24–27) steht im hebräischen Urtext die eigentümliche grammatikalische Form des Iussiv (von lat. *iubere* = befehlen). Ihre Pointe wird an der prominentesten biblischen Parallele deutlich. In Gen 1,3 heißt es: »Gott sprach: es werde Licht! (Iussiv) Und es ward Licht!«

Der Segen wirkt in die unmittelbare Zukunft hinein. Es setzt auf Grund des göttlichen Vollmachtswortes ein Ereignis ins Werk, eine noch ausstehende Gabe ›in Gang‹. Gott wird die Absicht zugetraut, dass er, in welcher Form auch immer, Wohl und Heil gewähren wird. Die These von Fürbitte und Zuspruch in einem ist also unsinnig.

Die liturgisch korrekte Form ist der Optativ. Er enthält die Spannung von Zuwendung und Souveränität Gottes. Der Nachteil ist, dass er sich im Deutschen vom bloßen Wunsch nicht unterscheidet.

In Luthers Übersetzung zu Psalm 121 sind drei Formen im Wechsel gewählt, obwohl im Hebräischen stets eine Form vorkommt: Futur, Indikativ und Optativ. »Er *wird* deinen Fuß *nicht gleiten lassen*, und der dich behütet, schläft nicht [...] Der Herr *behütet* dich; der Herr *ist* ein Schatten über deiner rechten Hand, dass dich des Tages die Sonne nicht steche noch der Mond des Nachts. Der Herr *behüte* dich vor allem Übel, er behüte deine

---

[65] Vgl. MARTIN LUTHER, Genesisvorlesung (1535-45), in: WA 43, 525; Übersetzung JOCHEN ARNOLD.

[66] Vgl. BERTHOLD W. KÖBER, Die Elemente des Gottesdienstes – Wort Gottes, Gebet, Lied, Segen, in: Handbuch der Liturgik (siehe Anm. 11), S. 689-714, hier: S. 690.

Seele. Der Herr *behüte* deinen Ausgang und Eingang, von nun an bis in Ewigkeit.«[67]

Proprium lutherischer Segensgestaltung wäre demnach abermals der Hinweis zur Sorgfalt in den Sprechakten. Die Überleitung: »Wir bitten um den Segen des Herrn« ist unsinnig, wenn danach der Zuspruch des Segens folgt. Anders ist es, wenn sich eine Segensbitte anschließt, was z.B. bei einer kleinen Andacht durchaus die angemessene Form sein kann.

Segen eröffnet Zukunft. Segen ist die Verschränkung von Gegenwart und Zukunft, Gottes Machtwort an der Schwelle – das gilt auch über den Tod hinaus. Von daher können wir einer Aussegnung Verstorbener (nicht nur Sterbender) energisch zustimmen[68].

Wichtig scheint mir noch eine trinitätstheologische Spur bei Luther. Zum aaronitischen Segen schreibt er: »Denn dem Vater wird zugeeignet das Werk der Schöpfung: Der HERR segne dich und behüte dich, das ist, er gebe dir gnädiglich Leib und Leben, und was dazu gehört. Also dem Sohn wird zugeeignet das Werk der Erlösung [...]: Der Herr erleuchte sein Angesicht über dir etc., das ist, er helfe dir von Sünden und sei dir gnädig und gebe dir seinen Geist. Und dem Heiligen Geist wird zugeeignet das Werk der täglichen Heiligung, Trost und Stärke wider den Teufel und endlich die Auferweckung vom Tod [...]: Der Herr erhebe sein Angesicht auf dich etc. Das ist er wolle dich stärken, trösten und endlich den Sieg geben.«[69]

Luther bringt damit eine unverzichtbare Einsicht zum Ausdruck, die die traditionsgeschichtliche Entwicklung der Segenstheologie innerhalb der ganzen Bibel ins Auge fasst: Der Segen umfasst leibliche *und* geistliche Güter; er kommt vom *dreieinigen Gott* und lässt sich nicht auf das Natürliche im Bereich des ersten Artikels begrenzen. Die Gabe des Segens wird – etwa von Eph 1,3-14 her – soteriologisch vertieft und eschatologisch prolongiert. Daraus folgt, etwa für den Segen bei den Kasualien, dass er mehr

---

[67] Die Bibel. Revidierte Lutherübersetzung 1984, hg. von der Evangelischen Kirche in Deutschland, Stuttgart 1991.

[68] Vgl. dazu JOCHEN ARNOLD, Theologie des Gottesdienstes, Göttingen 2004 bzw. Hannover ²2008, S. 454-456.

[69] MARTIN LUTHER, Der Segen, so man nach der Messe spricht über das Volk etc., in: WA 30/3, 572-582, hier: 581 f. (1530).

ist als nur Zusage von Schutz und Nähe, er bringt uns zu Christus und in sein Reich!

12. Freiheit in der Form – Konzentration auf die Mitte

Zuletzt eine kleine Provokation. Lutherische Identität im Blick auf den Gottesdienst heißt meines Erachtens nicht: Wir streben die eine einzige (Wittenberger) Form (von 1526 o.ä.) an. Das wäre ganz und gar unevangelisch, denn dann hätten wir gleichsam tridentinische Verhältnisse[70]. Lassen wir uns die evangelische Freiheit im Gottesdienst nicht nehmen, z.B. durch den Vorwurf einer ›Häresie der Formlosigkeit‹ (Martin Mosebach). Sie lenkt ab vom Wesentlichen. Die Häresie der Gegenwart besteht eher darin, dass wir durch das Starren auf die Ränder oder auf uns selbst unsere Mitte verlieren. *Meditatio* heißt um die Mitte kreisen: *Solus Christus, sola gratia, solo verbo/sola scriptura und sola fide.* Die soteriologische Regel »Was Christum treibet« gilt auch für den Gottesdienst. Sie ist Maßstab und Kriterium für Gottesdienstverständnis und Gottesdienstgestaltung.

Und sie geschieht mit Dietrich Ritschl gesprochen, aus einer doxologisch-therapeutischen Grundhaltung[71] heraus: *Gott die Ehre geben und den Menschen dienen.*

---

[70] Das leistet die Lehre von den Zeremonien als Adiaphora, wie sie in Art. 7 CA anklingt (»Nec necesse est«) und in Art. 15 CA ausgeführt ist.

[71] DIETRICH RITSCHL, Zur Logik der Theologie. Kurze Darstellung der Zusammenhänge theologischer Grundgedanken, München 1984, S. 330-338, vgl. JOCHEN ARNOLD, Theologie des Gottesdienstes (siehe Anm. 67), S. 130 f.

3. Teil: Fazit / Summary

Tobias Jammerthal:
Zusammenfassungen in deutscher und englischer Sprache[1]

---

[1] Wo die vorangestellten deutschen Kurztexte aus der Feder des jeweiligen Referenten stammen, ist dies angegeben.

Hans Christian Knuth:
Was bedeutet lutherische Identität?

Der Präsident der Luther-Akademie Sondershausen-Ratzeburg wies auf die besondere Relevanz des Konferenzthemas hin: die Frage der lutherischen Identität hängt demnach nicht nur mit grundlegenden Fragen an die fortdauernde quasi-konfessionelle Identität von Lutheranern, Reformierten und unierten Protestanten zusammen, sondern wirft auch Licht auf die Frage danach, was die Evangelische Kirche in Deutschland denn nun wirklich sei. Für Luther, betonte Knuth, sei die Wahrheit stets wichtiger als der Kompromiss gewesen. Demgemäß wollte sich die Luther-Akademie der Frage nach der lutherischen Identität sowohl historisch wie systematisch nähern. Der Präsident erinnerte daran, dass die Barmer Bekenntnissynode von 1934 die Wichtigkeit der Bekenntnistexte der Reformationszeit klar herausgestellt habe und weder die Arnoldshainer Thesen noch die Leuenberger Konkordie als Ersatz dieser Texte gesehen werden wollten. Die Frage des *status confessionis* bleibe eine weitere Frage, die lutherische und reformierte Kirchen unterschiedlich beantworteten – auch dies sei ein Hinweis auf die Relevanz des Konferenzthemas, ganz abgesehen von der Tatsache, dass die preußische Union zwar in Deutschland Bedeutung habe, der Lutherische Weltbund jedoch für die weiterhin in Konfessionen wie Anglikanern, Methodisten, Lutheranern, Reformierten, Römischen Katholiken und Orthodoxen existierende weltweite Christenheit der Ansprechpartner sein.

The President of the Luther-Akademie Sondershausen Ratzeburg pointed at the considerable importance of the topic of this conference. The question of Lutheran identity, he emphasized, not only came together with fundamental questions on the continuing semi-denominational identities of Lutherans, Reformed and United protestants: it also shed light on the question just what the Evangelische Kirche in Deutschland (EKD) really was. For Luther, Knuth stressed, truth always prevailed over compromise. The Luther-Akademie therefore wants to investigate both historically and systematically into the question of Lutheran identity. He reminded that the Synod of Barmen 1934 had clearly pointed out the importance of the doctrinal texts of the Reformation era: neither the Arnoldshain-theses nor the Leuenberg-Agreement wanted to themselves to be seen as replacements of these crucial texts. The question of the *status confessionis*, he added, remained as a differently defined identity between Lutherans and Reformed churches – another hint at the importance of the topic of the conference.

Another fundamental reason is the Community of the Lutheran World Federation, because the Prussion Union is only relevant in Germany, but the world wide community is based on the confessional traditions, so as Anglicans, Methodists, Lutherans, Reformed, Roman Catholics and Orthodoxis and so on.

Albrecht Beutel:
›Wir Lutherischen‹. Zur Ausbildung eines konfessionellen Identitätsbewusstseins bei Martin Luther

Bekanntlich hatte Martin Luther seinen Anhängern zunächst energisch verboten, die als Fremdbezeichnung wohl von Johannes Eck aufgebrachte Benennung als ›Lutherani‹ zu übernehmen, weil in den reformatorischen Gemeinden nicht er, sondern allein Christus Autorität haben sollte. Die vorliegende Studie kann jedoch zeigen, dass Luther bald darauf, verstärkt seit dem Augsburger Reichstag (1530), seine Glaubensgemeinschaft sehr wohl als ›Wir Lutherischen‹ anzusprechen pflegte, dies freilich allermeist nur in Abgrenzung von der altgläubigen Religionspartei, dagegen kaum einmal zum Zweck der inneren Selbstwahrnehmung. Anhand dieser Wandlung, die hier in umfassendem Ausgriff auf die Quellen erstmals chronologisch rekonstruiert wird, lässt sich zugleich die Ausbildung eines konfessionellen Identitätsbewusstseins bei Luther verfolgen. Damit leistet die Studie einen innovativen Beitrag zum Selbstverständnis des Reformators wie überhaupt zu den geschichtlichen Anfängen der lutherischen Kirche. (ALBRECHT BEUTEL)

The paper starts by pointing at Martin Luther's early aversion against the terminus »Lutherani«which probably his adversary John Eck had come up with: it was Christ alone, and not Luther, who should have authority in the church following the Reformation. It however goes on to show that actually, and since the 1530 Diet of Augsburg increasingly so, Luther himself came to speak about »us Lutherans«. This observation can be made mostly in contexts where Luther is searching for a name for the non-papal religious party in Germany, whereas the phrase almost never appears in contexts of reflection on that party as such (that is, without the papal opponents). The paper claims that this change (which it is the first to reconstruct chronologically from the sources) in Luther's language enables us to follow the developement of a denominational identity in Luther. In doing so, the paper makes an innovative contribution to the discussion of the Reformer's image of himself as well as to the study of the historical origins of the Lutheran church.

Otfried Hofius:
›Extra nos in Christo‹. Voraussetzung und Fundament des ›pro nobis‹ und des ›in nobis‹ in der Theologie des Paulus

Das durch die Formel in Christo präzisierte und so allererst eindeutig definierte ›extra nos‹ ist für die christologisch-soteriologische Sicht des Paulus in ihrer Gesamtheit wie auch in ihren einzelnen Aspekten sowohl bestimmend wie auch kennzeichnend, und es bildet die grundlegende Voraussetzung und das bleibende Fundament dessen, was er in solchem Zusammenhang über das pro nobis und das in nobis sagt. Das Referat beschreibt diesen Sachverhalt unter den folgenden Gesichtspunkten:
1) Jesus Christus – Person und Werk,
2) die Heilstat Gottes in Jesus Christus,
3) die Erschließung der Heilstat im Evangelium Christi als das Heilswort Gottes,
4) der Glaube als ›Glaube an Jesus Christus‹,
5) das neue Leben unter der Herrschaft Christi und seines Geistes,
6) die Bewahrung in der Christusgemeinschaft und die Heilsgewissheit,
7) die Parusie Jesu Christi und die eschatologische Heilsvollendung.

Die Reformatoren – zuvörderst Martin Luther und Johannes Calvin – haben im Zentrum ihrer Theologie das paulinische ›extra nos in Christo‹ aufgenommen und es in großer Klarheit zur Sprache gebracht. Von daher wird man sagen dürfen, dass lutherische Identiät wie auch reformierte Identität dann gewahrt wird, wenn das in der Schule des Apostels erkannte ›extra nos in Christo‹ in Verkündigung und Lehre, Liturgie und Unterweisung gewahrt bleibt. (OTTO HOFIUS)

The formula *extra nos*, which is only clearly defined by adding *in Christo* remains characteristic for the christological and soteriologial concept of St. Paul and continues to be the basis of what he says about *pro nobis* and *in nobis*. The paper circumscribes this by looking at:
1) Jesus Christ – his person and his office,
2) God's salvation in Jesu Christ,
3) the application of this salvation in the Gospel of Christ as God's saving Word,
4) faith as "faith in Christ",
5) renewed life in the dominion of Christ and his Spirit,
6) the staying in the communion with Christ and the certainty of salvation,
7) the coming of Christ and the eschatological fulfillment of salvation.

The Reformers, and most of all Martin Luther and John Calvin, have made the Pauline *extra nos in Christo* as the center of their theology. It is therefore justified to claim that Lutheran identity as much as Reformed will be maintained if the *extra nos in Christo* as taught by the Apostle be maintained in both proclamation of the Gospel and doctrine, liturgy and teaching.

Georg Plasger:
Konvergenzen und Divergenzen. Ein Gespräch zwischen Luthers Kleinem Katechismus und dem Heidelberger Katechismus

Aus reformierter Perspektive vergleicht Georg Plasger Luthers Kleinen Katechismus mit dem Heidelberger Katechismus, der wichtigsten deutschsprachigen reformierten Bekenntnisschrift. Für manche überraschend beweist Plasger anhand eines luziden Textvergleichs, dass die inhaltlichen Gemeinsamkeiten der beiden äußerlich so verschiedenen Texte die Unterschiede bei weitem übertreffen. Zwar unterscheiden sich der ausführliche ›Heidelberger‹ und der griffige ›Kleine‹ nicht nur formal, sondern auch hinsichtlich der Sakramentslehre und der Rolle von Pneumatologie und Ekklesiologie. Demgegenüber müsse man freilich anerkennen, dass beide Katechismen den Glauben als Geschenk Gottes und nicht als menschliches Werk verstünden. Für beide stünde bei der Lehre von der Schöpfung Gottes bewahrendes Handeln im Vordergrund und beide betonten in der Soteriologie das versöhnende Handeln Christi *pro nobis extra nos*, welches im Glauben angenommen werde. Die Verbote des Dekalog würden bei Luther wie in Heidelberg positiv umgedeutet in eine Lehre von den Früchten der Dankbarkeit. Die Unterscheidung zwischen altem und neuem Menschen spiele für beide Texte eine wesentliche Rolle, und schließlich sei beiden gemeinsam eine Emphase der Gewissheit der Gebetserhörung.

This paper takes a Reformed approach to the topic of the conference by comparing the Heidelberg Catechism with Luther's small catechism. The comparison leads to acknowledging more similiarities than differences. The Heidelberg Catechism and Luther's catechism may differ regarding their structure, their doctrine of the sacraments and the importance they assign to the church and the Holy Spirit. They however accord when it comes to understanding faith as God's gift rather than man's act. Both emphasize God's continuing grace when coming to the doctrine of creation, and both stress the redeeming office of Christ *pro nobis extra nos* when talking about soteriology. Luther as much as the Heidelberg Catechism transform the decalogue's prohibitive commandments into a doctrine of the fruits of gratitude. Another shared value is the differentiation between old and new man, as is their shared emphasis that prayers will be answered.

Torleiv Austad:
Lutherische Identität. Eine systematische Stellungnahme

Systematisch-theologisch nähert sich der emeritierte Osloer Dogmatiker Torleiv Austad der Frage nach der lutherischen Identität. Unbeschadet der gegenwärtigen Pluralität des Luthertums weltweit etabliert er folgende Merkmale als unaufgebbares Proprium lutherischer Identität:
1) Den Glauben an Gott den Schöpfer, Jesus Christus den Erlöser und den Heiligen Geist als den Erneuerer,
2) die Emphase auf die paulinische Rechtfertigungslehre,
3) die gottesdienstliche Gemeinschaft in Wort und Sakrament und schließlich
4) die Dialektik zwischen Freiheit und Verantwortung des Christenmenschen.

In his paper, Torleiv Austad approached the question of Lutheran identity from a systematic-theological point of view. He claims the reflection on just what the identity of Christian faith from a Lutheran point of view would be as a crucial task of the Lutheran church. By way of examining the plurality of Lutheranism, the potentially difficult relationship between Luther's writings and the doctrinal texts in the Book of Concord, the question of a theology of divine service, the multiple aspects of the term »identity«, and in mainting an ecumenical perspective, the paper assumes the following points to be the Lutheran proprium:
1) the faith in God the creator, Christ the saviour and the Holy Spirit who acts the renewal,
2) the justification of the sinner by grace alone by Christ in faith,
3) the liturgical community in word and sacrament, and finally,
4) the emphasis on the dialectical relationship between freedom and responsibility of a Christian.

Sabine Blaszcyk:
Martin Luther – ein Bild von einem Mann. Meinungsäußerungen von Jugendlichen aus Sachsen-Anhalt zu Martin Luther

Freiheit und Verantwortung sind durchaus auch Wertvorstellungen, die Jugendliche in den Zusammenhang mit Martin Luther bringen. Diese Schlussfolgerung kann die Pfarrerin Sabine Blaszcyk aus einer religions-pädagogischen Studie mit Achtklässlern ziehen, die sie der Tagung in Auszügen präsentierte. Die an der Forschungsstelle für religiöse Kommunikations- und Lernprozesse der Martin-Luther-Universität Halle-Wittenberg erarbeiteten Forschungsergebnisse zeigen jedoch vor allem ein problematisch geprägtes Lutherbild, das nur wenig alltagsweltlich relevant ist und das sich für die Ausbildung einer eigenen Identität (auch einer eventuellen lutherischen Identität) für Heranwachsende als eher hinderlich erweist. (SABINE BLASZCYK)

Freedom and responsibility are values which young people are likely to bring into connection with Martin Luther, this paper concludes a katechetical study in pupils between 14 and 16 years of age. The study presented to the conference in this paper had been conducted in the research department for religious communication- and education-processes within the Martin Luther University of Halle-Wittenberg; it also shows a potentially problematic image of Luther as not overly relevant for daily life and therefore rather obstructive for developing for the pupils developing their own identity – potentially a Lutheran one.

Jochen Arnold:
Lutherische Identität im Blick auf den Gottesdienst

Die zentrale Bedeutung des Gottesdienstes für die persönliche und kirchliche Identitätsstiftung arbeitet der Systematiker und Liturgiker Jochen Arnold aus Hildesheim heraus. Sein die Tagung abschließender Vortrag geht vom Wort- und Klanggeschehen des Gottesdienstes aus (Torgauer Formel), bei dem göttliches und menschliches Handeln dialogisch aufeinander bezogen sind. Dabei akzentuiert er die Erfahrung der Vergewisserung des Glaubens durch die Zusage (*promissio*). Abendmahl, Gebet, Musik und Segen werden in ihrer Bedeutung für den lutherischen Gottesdienst im ökumenischen Kontext gewürdigt. Arnold, der auch Kirchenmusiker ist, votiert im Blick auf die musikalische-liturgische Gestaltung von Gottesdiensten für variierende Formen und eine musikalische ›Mehrsprachigkeit‹ unter dem Leitmotiv der Gastfreundschaft. (JOCHEN ARNOLD)

The systematic theologian and liturgist Jochen Arnold (Hildesheim) points at the crucial importance of divine service for establishing identity both personally and ecclesiastically. His paper, bringing the conference to a close, takes its starting point with the *Wort- und Klanggeschehen* (action of word and sound) of divine service (so-called *Torgauer Formel*), which observes divine and human actions as related to each other in dialogue. Arnold accentuates the affirmation of faith by promise. The importance of Holy Communion, prayer, music and blessing for Lutheran worship are being evaluated in their ecumenical context. Being a church musician also, Arnold, calls for a variety of forms and a musical *Mehrsprachigkeit* (polyglothy), ruled by the leitmotif of hospitality, for the praxis of divine service.

4. Teil: Register

Literaturverzeichnis

ALAND, KURT: Hilfsbuch zum Lutherstudium. Bearbeitet in Verbindung mit ERNST OTTO REICHERT und GERHARD JORDAN, Witten ³1970

ARNOLD, JOCHEN: Theologie des Gottesdienstes, Göttingen 2004 bzw. Hannover ²2008

AUSTAD, TORLEIV: Taufe und Bekehrung in Erik Pontoppidans Erklärung zu Luthers Kleinem Katechismus (1737), in: LÜPKE, JOHANNES VON / THAIDIGSMANN, EDGAR (Hg.), Denkraum Katechismus. Festgabe für Oswald Bayer zum 70. Geburtstag, Tübingen 2009, S. 359-374

–: 75 Jahre Luther-Akademie. Geschichte und Aufgaben, Wohlfahrt und langes Leben. Luthers Auslegung des 4. Gebots in ihrer aktuellen Bedeutung«. Veröffentlichungen der Luther-Akademie Sondershausen-Ratzeburg e.V., Bd. 5, Erlangen 2008, S. 26-44

BARTH, KARL: Die kirchliche Dogmatik. Bd. 1: Die Lehre vom Wort Gottes, 1. Halbband, München 1932

–: Die christliche Lehre nach dem Heidelberger Katechismus, München 1949

–: Gotteserkenntnis und Gottesdienst nach reformierter Lehre. Zwanzig Vorlesungen (Gifford Lectures) über das Schottische Bekenntnis (1937/ 38), Zollikon-Zürich 1938

BAUER, WALTER: Griechisch-deutsches Wörterbuch zu den Schriften des Neuen Testaments und der frühchristlichen Literatur, hg. von ALAND, KURT / ALAND, BARBARA, Berlin / New York ⁶1988

BAYER, OSWALD: Leibliches Wort, Tübingen 1992

–: Martin Luthers Theologie. Eine Vergegenwärtigung, Tübingen 2003

(²2004)

–: Notwendige Umformung? Reformatorisches und neuzeitliches Freiheitsverständnis im (Konflikt-)Gespräch, in: KNUTH, HANS CHRISTIAN / RAUSCH, RAINER (Hg.), Welche Freiheit? Reformation und Neuzeit im Gespräch. Dokumentationen der Luther-Akademie Sondershausen-Ratzeburg e.V. Tagungsband 9 (Herbsttagung der Luther-Akademie 2011), Hannover 2013, S. 123-146

–: Promissio. Geschichte der reformatorischen Wende in Luthers Theologie (FKDG 24), Göttingen 1971

–: Rechtfertigung, Neuendettelsau 1991

–: Theologie (HST 1), Gütersloh 1994

BERG ERIKSEN, TROND / HARKET, HÅKON / LORENZ, EINHART (Hg.): Jødeat, Antisemittismens historie fra antikken til i dag, Oslo 2009, S. 103-113

BEUTEL, ALBRECHT: Gott fürchten und lieben. Luthers Katechismusformel – Genese und Gehalt, in: ThLZ 121 (1996), S 511–524

–: Luther und Schmalkalden, in: Luther 84 (2013), S. 107-120

BLASS, FRIEDRICH / DEBRUNNER, ALBERT: Grammatik des neutestamentlichen Griechisch, Nachdruck. Bearbeitet von REHKOPF, FRIEDRICH, Göttingen ¹⁷1990

BORCHERDT, HANS HEINRICH / MERZ, GEORG (Hg.): Martin Luther, Ausgewählte Werke, Dritte Auflage. Erster Band, München 1951

BORNKAMM, HEINRICH: Die Geburtsstunde des Protestantismus. Die Protestation von Speyer (1529), in: DERS., Das Jahrhundert der Reformation, Göttingen 1983, S. 146-162

BRUNNER, PETER: Zur Lehre vom Gottesdienst der im Namen Jesu Christi versammelten Gemeinde, in: Leiturgia I, Kassel 1954

BUBMANN, PETER: Der gemeinsame Dienst und die vielen Ämter, in: DtPfbl 106 (2006), S. 59-81

BUKOWSKI, PETER U.A. (Hg.): Reformierte Liturgie. Gebete und Ordnungen für die unter dem Wort versammelte Gemeinde, Wuppertal/Neukirchen 1999

CALVIN, JOHANNES: Institutionis Christianae religionis 1559 librum III, in: Opera selecta IV, München ²1959

–: Opera exegetica XVI, Genève 1992

Churches Respond to BEM: Official Responses to the "Baptism,

Eucharist and Ministry" Text, Vols. I-VI, ed. by THURIAN, MAX, Faith and Order Papers No. 129, Geneva 1986-1988

CLEMEN, OTTO (Hg.): Das Magnificat verdeutschet und ausgelegt 1520 und 1521, in: Luthers Werke in Auswahl, Zweiter Band, Berlin 1934, S. 133-187

Confessio Augustana: Bekenntnis des einen Glaubens. Gemeinsame Untersuchung lutherischer und katholischer Theologen, Paderborn/Frankfurt am Main 1980

DAPPEN, BERNHARD: Articuli per fratres minores de observantia propositi Reverendissimo domino Episcopo Brandenburgensis contra Luteranos, wohl 1519

–: Das Herrenmahl, hg. von der Gemeinsamen römisch-katholischen / evangelisch-lutherischen Kommission, Paderborn/ Frankfurt [5]1979

DEBRUNNER, ALBERT / BLASS, FRIEDRICH: Grammatik des neutestamentlichen Griechisch, Nachdruck. Bearbeitet von REHKOPF, FRIEDRICH, Göttingen [17]1990

DOMSGEN, MICHAEL / LÜTZE, FRANK M.: Schülerperspektiven zum Religionsunterricht, Eine empirische Untersuchung in Sachsen-Anhalt, Leipzig 2010

DÖPMANN, HANS-DIETER: Gottesdienst im orthodoxen Kontext, in: SCHMIDT-LAUBER, HANS-CHRISTOPH / BIERITZ, KARL-HEINRICH (Hg.), Handbuch der Liturgik, Göttingen/ Leipzig 1995, S. 128-138

DÜLFER, KURT: Die Packschen Händel. Darstellung und Quellen (VHKH 24,3), Marburg 1958

EBELING, GERHARD: Dogmatik des christlichen Glaubens, Bd. 3, Tübingen 1979

ECK, JOHANNES: Brief an Christoph Tengler, 26. August 1519 (http://ivv7-srv15.uni-muenster.de/mnkg/pfnuer/Eckbriefe/N092.html)

–: an Christoph von Stadion, Bischof zu Augsburg, 29. Oktober 1520 (http//ivv7srv15.uni-muenster.de/mnkg/pfnuer/Eckbriefe/N115.html)

–: an Georg Hauer und Franz Burkhart, 1. Juli 1519 (http://ivv7srv15.uni-muenster.de/mnkg/pfnuer/Eckbriefe/N087.html)

–: an Leonhard von Eck, 19. Oktober 1519 (http//ivv7srv15.uni-muenster.de/mnkg/pfnuer/Eckbriefe/N095.html)

ECKSTEIN, HANS-JOACHIM: Gottesdienst im Neuen Testament, in: DERS.

/ HECKEL, ULRICH / WEYEL, BIRGIT (Hg.), Kompendium Gottesdienst: Der evangelische Gottesdienst in Geschichte und Gegenwart, Tübingen 2011

–: Verheißung und Gesetz. Eine exegetische Untersuchung zu Galater 2, 15-4,7 (WUNT 86), Tübingen 1996

EICHHOLZ, GEORG: Bewahren und Bewähren des Evangeliums: Der Leitfaden von Philipper 1-2, in: DERS., Tradition und Interpretation, S. 138-160

–: Die Grenze der existentialen Interpretation. Fragen zu Gerhard Ebelings Glaubensbegriff, in: DERS., Tradition und Interpretation. Studien zum Neuen Testament und zur Hermeneutik (TB 29), München 1965, S. 210-226

–: Die Theologie des Paulus im Umriß, Neukirchen-Vluyn 1972

EILERTS, WOLFRAM / KÜBLER, HEINZ GÜNTER (Hg.): Kursbuch Religion elementar 7/8, Calw 2007

ENDRUWEIT, GÜNTHER VON / TROMMSDORFF, GISELA (Hg.), Wörterbuch der Soziologie, Stuttgart 1989

ERASMUS, DESIDERIUS: Desiderius Erasmus an Kurfürst Friedrich den Weisen, 14. April 1519, in: ERASMUS, DESIDERIUS, Opus epistolarum, hg. von ALLEN, PERCY STAFFORD, Tom. III, 1913, 527-532

ERIKSEN, TROND BERG / HAKON, HARKET / LORENZ, EINHARD: Jødehat, Antisemittismens historie fra antikken til i dag, Oslo 2009

Evangelisches Gottesdienstbuch: Agende für die Evangelische Kirche der Union und für die Vereinigte Evangelisch-Lutherische Kirche Deutschlands (hg. von der Kirchenleitung der VELKD und im Auftrag des Rates von der Kirchenkanzlei der EKU), Berlin/Hannover/Bielefeld 2000

FERMOR, GOTTHARD: Cantus Firmus und Polyphonie – der eine Dienst und die vielen Ämter. Zur Theologie kirchlicher Berufe, PastTh 101 (2012), S. 324-340

FÖRSTEMANN, KARL EDUARD (Hg.): Urkundenbuch zu der Geschichte des Reichstages zu Augsburg im Jahre 1530, Bd. 1, 1833, ND Hildesheim 1966

FÖRSTER, HEINRICH (Hg.): Die öffentliche Verantwortung der Evangelisch-lutherischen Kirche in einer Bekenntnissituation. Das Paradigma des norwegischen Kirchenkampfes, Veröffentlichungen der Luther-Akademie e.V. Ratzeburg, Bd. 7, Erlangen 1984

FREUDENBERG, MATTHIAS / SILLER, ALEIDA (Hg.): Was ist dein einiger Trost? Der Heidelberger Katechismus in der Urfassung, Neukirchen 2012

GAUGLER, ERNST: Der Römerbrief I: Kapitel 1-8, Zürich 1958

GEORGES, KARL ERNST: Ausführliches lateinisch-deutsches Handwörterbuch, Hannover [14]1976

GETTA, LEONIE / GRÄBIG, ULRICH / GRAF, ANJA (Hg.): Mitten ins Leben 2, Berlin 2009

GOTTESDIENSTBUCH FÜR DIE EVANGELISCHE LANDESKIRCHE IN WÜRTTEMBERG, Stuttgart 2004

GRÄBIG, ULRICH / GETTA, LEONIE / GRAF, ANJA (Hg.): Mitten ins Leben 2, Berlin 2009

GRAF, ANJA / GETTA, LEONIE / GRÄBIG, ULRICH (Hg.): Mitten ins Leben 2, Berlin 2009

GRILL-AHOLLINGER, INGRID / GÖRNITZ-RÜCKERT, SEBASTIAN / SAMHAMMER, PETER / RÜCKERT, ANDREA: Ortswechsel 8 – Standpunkte, München 2010

GRIMM, JAKOB und WILHELM: Deutsches Wörterbuch, Bd. 11, 1935 (= ND Bd. 21, München 1984)

GUNDRY VOLF, JUDITH M.: Paul and Perseverance. Staying in and Falling Away (WUNT II 37), Tübingen 1990

GUSSMANN, WILHELM (Hg.): Quellen und Forschungen zur Geschichte des Augsburgischen Glaubensbekenntnisses, Bd. 2, Leipzig 1930, S. 91-151 Ad concordiam et pacem Ecclesiae restaurandam, coram D. Caesare Caro. V. [...] ac proceribus Imperii, Ioh. Eckius minimus exxlesiae minister, offert se disputaturum Augustae Vindelicorum CCCCIIII articulos

HAKAMIES, AHTI: ›Eigengesetzlichkeit‹ der natürlichen Ordnungen als Grundproblem der neueren Lutherdeutung. Studien zur Geschichte und Problematik der Zwei-Reiche-Lehre Luthers, Witten 1971 (Untersuchungen zur Kirchengeschichte Bd. 7), Halle 1998

HARKET, HÅKON / BERG ERIKSEN, TROND / LORENZ, EINHART (Hg.): Jødeat, Antisemittismens historie fra antikken til i dag, Oslo 2009, S. 103-113

HAUPT, DETLEF / HIRSCHFELD, RONALD / KUHNKE, RALF / PANDEL, HANS-JOACHIM / HOENEN, RAIMUND: Luthers Bild in Luthers Land – Geschichtswissen, Geschichtskultur und Geschichtsbewusstsein

HAUSCHILDT, FRIEDRICH (Hg.): Die Gemeinsame Erklärung zur Rechtfertigungslehre. Dokumentation des Entstehungs- und Rezeptionsprozesses, Göttingen 2009

HAUßER, KARL: Identität, in: ENDRUWEIT, GÜNTHER VON / TROMMS-DORFF, GISELA (Hg.), Wörterbuch der Soziologie, Stuttgart 1989

HECKEL, MARTIN: Das Bekenntnis – ein Vexierbild des Staatskirchen-rechts, in: BOHNERT, JOACHIM U.A. (Hg.), Festschrift für Alexander Hollerbach, Berlin 2001, S. 657-689 (676 ff., 679), auch in: DERS., Gesammelte Schriften Bd. 5 S. 209-242 (228 ff.); DERS., Zu den Anfängen der Religionsfreiheit im Konfessionellen Zeitalter S. 349-401, auch in: DERS., Gesammelte Schriften Bd. 5 S. 81-134.

HECKEL, ULRICH / ECKSTEIN, HANS-JOACHIM / WEYEL, BIRGIT (Hg.): Kompendium Gottesdienst: Der evangelische Gottesdienst in Geschichte und Gegenwart, Tübingen 2011

HEITZ, SERGIUS (Hg.): Christus in euch, Hoffnung auf Herrlichkeit. Orthodoxes Glaubensbuch für erwachsene und heranwachsende Gläubige, Düsseldorf 1982

HERMS, EILERT: Glaube, in: DERS., Offenbarung und Glaube, Tübingen 1992

HOFIUS, OTFRIED: »Am dritten Tage auferstanden von den Toten«. Er-wägungen zum Passiv ἐγείρεσθαι in christologischen Aussagen des Neuen Testaments, in: DERS., Paulusstudien II (WUNT 143), Tübingen 2002, S. 202-214

–: Das Gesetz des Mose und das Gesetz Christi, in: DERS., Paulusstudien (WUNT 51), Tübingen ²1994, S. 50-74

–: Das Wort von der Versöhnung und das Gesetz, in: DERS., Exegetische Studien (WUNT 223), Tübingen 2008

–: Die Auferstehung Christi und die Auferstehung der Toten. Erwä-gungen zu Gedankengang und Aussage von 1Kor 15,20-23, in: DERS., Exegetische Studien (WUNT 223), Tübingen 2008, S. 102-114

–: Die Auferstehung der Toten als Heilsereignis. Zum Verständnis der Auferstehung in 1. Kor 15, in: DERS., Exegetische Studien (WUNT 223), Tübingen 2008, S. 102-114

–: »Die Wahrheit des Evangeliums«. Exegetische und theologische Er-wägungen zum Wahrheitsanspruch der paulinischen Verkündigung, in: DERS., Paulusstudien II (WUNT 143), Tübingen 2002, S. 17-37

–: »Fides ex auditu«. Verkündigung und Glaube nach Römer 10,4-17, in: LÜPKE, JOHANNES VON / THAIDIGSMANN, EDGAR (Hg.), Denkraum Katechismus. Festschrift Oswald Bayer, Tübingen 2009, S. 71-86

–: »Für euch gegeben zur Vergebung der Sünden«. Vom Sinn des Heiligen Abendmahls, in: DERS., Neutestamentliche Studien (WUNT 132), Tübingen 2000, S. 276-300

–: Glaube und Taufe nach dem Zeugnis des Neuen Testaments, in: DERS., Neutestamentliche Studien (WUNT 132), Tübingen 2000, S. 253-275

–: Paulusstudien (WUNT 51), Tübingen ²1994

–: Sühne und Versöhnung. Zum paulinischen Verständnis des Kreuzestodes Jesu, in: DERS., Paulusstudien (WUNT 51), Tübingen ²1994, S. 33-49

–: Wort Gottes und Glaube bei Paulus, in: DERS., Paulusstudien (WUNT 51), Tübingen ²1994, S. 148-174

HOLL, KARL: Luthers Urteile über sich selbst (1903), in: DERS., Gesammelte Aufsätze zur Kirchengeschichte. Bd. 1: Luther, ⁷1948, S. 381-419

HOPING, HELMUT (Mitarbeiter) / HÜNERMANN, PETER: Kompendium der Glaubensbekenntnisse und kirchlichen Lehrentscheidungen, 37. verbesserte, erweiterte und ins Deutsche übertragene Auflage, Freiburg i.Br./Basel/Rom/Wien 1991 (=DH)

HÜNERMANN, PETER / HOPING, HELMUT (Mitarbeiter): Kompendium der Glaubensbekenntnisse und kirchlichen Lehrentscheidungen, 37. verbesserte, erweiterte und ins Deutsche übertragene Auflage, Freiburg i.Br./Basel/Rom/Wien 1991 (=DH)

HUBER, WOLFGANG: »Eigengesetzlichkeit« und »Lehre von den zwei Reichen«, in: DERS., Folgen christlicher Freiheit. Ethik und Theorie der Kirche im Horizont der Barmer Theologischen Erklärung, Neukirchen-Vluyn ²1985, S. 53-70

–: Hauptvortrag beim EKD-Zukunftskongress in Wittenberg 2007, http://www.ekd.de/download/rv_wittenberg_neu.pdf (Zugriff 1. Februar 2014)

IWAND, HANS JOACHIM: Christologie, hg. von LEMPP, EBERHARD / THAIDIGSMANN, EDGAR (NW.NF 2), Gütersloh 1999, S. 425-431

–: Dogmatik-Vorlesungen 1957-1960, Ausgewählte Texte zur Prinzipienlehre, Schöpfungslehre, Rechtfertigungslehre, Christologie, Ekklesiologie mit Einführungen, hg. von BERGFELD, THOMAS und THAIDIGSMANN, EDGAR unter Mitarbeit von DEN HERTOG, GERARD und LEMPP, EBERHARD (AHSTh 18), Münster 2013

–: Glaube und Wissen, hg. von GOLLWITZER, HELMUT (NW 1), München 1962, S. 27-44

–: Glaubensgerechtigkeit nach Luthers Lehre, in: DERS., Glaubensgerechtigkeit. Gesammelte Aufsätze Band II, hg. von SAUTER, GERHARD (TB 64), München 1980, S. 11-125

–: Luthers Theologie, hg. von HAAR, JOHANN (NW 5), München 1974

–: Rechtfertigungslehre und Christusglaube. Eine Untersuchung zur Systematik der Rechtfertigungslehre Luthers in ihren Anfängen (TB 14), München ²1961

–: Wider den Mißbrauch des »pro me« als methodisches Prinzip in der Theologie, EvTh 14 (1954), 120-125

JACOBS, PAUL (Hg.): Reformierte Bekenntnisschriften und Kirchenordnungen in deutscher Übersetzung, Neukirchen-Vluyn 1949

JONAS, JUSTUS: an Hans Honold, 1. Januar 1538, in: KAWERAU, GUSTAV (Hg.), Der Briefwechsel des Justus Jonas, Bd. 1, 1884, ND Hildesheim 1964, 269-272

KAMMLER, HANS-CHRISTIAN: Kreuz und Weisheit. Eine exegetische Untersuchung zu 1Kor 1,10-3,4 (WUNT 159), Tübingen 2003

KARDORFF, ERNST VON: Qualitative Evaluationsforschung, in: FLICK, UWE / VON KARDORFF, ERNST / STEINKE, INES (Hg.), Qualitative Forschung. Ein Handbuch, Reinbeck ⁸2010

KASTNER, RUTH (Hg.): Quellen zur Reformation 1517–1555 (AQDGNZ 16), Darmstadt 1994

KAUFMANN, THOMAS: Geschichte der Reformation, Frankfurt am Main / Leipzig 2009

–: Luthers Judenschriften. Ein Beitrag zu ihrer Kontextualisierung, Tübingen 2011

–: Martin Luther, München ²2010

KAWERAU, GUSTAV (Hg.): Der Briefwechsel des Justus Jonas, Bd. 1, 1884, ND Hildesheim 1964

KIKUCHI, SATOSHI: Christological Problems in the Understanding of the Sonship in Meister Eckhart, Bijdr. 69 (2008), S. 365-381

KINDER, ERNST: Der evangelische Glaube und die Kirche. Grundzüge des evangelisch-lutherischen Kirchenverständnisses, Berlin ²1960

KÖBER, BERTHOLD W.: Die Elemente des Gottesdienstes – Wort Gottes, Gebet, Lied, Segen, in: SCHMIDT-LAUBER, HANS-CHRISTOPH / BIERITZ, KARL-HEINRICH (Hg.), Handbuch der Liturgik, Göttingen/ Leipzig 1995, S. 689-714

–: Kompendium der Glaubensbekenntnisse und kirchlichen Lehrentscheidungen, 37. verbesserte, erweiterte und ins Deutsche übertragene Auflage, hg. von HÜNERMANN, PETER / HOPING, HELMUT (Mitarb.), Freiburg i.Br./Basel/Rom/Wien 1991 (=DH)

KRAUS, HANS-JOACHIM: Psalmen I: Psalmen 1-59 (BK XV/1), Neukirchen-Vluyn ⁶1989

KRECK, WALTER: Christus extra nos und pro nobis, in: DERS., Tradition und Verantwortung. Gesammelte Aufsätze, Neukirchen-Vluyn 1974, S. 132-144

–: Das reformatorische »pro me« und die existentiale Interpretation heute, in: DERS., Tradition und Verantwortung. Gesammelte Aufsätze, Neukirchen-Vluyn 1974, S. 145-168

LANGE, DIETZ: Glaubenslehre Bd. 2, Tübingen 2001

LEHMANN, KARL / PANNENBERG, WOLFHART (Hg.): Lehrverurteilungen – kirchentrennend?, Bd. I: Rechtfertigung, Sakramente und Amt im Zeitalter der Reformation und heute (Dialog der Kirchen 4), Freiburg i.Br./Göttingen 1986

LIMA 1982: Taufe, Eucharistie und Amt. Konvergenzerklärungen der Kommission für Glauben und Kirchenverfassung des Ökumenischen Rates der Kirchen, Frankfurt a.M. ¹¹1987

LINDNER, KONSTANTIN: In Kirchengeschichte verstrickt, Göttingen 2007

LOHSE, BERNHARD: Luthers Selbsteinschätzung, in: DERS., Evangelium in der Geschichte. Studien zu Luther und der Reformation. Zum 60. Geburtstag des Autors, hg. von GRANE, LEIF / MOELLER, BERND / PESCH, OTTO HERRMANN, Göttingen 1988, S. 158-175

LOHSE, EDUARD: Der Brief an die Römer (KEK 4), 1. Auflage dieser Auslegung, Göttingen 2003

LORENZ, EINHART / BERG ERIKSEN, TROND / HARKET, HÅKON (Hg.): Jøde-at, Antisemittismens historie fra antikken til i dag, Oslo 2009, S. 103-113

LUTHER-AKADEMIE: Die öffentliche Verantwortung der Evangelisch-lutherischen Kirche in einer Bekenntnissituation. Das Paradigma des norwegischen Kirchenkampfes, Veröffentlichungen der Luther-Akademie e.V. Ratzeburg, Bd. 7, Erlangen 1984

MENDL, HANS: Lernen an (außer)gewöhnlichen Biografien, Donauwörth 2005

MERZ, GEORG / BORCHERDT, HANS HEINRICH (Hg.): Martin Luther. Ausgewählte Werke, Dritte Auflage. Erster Band, München 1951

MEßNER, REINHARD: Die Meßreform Martin Luthers und die Eucharistie der Alten Kirche. Ein Beitrag zu einer systematischen Liturgiewissenschaft (IthS 25), Innsbruck/ Wien 1989

MEYER-BLANCK, MICHAEL: Gottesdienstlehre, Tübingen 2011

MÜLLER, ULRICH B.: Der Brief des Paulus an die Philipper (ThHK 11/I), Leipzig 1993

NICOL, MARTIN: Weg im Geheimnis, Göttingen 2009

NIERMEYER, JAN FREDERIK / VAN DE KIEFT, CO: Mediae latinitatis lexicon minus, Bd. 2, Leiden ²2002, 998-1000, s.v.

NÖRGAARD-HØJEN, PEDER: Økumenisk Teologi. En introduktion, København 2013

OBERMAN, HEIKO AUGUSTINUS: »Immo«. Luthers reformatorische Entdeckungen im Spiegel der Rhetorik, in: Lutheriana. Zum 500. Geburtstag Martin Luthers von den Mitarbeitern der Weimarer Ausgabe, hg. von HAMMER, GERHARD / ZUR MÜHLEN, KARL-HEINZ (AWA 5), Köln / Wien 1984, S. 17-38

–: Martin Luther – Vorläufer der Reformation (in: Verifikationen. Festschrift Gerhard Ebeling, hg. von JÜNGEL, EBERHARD / WALLMANN, JÜRGEN / WERBECK, WILFRID, Tübingen 1982, S. 91-119

PANDEL, HANS-JOACHIM: Geschichtsunterricht nach PISA, Schwabach / Taunus 2005

PANNENBERG, WOLFHART / SCHNEIDER, THEODOR (Hg.): Lehrverurteilungen – kirchentrennend? Bd. 4: Rechtfertigung, Sakramente und Amt im Zeitalter der Reformation und heute (Dialog der Kirchen Bd. 8), Freiburg i.Br./Göttingen 1994

–: Systematische Theologie Bd. 3, Göttingen 1993

PASSOW, FRANZ: Handwörterbuch der griechischen Sprache I/1, Leipzig ⁵1841 = Darmstadt 1983

PETERS, ALBRECHT: Kommentar zu Luthers Katechismen, Bd. 1: Die Zehn Gebote. Luthers Vorreden, hg. von SEEBAß, GOTTFRIED, Göttingen 1990

PLASGER, GEORG / FREUDENBERG, MATTHIAS (Hg.): Reformierte Bekenntnisschriften. Eine Auswahl von den Anfängen bis zur Gegenwart, Göttingen 2005

PÖHLMANN, HORST GEORG (Hg.): Unser Glaube. Die Bekenntnisschriften der evangelisch-lutherischen Kirche, Ausgabe für die Gemeinde, Gütersloh 1986

PREUSS, HANS: Martin Luther. Der Prophet, 1933

PRZYBORSK, AGLAJAI / WOHLRAB-SAHR, MONIKA: Qualitative Sozialforschung. Ein Arbeitsbuch, München ³2010

RATZINGER, JOSEPH: Theologie der Liturgie, Freiburg ³2014

REINHARDT, VOLKER: Blutiger Karneval. Der Sacco di Roma 1527 – eine politische Katastrophe, Darmstadt ²2009

RICKERS, FOLKERT: »Kritisch gebrochene Vorbilder« in der religiösen Erziehung, in: BIZER, CHRISTOPH (Hg.), Sehnsucht nach Orientierung. Vorbilder im Religionsunterricht, JRP 24 (2008), S. 213-238

RITSCHL, DIETRICH: Zur Logik der Theologie. Kurze Darstellung der Zusammenhänge theologischer Grundgedanken, München 1984

ROSENZWEIG, PHIL: Der Haloeffekt, Offenbach 2008

SCHELLONG, DIETER: Calvinismus und Kapitalismus. Anmerkungen zur Prädestinationslehre Calvins, in: SCHOLL, HANS (Hg.), Karl Barth und Johannes Calvin. Karl Barths Göttinger Calvin-Vorlesung von 1922, Neukirchen-Vluyn 1995, S. 74-101

SCHILLING, HEINZ: Martin Luther, München 2012

SCHILLING, JOHANNES: Geschichtsbild und Selbstverständnis, in: BEUTEL, ALBRECHT (Hg.), Luther Handbuch, Tübingen ²2010

SCHLINK, EDMUND: Theologie der lutherischen Bekenntnisschriften, München ²1947

–: Ökumenische Dogmatik, Göttingen ²1993

SCHMIDT, CHRISTIANE: Auswertungstechniken für Leitfadeninterviews, in: FRIEBERTSHÄUSER, BARBARA / LANGER, ANTJE / PRENGEL, ANNEDORE (Hg.), Handbuch Qualitative Forschungsmethoden in der Erziehungswissenschaft, Weinheim ³2010

SCHNEIDER, THEODOR / PANNENBERG, WOLFHART (Hg.): Lehrverurteilungen – kirchentrennend? Bd. IV: Rechtfertigung, Sakramente und Amt im Zeitalter der Reformation und heute (Dialog der Kirchen Bd. 8), Freiburg i.Br./Göttingen 1994

SCHULZE, MANFRED: Johannes Eck im Kampf gegen Martin Luther. Mit der Schrift der Kirche wider das Buch der Ketzer, in: LuJ 63 (1996), 39-68

SCHWARZWÄLLER, KLAUS: Fülle des Lebens. Luthers Kleiner Katechismus: ein Kommentar, Münster ²2009

SCHWÖBEL, CHRISTOPH: Was ist ein Gottesdienst? Theologische Kriterien zur Angemessenheit der gottesdienstlichen Feier, in: ECKSTEIN, HANS-JOACHIM / HECKEL, ULRICH / WEYEL, BIRGIT (Hg.), Kompendium Gottesdienst, Tübingen 2011

SIEFFERT, FRIEDRICH: Der Brief an die Galater (KEK 7), Göttingen ⁹1999

SILLER, ALEIDA / FREUDENBERG, MATTHIAS (Hg.): Was ist dein einiger Trost? Der Heidelberger Katechismus in der Urfassung, Neukirchen 2012

SPEHR, CHRISTOPHER: Luther und das Konzil. Zur Entwicklung eines zentralen Themas in der Reformationszeit (BHTh 153), Tübingen 2010

TROMMSDORFF, GISELA / ENDRUWEIT, GÜNTHER VON (Hg.), Wörterbuch der Soziologie, Stuttgart 1989

TROWITZSCH, MICHAEL: Szene und Verbergung. Bemerkungen zum Begriff der Offenbarung, ThLZ 134 (2009), Sp. 517-536

THURIAN, MAX: Churches Respond to BEM: Official Responses to the "Baptism, Eucharist and Ministry" Text, Vol. I-VI, in: Faith and Order Papers No. 129, Geneva 1986-1988

VAN DE KIEFT, CO / NIERMEYER, JAN FREDERIK: Mediae latinitatis lexicon minus, Bd. 2, Leiden ²2002, 998-1000, s.v.

VOIGTLÄNDER, JOHANNES: Ein Fest der Befreiung. Huldrych Zwinglis Abendmahlslehre, Neukirchen-Vluyn 2013

VON KARDORFF, ERNST: Qualitative Evaluationsforschung, in: FLICK, UWE / VON KARDORFF, ERNST / STEINKE, INES (Hg.), Qualitative Forschung. Ein Handbuch, Reinbeck ⁸2010

WALCH, JOHANN GEORG (Hg.): Martin Luthers sämtliche Schriften Bd. 14, St. Louis / Missouri ²1880-1910

WELKER, MICHAEL: Subjektivistischer Glaube als religiöse Falle, EvTh 64 (2004) S. 239-248

WENDEBOURG, DOROTHEA: Den falschen Weg Roms zu Ende gegangen?, in: ZThK 94 (1997), S. 437-467

–: Kirche, in: BEUTEL, ALBRECHT (Hg.), Luther Handbuch, Tübingen ²2010 S. 403-414

–: Noch einmal »Den falschen Weg Roms zu Ende gegangen?«, ZThK 99 (2002), S. 400-440

WEYEL, BIRGIT / HECKEL, ULRICH / ECKSTEIN, HANS-JOACHIM (Hg.): Kompendium Gottesdienst: Der evangelische Gottesdienst in Geschichte und Gegenwart, Tübingen 2011

www.wiseguys.de/songtexte/details/es_ist_nicht_immer_leicht

WOLFF, CHRISTIAN: Der zweite Brief des Paulus an die Korinther (ThHK 8), Leipzig ²2011

Bibelstellenregister

Hinweis: Mit LXX gekennzeichnete Fundstellen folgen der Zählung der Septuaginta, alle anderen Fundstellen der revidierten Lutherbibel von 1984.

WA–Fundstellen

Personenregister

Autorenregister

Autoren des Tagungsbandes

PROF. DR. OSWALD BAYER	em. Professor für Systematische Theologie, Eberhard-Karls-Universität Tübingen
DR. DR. H.C. HANS CHRISTIAN KNUTH	Bischof i.R., Präsident der Luther Akademie, Kiel, Bischof für den Sprengel Schleswig der Nordelbischen Evangelisch-Lutherischen Kirche (1991 - 2008), Leitender Bischof der VELKD (1999 - 2005), Vorsitzender der Meißen–Kommission (1991 - 2001)
PROF. DR. ALBRECHT BEUTEL	Professor für Kirchengeschichte, insbesondere der Reformationszeit sowie für neuere und neueste Kirchengeschichte, Westfälische Wilhelms-Universität Münster
PROF. DR. OTFRIED HOFIUS	em. Professor für Neues Testament, Eberhard-Karls-Universität Tübingen
PROF. DR. GEORG PLASGER	Professor für Evangelische Theologie, insbesondere Systematische und ökumenische Theologie, Universität Siegen
PROF. DR. TORLEIV AUSTAD	em. Professor für Theologie, Universität Oslo

249

SABINE BLASZCYK

Pfarrerin, wissenschaftliche Mitarbeiterin an der Forschungsstelle für religiöse Lern- und Kommunikationsprozesse, Martin-Luther-Universität Halle-Wittenberg

DR. JOCHEN ARNOLD

apl. Professor für Systematische und Praktische Theologie, Universität Hildesheim und Direktor des Michaelisklosters Hildesheim

TOBIAS JAMMERTHAL

MA (Dunelm.)
cand. theol., Eberhard-Karls-Universität Tübingen

Programm der Herbsttagung 2013

Mittwoch, den 18. September 2013

14:30 Uhr   Begrüßung und Hinführung zum Thema
Bischof i.R. Dr. Hans Christian Knuth

15:00 Uhr   'Wir Lutherischen'. Zur Ausbildung
eines konfessionellen Identitätsbewusstseins
bei Martin Luther
Prof. Dr. Albrecht Beutel, Münster

anschl. Aussprache

19:00 Uhr   Zentrum Wittenberg des Lutherischen
Weltbundes – Informationen durch
Direktor Pastor Hans W. Kasch

20:00 Uhr   Mitgliederversammlung

anschl. Complet in der Fronleichnamskapelle

Donnerstag, den 19. September 2013

09:00 Uhr   Mette in der Fronleichnamskapelle

09:30 Uhr   'Extra nos in Christo'. Voraussetzung
und Fundament des 'pro nobis' und des 'in
nobis' in der Theologie des Paulus
Prof. Dr. Otfried Hofius, Tübingen

anschl. Aussprache

11:00 Uhr   Konvergenzen und Divergenzen.
Ein Gespräch zwischen Luthers Kleinem
Katechismus und dem Heidelberger Katechismus
Prof. Dr. Georg Plasger, Siegen

anschl. Aussprache

14:00 Uhr   Orte der Reformation – eine besondere
Stadtführung durch Wittenberg

16:00 Uhr   Lutherische Identität.
Eine systematische Stellungnahme
Prof. Dr. Torleiv Austad, Oslo

anschl. Aussprache

19:30 Uhr   Luthers Bild in Luthers Land.
Meinungsäußerungen von Jugendlichen zu
Martin Luther
Pfarrerin Sabine Blaszcyk, Halle

20:30 Uhr   Amicables Beisammensein

22:00 Uhr   Complet in der Fronleichnamskapelle

Freitag, den 20. September 2013

09:00 Uhr   Gottesdienst in der Schloßkirche
Liturgin: Dr. Monika Schwinge
Predigt: Prof. Dr. Oswald Bayer
(2. Mose 20,2 f.)

10:30 Uhr   Lutherische Identität
im Blick auf den Gottesdienst
Dr. Jochen Arnold, Hildesheim / Leipzig
anschl. Aussprache

12:00 Uhr   Tagungsrückblick

12:15 Uhr   Reisesegen

Welche Freiheit? – Reformation und Neuzeit im Gespräch

Die evangelische Kirche wird als „Kirche der Freiheit"
bezeichnet. Doch von welcher Freiheit spricht Luther,
sprechen wir heute? Der Bogen der hier veröffentlichten
Beiträge spannt sich von der biblischen Exegese über die
Kirchengeschichte bis zur Religionsphilosophie, Dogmatik
und Ethik einschließlich der Verhältnisbestimmung zwischen
christlicher Freiheit und politischer Freiheit.
Ein Band, der Grundlagen ebenso vermittelt wie aktuelle
Diskussionsansätze.

www.lvh.de

Dokumentationen der
Luther-Akademie
Sondershausen-Ratzeburg e. V.

Tagungsband **10**

Paulus und Luther

Ein Widerspruch?

Herausgegeben von
Hans-Christian Kammler & Rainer Rausch

LVH

Paulus und Luther – ein Widerspruch?

„Wir interpretieren Paulus falsch, wenn wir ihn mit Luthers Augen sehen", Diese These ist von hoher Brisanz. Deshalb wird hierauf ihre Stichhaltigkeit überprüft. Referate, die theologische Grundlagen vermitteln, werden ergänzt durch exemplarische Fallstudien. Der Tagungsband ist sowohl zur Einarbeitung in diese Thematik als auch zur Examensvorbereitung bestens geeignet.

Dokumentation der
Luther-Akademie
Sondershausen-Ratzeburg e.V.

Tagungsband 11

Glaube und Vernunft

Wie vernünftig ist die Vernunft?

Herausgegeben von
Rainer Rausch

LVH

Überwältigende Leistungen in Wissenschaft und Technik lassen die Vernunft begreifen als „Erfinderin und Lenkerin aller freien Künste, der Medizin, der Rechtswissenschaft und alles dessen, was in diesem Leben an Weisheit, Macht, Tüchtigkeit und Herrlichkeit von Menschen besessen wird". Martin Luther schätzt die Vernunft, wenn es um weltliche Belange geht. Allerdings bedarf es der kritischen Besinnung auf Möglichkeiten und Grenzen der Vernunft. In diesem Zusammenhang ist das Verhältnis zwischen Glauben und Vernunft zu (er)klären. Der Glaube führt zur Reflexion über die Grenzen der Vernunft. Von Luther ist zu lernen, dass die Vernunft mit all ihrem Vermögen der Erkenntnis der biblischen Wahrheit zu dienen hat und die Unterscheidung von Glauben und Vernunft beidem zugute kommt: der rechten Gotteserkenntnis und Selbsterkenntnis ebenso wie der weltlichen Verantwortung. Dieses Buch zeigt auf, wie der durch die Aufklärung geprägte Vernunftbegriff mit dem Glauben in ein sinnvolles Verhältnis gesetzt werden.

www.lvh.de